CREADA
PARA SER SU

Ayuda Idónea

Descubre cómo puede Dios hacer glorioso tu matrimonio

Título Original en Inglés:
Created To Be His Help Meet
© 2004 por Michael y Debi Pearl

ISBN 978-1-934794-91-3
EBook: August 2010

ISBN 978-1-934794-92-0
EPub: August 2010

ISBN 978-1-892112-87-3
Primera Impresión en Español: 2006
Segundo Impresión en Español: 2008
Tercera Impresión en Español: 2010
Cuarto Impresión en Español: 2016

Peticiones de información deben ser dirigidas a:
No Greater Joy Ministries Inc. *1000 Pearl Road, Pleasantville, TN 37033 USA*

Fotografía y diseño de portada por Clint Cearley.
Diseño y formato original en inglés por Clint Cearley.

Traducción y formato en español por Darrell y Patty Clingan.

Modelo para foto de portada: Shoshanna Pearl de Easling, la menor de los hijos Pearl.
Un agradecimiento especial a Christophe Libert por su campo iluminado por el sol en la
portada.

Impreso en los Estados Unidos de América.

Reconocimientos

No hay día en mi vida que yo no despierte y agradezca a Dios el haberme dado la maravillosa tarea de ser *ayuda idónea* para Michael Pearl. Estoy consciente de que Dios ha usado a ese hombre para instruirme, moldearme y amarme hasta hacer de mí la mujer que ahora soy. Este libro es tan producto de él como es mío. Él alentó mis torpes comienzos, corrigió mis desganados segundos intentos, me animó a seguir cuando me cansaba y quería desistir. Luego me concedió semanas libres de mis responsabilidades como su *ayuda idónea* para que pudiera terminar la tarea.

Mi yerno Gabriel Anast y mi hija Rebekah Joy Anast me dieron la idea y gran parte de la información para la sección sobre los tres tipos de hombres, lo cual hizo tanto más sencillo para mí entender a los hombres. Beka también aportó ejemplos, ideas y pasajes bíblicos incluidos en otras partes de este libro. Considero que ella es coautora de este libro.

Las cartas que he recibido diariamente durante los últimos años me han enseñado y me han motivado a buscar el rostro de Dios para encontrar respuestas. Al ver el pesar y/o los triunfos de miles de mujeres, he podido identificar patrones de éxito y patrones de destrucción. Además, los comunicados de tantas mujeres que sufren me han impartido una sensación de urgencia de compartir lo que Dios me ha enseñado. Un millón de gracias a todas ustedes cuyas cartas he usado en la elaboración de este libro.

Introducción

H a llevado diez años hacer este libro—cuatro años sólo para escribirlo. Yo animé a mi esposa a que lo escribiera. En muchas ocasiones, al estar revisando las Escrituras versículo por versículo, me decía, "No voy a incluir estos versículos, porque si los incluyo, las mujeres de _____ (algún grupo religioso) no aceptarán ni promoverán mi libro." Yo le contestaba: "Si Dios lo consideró de suficiente importancia como para incluirlo en su Palabra, no debes excluirlo." Así, ella se tensaba de pavor y agregaba un tema controvertido tras otro. Me siento orgulloso del excelente trabajo que ha hecho.

Desde hace mucho tiempo he deseado que otras mujeres recibieran el beneficio de su profunda sabiduría y gracia, y quiero que otros hombres conozcan la bendición de estar casados con una esposa que es regalo del cielo. Debi es el cariño de mi vida, mi mejor amiga y mi única confidente. No es, por naturaleza, una mujer pasiva ni sumisa. Al principio de nuestro matrimonio desafiaba mi autoridad y ocasionalmente se oponía a mí—a veces con provocación razonable—a veces porque era terca y obstinada. Hay que reconocer que no empezamos con un matrimonio perfecto; fuimos desarrollando juntos. Debi tiene opiniones fuertes en las que cree firmemente, pero ha aprendido a ser ayuda de su marido en todos los sentidos en que un hombre requiere del apoyo de una mujer.

Jamás he conocido ni leído a otro autor que yo considere más calificado por la vida y experiencia para escribir un libro para mujeres sobre la manera de llegar a ser la *ayuda idónea* que Dios quiso que fuera. Ella ejemplifica todo lo que ha escrito. Cada palabra de este libro cuenta con mi bendición y respaldo incondicional.

- Michael Pearl - marido y amante bendecido

Contenido

Érase una vez una muchachita tonta que llegó a aprender lo que significa ser *ayuda idónea*—el secreto de Dios para tener un matrimonio divino. Empiezo este libro con las palabras *"Érase una vez"* porque en realidad es un cuento maravilloso que se ha hecho realidad. Debería, y podría ser la historia de tu vida también. Es el regalo de Dios para toda mujer.

Mi historia como esposa empezó hace 34 años con una llamada telefónica. Yo estaba sentada al escritorio donde trabajaba, cuando llamó mi pastor, pidiéndome que lo acompañara a una predicación evangelística esa noche. Ocasionalmente me pedía que lo acompañara para que yo hablara con las mujeres mientras él hablaba con los varones. Yo era soltera, de veinte años de edad, y mi pastor era un soltero, fortachón de veinticinco años de edad. Por supuesto, le dije que me encantaría ir a ayudar. *El había sido mi objetivo* desde que yo tenía 13 años. Aunque me parecía que ocasionalmente me dirigía la mirada, yo había perdido las esperanzas de conseguir algún día mi trofeo. Con esa simple llamada, mi desesperanza se tornó en esperanza una vez más.

Unas horas más tarde, entré al estacionamiento de la iglesia en mi viejo bocho. Arrebaté mi Biblia, me trepé a su camionetota y nos arrancamos hacia una reunión de estudio bíblico con un montón de hippies. Esto fue durante el apogeo de la revolución hippie y el movimiento de los "Jesus People." La píldora anticonceptiva era algo nuevo y emocionante que impulsó a los hippies a una era de irresponsabilidad. El SIDA aún no era un factor a considerar. El lema de los sesentas era, "Si te agrada, hazlo." Se observaba a los jóvenes durmiendo en parques o al lado de los caminos, cambiando de pareja a medida que avanzaba la noche. Las drogas embotaban su conciencia y destruían su dignidad, pero en medio de todo este pecado y vergüenza, Dios derramó su Espíritu, y miles de esos muchachos perdidos empezaron a buscar a Dios. Para mí, era un privilegio vivir en una época en la que el Espíritu de Dios se movía tan libremente. La Biblia nos dice en Romanos 5:20, **"Cuando el pecado abundó, sobreabundó la gracia."**

Esa noche nuestra reunión evangelística se celebró en un departamento en un tercer piso, donde se había reunido un grupo de drogadictos cansados. La pieza estaba abarrotada de hippies jóvenes que vestían mezclillas gastadas y camisetas teñidas a mano. Mi pastor empezó a compartir el evangelio de Jesucristo, y ellos escuchaban como si cada palabra viniera directamente de Dios. Fue un mensaje sencillo, sereno y poderoso de perdón y esperanza. El pastor Pearl nunca hizo ninguna invitación, porque no quería que nadie le respondiera a él, sólo a Cristo. Pero sí les dijo que si alguien quería orar, estaban en libertad de acompañarlo a él.

> Lo que yo he disfrutado es demasiado bueno para legárselo sólo a mis hijas.

Esa noche, como un solo hombre, todos cayeron de rodillas y empezaron a orar. El Espíritu de Dios se empezó a mover, y escuché a varios jóvenes que clamaron a Dios por misericordia. En medio de este movimiento de Dios, sentí que mi pastor tendió su brazo y me tomó la mano. ¡Qué descarga eléctrica, ni que nada! Yo sabía que ocurría algo extraño y maravilloso, porque habitualmente él era un verdadero mojigato. Ni siquiera permitía que las ancianitas lo saludaran de mano después del culto del domingo. ¡Y ahora me estaba tomando a mí de la mano durante una reunión de oración! ¡Estaba bien segura de que había llegado mi momento!

No pronunció ni una palabra durante toda una hora en el camino de regreso, ni yo callé por un momento. Siempre he sido una parlanchina, pero cuando estoy nerviosa no paro de hablar, y estaba mucho muy nerviosa. Como era muy raro que él estuviera tan callado, yo creía saber en qué estaba pensando. ¡En mí! Por fin llegamos a la casa pastoral donde él vivía y donde estaba estacionado mi VW. Me quedé sentada en la oscuridad esperando, pero…nada…Finalmente, yo hablé.

—¿Recuerdas a ese niño que bautizaste el domingo por la noche; el pequeño que apenas alcanzaba a ver la orilla del bautisterio? Bueno, ¡un día yo quisiera darte a *ti* un niñito igualito a ese!

Uno pensaría que un hombre pudiera entender una insinuación, pero en menos de dos segundos se había bajado de la camioneta y había pegado carrera. Yo me bajé y me dirigí a mi auto, pensando que posiblemente haya hablado con más atrevimiento del debido. Lo vi cuando completaba la primera vuelta a su casa y lo observé mientras desaparecía por la segunda vuelta. Dio tres vueltas completas a la gran casa pastoral antes de que finalmente se decidiera. Corrió hacia mí, me levantó y me lanzó al aire. A esas alturas yo empezaba a dudar de la sabiduría mía y de la sensatez de él. Luego dijo con voz fuerte y segura:

> ♥ ———————— ♥
> **Sí puedes elegir el curso de tu propia vida.**
> ♥ ———————— ♥

—Vamos a casarnos.

Y eso hicimos. Ocho días después, un domingo por la noche, pasé al frente del salón de la iglesia, abriéndome camino cuidadosamente entre los ex-hippies recién convertidos que estaban sentados en el piso del pasillo, para tomar la mano de mi pastor-marido en santo matrimonio. Así iniciamos nuestro camino.

El Plan de Dios

Este libro revela el plan de Dios para conseguir un matrimonio divino. Es la voz combinada de miles de mujeres que me han enviado sus relatos de pesar y desengaño, o de las glorias de un amor recapturado. Las siguientes páginas están repletas de instrucciones sencillas, ejemplos y muchas cartas de mujeres, algunas que hicieron lo incorrecto y cosecharon el fruto amargo, y otras que hicieron las cosas como Dios manda y beben de una fuente de vida.

Yo no soy ninguna experta escritora profesional que ha coleccionado y editado material de otros escritores y oradores. Soy una feliz esposa creativa, madre que educa en el hogar y abuela que, hace muchos años por la gracia de Dios, encontré la voluntad de Dios por medio de su Palabra escrita, la instrucción de mi marido y el ejemplo de mi madre. He seguido el instructivo y he disfrutado los frutos bendecidos del amor por muchos años. Te escribo a ti porque lo que yo he disfrutado es demasiado bueno para legárselo sólo a mis hijas y a unas cuantas mujeres que puedo alcanzar una por una.

Dios ordena a las mujeres mayores que enseñen a las mujeres jóvenes las maravillas de ser esposa. No puedo concebir una mejor manera de obedecer este mandamiento que escribiendo acerca del hermoso plan de Dios para el amor. Con las instrucciones de la Palabra de Dios puedes llegar a ser una esposa que es regalo del cielo, sin importar qué clase de persona hayas sido en el pasado. Aún puedes ser el sueño de tu marido, hecho realidad, y en el proceso se harán realidad tus sueños también.

Sí puedes elegir el curso de tu propia vida. Algunas de ustedes están luchando contra su situación actual sin lograr absolutamente nada. Luchas contra tu marido, y cada golpe verbal que anotas deja una herida en ti también. Es tiempo de dejar de luchar con contiendas, amargura, frustración y desilusión. Estás a punto de leer el plan de Dios para un matrimonio gozoso. Ha funcionado para mí, para mis hijas, para mi madre, mi abuela, y mi bisabuela. Ha funcionado para muchas mujeres más, jóvenes y mayores. No es que por casualidad nos hayamos casado con hombres perfectos, ni siquiera salvos, pero todas aprendimos a ser *ayudas idóneas* para nuestros esposos, y el resultado ha sido matrimonios divinos.

Vas a aprender cuál es el diseño de Dios para la mujer, el lugar de realización como ayudante adecuadamente preparada. Comentaremos lo que dice la Palabra de Dios respecto a la *ayuda idónea*; qué es lo que hace, lo que no debe hacer, y las recompensas que puede esperar. Cada día es una decisión, cada hora un reto y cada respuesta te encamina, ya sea hacia las arenas movedizas del divorcio o la tierra firme de ser bendecidas como **"coherederas de la gracia de la vida."**

Como lo he descrito anteriormente, mi matrimonio comenzó de manera algo espontánea, pero no comenzó de manera perfecta. En nuestros primeros años, experimenté una cantidad considerable de derrota. En una ocasión hasta le arrojé piedras a mi esposo. Con el tiempo superé eso, pero de cuando en cuando le arrojaba palabras mordaces—con mucho mayor precisión, dolor y efectividad. Por la gracia de Dios, finalmente descubrí el camino de Él hacia un matrimonio divino. No fue algo que haya adoptado de un día para otro. Más bien fue algo que se fue posesionando de mí, por la gracia de Dios. El resultado vale repetidas veces cada sacrificio que haya costado. Siento un deseo apremiante de compartir este conocimiento glorioso con todas las mujeres jóvenes. Si te vuelves a Dios, pidiéndole que te abra los ojos ante sus instrucciones para las esposas, Él te abrirá su Palabra, así como lo ha hecho para mí hace tantos años. Así que, como mi madre me enseñó a mí—así te enseño yo a ti.

— Debi

Primera Parte
La Ayuda Idónea

En el principio…

"Y dijo Jehová Dios: No es bueno que el hombre esté solo; le haré ayuda idónea para él…Entonces Jehová Dios hizo caer un sueño profundo sobre Adán…y tomó una de sus costillas…y de la costilla que Jehová Dios tomó del hombre, hizo una mujer y la trajo al hombre" (Génesis 2:18, 21-22).

¿Qué significa ser _ayuda idónea_? ¿Qué enseña Dios acerca
de mi papel como _ayuda idónea_?

Capítulo 1

El Regalo de Dios

La mujer sabia valora todo; no da nada

por sentado. Agradece el ser amada y

busca hacerse más amable.

Él Me Ama

Estimados Mike y Debi,

Quiero agradecerles a ambos el haberme explicado lo que yo le estaba haciendo a mi marido. Definitivamente era una Jezabel, ¡pero he cambiado! Sentí que me desintegraba por dentro al leer su artículo. Le pedí a Dios que me ayudara a ver su perspectiva del matrimonio y cómo quería Él que respondiera a mi marido. Al principio sólo hice pequeños cambios en lo que hacía por él, pero al menos mi actitud era diferente. La verdad me ha hecho libre.

Quiero que sepan que mi marido está asombrado con los cambios que ve en mí—¡y yo también! Y los cambios en él me han dejado boquiabierta. Es más considerado, deseoso de agradarme, pasa más tiempo con las niñas y conmigo, ¡y el nivel de intimidad es maravilloso! Yo había pasado años rascándome la cabeza y preguntándome por qué no asumía su papel de liderazgo en el hogar. No comprendía que yo controlaba muchas situaciones porque temía que mi marido no las manejaría correctamente. Ambos nos habíamos amargado y hacer el amor no era amor; era sexo necesario—cuando era inevitable. De recién casados, empecé con la necedad de recitar "los versos de los pétalos" cada vez que discutíamos. Para mí misma decía "...No me quiere." Y si las cosas iban bien, decía "Me quiere." Después de varios años, me di cuenta de que había dejado de decir "Me quiere," y casi a diario estaba diciendo "No me quiere."

> ♥ ────────── ♥
> **Si Dios creara una mujer especial, perfectamente equipada para ser ayuda de tu marido, ¿serías tú esa mujer?**
> ♥ ────────── ♥

Me invade culpabilidad cuando pienso en los años perdidos y lo ciega que estaba para ver mis propias faltas. Ha sido difícil confesarlas. Me alegro tanto de conocer ahora mi lugar como ayuda y amiga de mi marido. Ayer mi marido entró sigilosamente y me abrazó por atrás. Oí el susurro de su aliento en mi oído y comprendí que me estaba diciendo vez tras vez, "Me quiere, Me quiere, Me quiere." Rodaban lágrimas de gratitud por mis mejillas, y así, segura en sus brazos, me uní al coro, "Me quiere, me quiere, me quiere." Nadie sabe lo preciosas que son esas palabras hasta que ha estado a punto de perderlas. Gracias a Dios, Él me ayudó a ver la verdad antes de perder por completo a mi único verdadero amor. Aprendiendo a ser la ayuda idónea que Dios creó,

Liz

¡Resulta Que No Es Don Perfecto!

Como probablemente ya has descubierto, no es tan sencillo como "casarse con el hombre correcto" y vivir felices para siempre. Todo hombre que yo conozco es un auténtico pecador. Y considerando que tú también eres una persona egoísta, caída, se necesitará un verdadero esfuerzo para producir un matrimonio divino. Un buen matrimonio, como todo lo que vale la pena, requiere que se haga lo correcto cada día...cada hora...cada momento.

Soy regalo de Dios para mi marido ♥

El Regalo de Dios para el Hombre

Dios le dio a Adán el regalo más precioso que jamás podrá recibir un hombre—una mujer. Yo sé que es así porque mi marido me lo dice con mucha frecuencia. Según él, yo soy indispensable. Dice que soy su mejor camarada, su ayudante preferida. **"Y dijo Jehová Dios: No es bueno que el hombre esté solo; le haré ayuda idónea para él"** (Gn. 2:18). Y luego Dios **"la trajo al hombre"** (Gn. 2:22). Posteriormente nos dice: **"El que halla esposa halla el bien y alcanza la benevolencia de Jehová"** (Pr. 18:22). ¿Te das cuenta? Dios dice que no es bueno que un hombre esté solo, y la respuesta a su necesidad es una esposa—llamada **"algo bueno."** Además, un hombre obtiene el **favor** de Dios al conseguir esposa.

> Cuando eres ayuda idónea para tu marido, eres ayudante de Cristo.

Si eres esposa, fuiste *creada* para suplir una necesidad, y en esa función eres una **"cosa buena,"** una ayuda adecuada a las necesidades de un hombre. Así te creó Dios y éste es el propósito de tu existencia. Por naturaleza estás equipada en todo sentido para ser ayuda de tu marido. No eres inferior a ninguna mientras funciones dentro de tu naturaleza creada, porque ningún hombre puede hacer tu trabajo y ningún hombre está completo sin su esposa. Tú fuiste creada para completarlo a él, no para buscar realización personal paralelamente a él. La mujer que intenta funcionar como hombre es tan ridícula como el hombre que intenta ser como mujer. La sociedad unisex es una sociedad sin sentido—una sociedad peligrosamente trastornada.

El Regalo Recibido

Adán debe haberse sentido muy emocionado al despertar del sueño inducido por Dios, para descubrir que le faltaba una costilla y luego contemplar el regalo que Dios le había hecho.

Si Dios creara una mujer especial, perfectamente equipada para ser ayuda de tu marido, ¿serías tú esa mujer? Imagina que tu marido aburrido despertara una mañana, abriera un ojo perezoso, y allí sobre su cama descubriera una enorme caja, hermosamente envuelta. Don Aburrido está asombrado, sorprendido y bastante curioso, así que extiende su brazo y tira suavemente del brillante listón rojo. ¡Sorpresa! Ésa era tu señal, así que empujas la tapa, y apareces ante él con una sonrisa de invitación y un atractivo cuerpo.

¡Su regalo-esposa directamente de la mano de Dios! ¡Vaya! ¡Qué desaburrido estaría Don Aburrido!

Eso fue exactamente lo que ocurrió con Adán, bueno, todo menos la caja. Estoy segura que lo que menos tendría Adán sería aburrimiento al despertar de su profundo sueño para encontrar a la hermosa Eva, desnuda, allí revisándolo.

¿Tu marido comparte los sentimientos de deleite de Adán cuando te contempla a ti? ¿Despiertas cada mañana lista para hacer que tu marido sea feliz y bendecido, para servirle al máximo de tu capacidad—para ser su ayudante? ¿Te ocupas activamente en fomentar buena voluntad para con tu marido? Esa es la perfecta voluntad de Dios para ti.

Cuando eres ayuda idónea para tu marido, eres ayudante de Cristo, porque Dios comisionó al hombre con un propósito y le dio a la mujer para que le ayudara a cumplir con ese llamamiento divino. Cuando honras a tu marido, honras a Dios. Cuando obedeces a tu marido, obedeces a Dios. En la medida que reverencias a tu marido, en esa misma medida reverencias a tu Creador. Al servir a nuestros maridos, servimos a Dios. Pero de la misma manera, cuando deshonras a tu marido, deshonras a Dios.

Este es el momento para que mi lectora saque una de esas torcidas excepciones rebuscadas para hacer que la voluntad de Dios parezca ser insostenible.

"¿Cómo puedo ser ayuda de mi marido cuando miente en sus declaraciones de impuestos?"

"¿Cómo puedo honrar a mi marido cuando quiere que vea pornografía con él?"

Ya llegaremos a las excepciones, pero no te pierdas la lección más importante por saltar apresuradamente a lo torcido y perverso. La mujer que no quiere hacer la voluntad de Dios en lo que se refiere a su marido me recuerda al ateo que siempre está preparado con unas pocas razones para *no creer*, pero jamás considera la multitud de razones que existen para *creer*. <u>Tu naturaleza es ser ayuda de tu marido.</u> No te resistas.

Dios No Ha Cambiado de Opinión

"Porque el varón no procede de la mujer, sino la mujer del varón; y tampoco el varón fue creado por causa de la mujer, sino la mujer por causa del varón" (I Co. 11:8-9). Cuatro mil años después de la creación, Pablo, Timoteo y Pedro nos escribieron, diciendo que el plan original de Dios seguía siendo el mismo que al principio, cuando Adán y Eva comenzaban a aprender cómo ser marido y mujer. Hoy, dos mil años después de la enseñanza de Pablo, por asombroso que parezca, Dios aún no ha cambiado de parecer. No importa quién seas ni cuáles sean tus talentos, la voluntad de Dios es que *seas ayuda adecuada para tu marido*. Pablo dice: **"Pero la casada tiene cuidado de las cosas del mundo, de <u>cómo agradar a su marido</u>"** (I Co. 7:34).

Yo sé que al leer esto casi te parecerá blasfemia, porque es tan extraño pensar que tu marido merezca tenerte a ti como su **ayuda idónea.** Pero, ¿quién ha hablado de lo que él merece? Sólo podrás tener realización como mujer cuando estés funcionando conforme a tu naturaleza creada. Codiciar el papel de liderazgo de él es codiciar algo que no hará feliz a Dios, ni a ti, ni a él. No se trata de que puedas o no puedas hacer las cosas mejor que él; el asunto es que debes hacer aquello para lo cual fuiste "diseñada." Si lograras guiar exitosamente a la familia, no encontrarías satisfacción con hacerlo. **Es mucho mejor que tu marido haga el trabajo *mal*, y no que lo hagas tú bien.** Bien pudiera ser que tu excelencia como su ayuda idónea sea el plan de Dios para mejorar el papel de liderazgo de él en la familia. Tu naturaleza femenina no puede ser remodelada para el papel masculino sin que el diseño original sufra daño permanente.

Tu Llamamiento Divino

El papel de ser una *ayuda perfectamente adecuada* no significa que una sea inferior al líder. En nuestra oficina hay todo un equipo de trabajadores. Todos tienen mejor ortografía que la mía; la mayoría maneja mejor la computadora y definitivamente saben más de finanzas. Sin embargo, cuando yo entro a la oficina, puedo decirle a cualquiera de ellos lo que quiero que hagan y cómo quiero que lo hagan, y todos acatan mis instrucciones *con gusto*, incluyendo a los hombres. Mi *lugar* de autoridad no significa que yo sea mejor, únicamente significa que ellos están allí para ayudarme a hacer mi trabajo—¡mejor!

Los hombres han sido creados para ser ayudantes de Dios. Jesús gustosamente se hizo ayudante del Padre. El Espíritu Santo se hizo ayudante del Hijo. La sociedad está estructurada de tal manera que hombres y mujeres deben someterse a autoridades como gobierno, patrones, policía, tesorería, agencias de protección de menores, juzgados, etc. La subordinación no implica ninguna pérdida de

> La mujer que intenta funcionar como hombre es tan ridícula como el hombre que intenta ser como mujer. La sociedad unisex es una sociedad sin sentido—una sociedad peligrosamente trastornada.

dignidad cuando obedece a un propósito más alto. Dios te hizo para que fueras **ayuda idónea** de tu marido, para que puedas reforzarlo, haciéndolo más productivo y eficiente en cualquier cosa que decida hacer. Tú no eres miembro de la mesa directiva con voz y voto. No tienes ninguna autoridad para establecer el orden del día. Pero si él puede confiar en ti, te hará su más íntima asesora, su confidente, su secretaria de prensa, su jefa de estado, su vice-presidenta, su embajadora, su experta en relaciones públicas, quizá hasta su redactora de discursos—todo a discreción de él.

La **ayuda idónea** perfecta es la que no necesita una lista de responsabilidades, como lo necesitaría un niño. Su buena disposición para agradar le motiva a descubrir a su alrededor las cosas que sabe que su marido quisiera que ella hiciera. No buscaría pretextos para evitar estas tareas. Un hombre sabría que tiene una excelente mujer si ella fuera esta clase de **ayudante**. El hombre bendecido de esa manera recibiría honra de parte de otros hombres que admirarían y elogiarían a su hábil esposa. **"La mujer virtuosa es corona de su marido"** (Proverbios 12:4). Nos toca a nosotras descubrir cómo podemos ayudar a nuestros maridos en todas las formas posibles. El solo hecho de que estás leyendo este libro indica que el deseo de tu corazón es honrar a Dios, llegando a ser una verdadera ayuda idónea para tu marido.

La palabra **ayuda idónea** aparece únicamente dos veces en la versión Reina Valera 1960—Gn. 2:18 y 20. Sin embargo, es traducción de una palabra hebrea— *ayzer*—que se encuentra 21 veces en la Biblia hebrea. Aparte de las dos veces que se traduce *"ayuda idónea"*, se traduce simplemente *"ayuda"* otras 19 veces. El estudio de las palabras hebreas revela que significa *socorrer* o *uno que ayuda*. Mi corrector insistía en que yo debía juntar las dos palabras como muchos suelen hacerlo, mediante un guión (ayuda-idónea). Pero lo he usado en todo el libro tal como aparece en la Escritura—como dos palabras (ayuda idónea), lo que significa que Eva fue creada para ser ayuda (sustantivo) que era idónea (adjetivo), adecuada para las necesidades de Adán. La misma palabra traducida *idóneos* en el II Timoteo 2:2 se traduce de diferentes maneras en otras partes del Nuevo Testamento. Las palabras usadas en español en estos pasajes arrojan luz adicional sobre este concepto: Mateo 3:11; Lucas 22:38; I Corintios 15:9; II Corintios 2:6, 16; II Corintios 3:5. Recomiendo que consultes estos versículos. Te ayudarán a comprender mejor tu posición delante de Dios como ayudante "idónea" para tu marido. Al leer estos versículos, llamaron mi atención las palabras *digno, suficiente, competente, apropiada, perfecta, buena* y *bien equipada*. Eso es lo que yo quiero ser para mi marido.

TIEMPO DE REFLEXIONAR

La perfecta voluntad de Dios para mi vida es que yo sea ayuda idónea para mi marido.

Sí puedo elegir que mi matrimonio sea bueno.

"Porque el varón no procede de la mujer, sino la mujer del varón; y tampoco el varón fue creado por causa de la mujer, sino la mujer por causa del varón" (I Co. 11:8-9).

Desarrolla un nuevo hábito
Piensa en maneras de ser ayudante de tu marido. Empieza hoy mismo.

Trata con Dios en Serio
Busca en las Escrituras las siguientes palabras o cualidades en relación con la mujer piadosa. Escribe los versículos en tu diario, y pide a Dios que desarrolle cada una de estas cualidades en tu carácter.

1. Virtud
2. Gracia
3. Sabiduría
4. Prudencia
5. Bondad

Una Buena Ayuda Idónea *tiene una pasión por servir*
Las palabras *ayuda idónea* traen a mi mente imágenes de una mujer que sirve a otros. Una buena ayuda idónea tendrá pasión por servir. Su primera vocación es servir a su marido, luego a sus hijos, y cuando el tiempo lo permita, su pasión por servir se derramará en un servicio a otros.

Capítulo 2

El Corazón Alegre

El Gozo del Señor es Mi Fuerza

La Biblia nos dice que el Gozo del Señor es nuestra fuerza. Para este viaje forjador de matrimonio que has emprendido, necesitarás toda la fuerza que proporciona el gozo del Señor.

Dios dice en Proverbios 17:22: **"El corazón alegre constituye buen remedio."** El corazón alegre es el fundamento de la salud y la felicidad. Y el día que tengas un corazón alegre será el primer día de la reconstrucción de tu matrimonio para convertirlo en el regalo divino que Dios quiso que fuera.

Algunas mujeres con las caras más largas del mundo me han asegurado que en realidad tienen el gozo del Señor, y me he quedado desconcertada, preguntándome dónde lo estarían escondiendo. La última parte del versículo citado dice: **"mas el espíritu triste seca los huesos."** ¿Cómo andan tus huesos? Sí, <u>tus</u> huesos. La Biblia es mucho más literal de lo que te imaginas. El espíritu triste y los huesos secos son resultado de no tener un corazón alegre. El corazón alegre es un excelente remedio. Es una pócima de amor.

> Cuando él se enamoró de ti, eras una pequeña dulzura, llena de risas y deleites.

Cuando él se enamoró de ti, eras una pequeña dulzura, llena de risas y deleites. En lo más profundo de tu alma estabas fascinada con él. Despertabas cada día planeando alguna actividad que los incluyera a ambos.

💜 El gozo es visible 💜

¿Aún sigue casado con aquella pequeña dulzura, o te has convertido en una quejumbrosa enfermiza de cara larga? El amor es como una flor: no puedes esperar que crezca sin la luz del sol. ¿Tu enamorado ha visto que se ilumine tu rostro últimamente? ¿Sigue siendo tu enamorado? ¿Qué diría él?

Proverbios 15:13 dice: "**El corazón <u>alegre</u> hermosea el rostro…**" Todos se sienten atraídos por una sonrisa. Lo que eres se refleja en tu rostro. ¿Tu marido te ve como una mujer **alegre** y agradecida? ¿Sonríe él cuando te mira, fascinado por la sonrisita alegre y traviesa en tu rostro y las cosas totalmente encantadoras que piensas y dices—aun las cosas tontas? Aprende a encantarlo con tu sonrisa juguetona "sólo para él."

Una Campesina Fea

Hace algunos años, había una campesina obesa que trabajaba en una tienda en nuestro pueblo. Cada vez que íbamos a la ferretería encontrábamos a varios hombres parados junto al mostrador platicando con ella y siempre estaban riendo. Generalmente teníamos que abrirnos paso entre la alegre concurrencia e interrumpir la fiesta para que nos atendieran. Su enjambre de admiradores me recordaba a las abejas alrededor de la miel, zumbando con gran interés. Lo extraño es que esta mujer no sólo era fea, sino fea *a lo campesino*, que es más feo que el feo normal. Un día cuando salíamos de la tienda, divertida le mencioné a mi esposo que había tantos hombres allí parados, platicando con la vendedora. Su respuesta me asombro sobremanera: "Ah, ¿te refieres a esa chica linda?" ¡Todos los días se aprende algo nuevo! Y aparentemente yo tenía algo muy importante que debía aprender. ¡A su manera de ver esa mujer era linda! Y la verdad es que no era chica, no era linda y no era joven. Pero sí **sonreía, carcajeaba y bromeaba**, y siempre disfrutaba de un buen chiste blanco. Yo disfrutaba con ir a la tienda y platicar con ella tanto como los hombres. Era encantadora. Pocas semanas más tarde la vimos en la tienda de abarrotes. Estaba enojada con su hija obesa porque había arrebatado una bolsa de dulces. Habían desaparecido las sonrisas, risitas y el resplandor en su rostro que tanto cautivaba a todos en la ferretería. En su lugar había un gesto amargo y feo. Cuando salimos de la tienda mi marido comentó: "¿No hemos visto a esa mujer en alguna parte? Me parece conocida, pero no la ubico." Cuando le dije

> Los hombres se sienten muy atraídos por las <u>sonrisas</u>. Incluyendo a tu marido.

quién era, se quedó pasmado. "No, no es posible; no puede ser ella. La mujer de la ferretería no se ve así." Percibí cómo le fue amaneciendo, y se sintió tan desilusionado. Lo extraño es que la mujer se veía exactamente igual que siempre. Era del mismo tamaño, traía la misma maraña de cabellera, el mismo estilo de ropa, todo igual que cuando la vimos en la ferretería. Lo único que le faltaba era su **gloriosa sonrisa**. Ése era su recurso más valioso. Su rostro siempre era tan **radiante,** su **sonrisa** tan contagiosa, su **risa** tan dulce, y sus ojos tan **sinceros** que la gente simplemente la veía como linda. Yo no sé si tendría marido, pero estoy segura de que podría haber tenido una docena de hombres diferentes en ese pequeño pueblo—siempre que no la vieran en la tienda de abarrotes, enojada con su hija.

Todos se sienten atraídos por una sonrisa y desean ser amigos de alguien que rebosa buena voluntad. Los hombres se sienten muy atraídos por las sonrisas. Incluyendo a tu marido. ¿Quieres que tu marido pase más tiempo en casa? El corazón **alegre** y una **sonrisita** traviesa son buenos atractivos. **"El corazón alegre constituye buen remedio, mas el espíritu triste seca los huesos"** (Pr. 17:22). Quizá no seas una campesina fea, pero hay otros tipos de fealdad. Las mujeres gastan miles de millones de dólares cada año para hacerse más atractivas, pero el auxiliar de belleza más efectivo es gratuito—**una sonrisa gozosa.**

La Esposa Desesperada

Ésta es una carta de una esposa desesperada que necesita aprender a ganar.

> *Estimada Sra. Pearl,*
>
> *Me estoy volviendo loca. Mi esposo ha estado teniendo una aventura sentimental con su secretaria. Él dice que ya se acabó, pero yo no confío en él. Le regaló una pequeña caja de chocolates el día de los enamorados. Nunca se ha acordado de mí el día de los enamorados. Con frecuencia sale a comer con ella y los otros señores de la oficina. En dos ocasiones ella le ha confiado a mi esposo acerca de problemas en su matrimonio. Yo sé que debo honrar, perdonar y no amargarme, etc. Esto es lo más difícil que jamás he experimentado, incluyendo la muerte de mi madre hace apenas tres meses. Me parece que él actúa como necio al hacerse acompañar por ella cuando no es necesario, después de haber demostrado que no es capaz de manejar esa situación. Estamos en un callejón sin salida. ¿Cómo encontramos tema para platicar? Me siento tan nerviosa como un*

gato, no puedo dormir, etc. Desesperada, pero aferrándome y esperando ansiosamente noticias tuyas,

Beth

Estimada Beth,

Tu marido, indiscutible, está equivocado. Sería maravilloso que él fuera sabio y piadoso, pero no lo es. Dios ha hecho provisión para que tu marido sea completamente santificado y librado de la tentación por medio de ti, su esposa. Tu marido, como muchos hombres que lo han precedido, comete una necedad al cerrarle el ojo al pecado y jugar con la tentación. Pero esto ya lo sabes. Por eso reaccionas con celos y enojo. "**…Porque fuerte es como la muerte el amor, duros como el Seol, los celos; sus brasas, brasas de fuego, fuerte llama "** (Cantares 8:6).

Tú ahora te encuentras donde muchas esposas se han encontrado. Tus reacciones son la norma, y al prolongarse la norma, y mientras te aferras a tus derechos y te niegas a él hasta que él demuestre su lealtad a ti únicamente, llegarás al final normal—el divorcio.

Debes enfrentar los hechos—la vida no es justa. El matrimonio no es justo. Y sobre todo, la mujer en el trabajo no está jugando derecho. Y tu marido no está jugando conforme a **tus** reglas. Obviamente, él no siente la vergüenza que sientes tú. A él lo motivan instintos e impulsos más bajos.

Sí, él está equivocado, pero tu reacción, aunque justificada, definitivamente conducirá a la destrucción de tu matrimonio. Te puedes encabritar furiosamente con indignación; puedes plantarte sobre tus derechos y apoyarte en la verdad, pero eso no salvará tu matrimonio. Cuando hayas perdido a tu marido y estés sola, y tus hijos estén en una guardería o escuela pública, y estés tratando de pagar la renta de un pequeño departamento y surtir la despensa, siempre podrás saber que te plantaste en principios, lo llamaste al arrepentimiento y no le permitiste que te humillara e hiciera papel de hipócrita. Lo has desenmascarado. Allí estará, viviendo en pecado con la otra mujer, y tú, la justa, seguirás plantada sobre tus derechos— pero durmiendo sola. Si consiguieras otro marido, será como el anterior, desechado por alguna otra mujer. Es un carrusel en el que el paisaje se vuelve más horrible con cada vuelta.

No estoy sugiriendo que esto sea culpa tuya, ni que tú seas la causa del pecado de tu marido. Sólo te estoy advirtiendo: **si realmente, honestamente**

deseas conquistar de nuevo a tu marido para ti misma, debes cambiar tu jugada. Reconócelo: tienes una competidora. Ella es tu rival, la enemiga del deseo de tu corazón. Tus reacciones negativas no van a lograr que tu marido carnal se convierta súbitamente en el hombre maduro que hace lo que debe. Mi esposo dice: "Ningún hombre jamás se ha salido de bajo la humillación de la crítica de su esposa para ser mejor hombre—no importa cuan justificada sea la crítica de ella."

Tu marido nunca te amará por presión, aun cuando seas su esposa. Nunca dejará voluntariamente a una secretaria sonriente para venir a casa a una esposa gestuda. **No puedes inspirar suficiente lástima como para obligarlo a amarte.** Le puedes hacer ver cuánto daña a los hijos, cómo destruye su testimonio, cómo abandona a Dios y a la iglesia, y él responderá llevando a su secretaria a cenar para poder ver una sonrisa incondicional. Es cruel. Pero así es el camino del hombre carnal. Es el camino de la humanidad. Él no se está conduciendo sobre el plano del deber moral. **Es un hombre solitario que busca identidad en la aprobación y admiración de una mujer.**

> Nunca exijas que un hombre te ame y te cuide sólo porque es su deber hacerlo. Gánate cada sonrisa y momento compartido.

Tú sabes que si fuera hombre piadoso no consideraría sus propias necesidades; como Daniel, haría lo correcto a toda costa. También sabes que necesita arrepentirse y amar a Dios. Pero lo que no sabes es que los hombres no se arrepienten por causa de una mujer enojada, crítica. Puedes insistir en arrepentimiento, y lo más probable es que perderás a tu marido, o puedes "cortejar" a tu marido y recuperar su favor. Entiende que estás luchando por la preservación de la más noble institución de Dios sobre la tierra—la familia, ¡tu familia! Hazte más atractiva que la secretaria. Tú puedes ganar si estás dispuesta a renunciar a tu orgullo.

Si quieres conservar a tu marido y al padre de tus hijos, vas a tener que olvidarte de tus derechos como esposa y olvidar el compromiso cristiano de él con sus votos. Debes actuar como si tú y la secretaria estuvieran en una competencia abierta por este hombre. **Tu marido amará lo que es atractivo para él.** Tú debes ser más hermosa que ella. Debes ganarle en su propio juego. El hombre se siente atraído por la vulnerabilidad de una mujer—la ruborización, la necesidad, la dependencia. Cuando ella está físicamente consciente de él, impresionada con él, emocionalmente estimulada por su presencia, ella lo excita a él. Si una mujer le comunica al hombre que él le trae consuelo, que se siente segura con él, él responderá. Yo creo que la secretaria sabe esto y lo usa para su ventaja. Ella ha apelado a la sabiduría de él para ayudarla cuando se siente lastimada y caída. Lo ve con admiración y puedes estar segura de que en más de una ocasión le ha dicho, "¿Por qué mi marido no puede ser como eres tú?" Sospecho que si tu marido no estuviera besándole los pies, algún otro hombre en la oficina ocuparía rápidamente su lugar, y ella estaría usando la misma táctica con él. Quisieras torcerle el pescuezo—y yo quisiera ayudarte a hacerlo—pero no olvides ese departamento destartalado. Bájate al nivel emocional de tu marido y hazte más atractiva que esa muchacha de la oficina, y hazlo ya, ¡hoy!

> Dios está contigo cuando tú apoyas a tu marido.

Es un error que una esposa de por sentada su posición, que imagine que sólo por "ser marido y mujer" habrá amor y contentamiento. En un mundo perfecto, casada con un hombre perfecto, tus votos serían sagrados. Nunca exijas que un hombre te ame y te cuide sólo porque es su deber hacerlo. **Gánate cada sonrisa y momento compartido. Cultiva su amor por ti.** Pide a Dios que puedas recordarle la hermosura y belleza que lo atrajeron a ti en un principio.

Te conviene aprender a usar encantos femeninos. La mujer retiene a su marido con los hilos frágiles de la adoración, la gratitud, el deleite y los buenos ratos. Él necesita oír alegría y aprecio en tu voz cuando le hablas, aun cuando estés hablando de cosas cotidianas. Necesita esto tanto, o quizá más que el alivio sexual.

Así que olvida tus resentimientos, y lucha por lo que es tuyo. Cuando leo cartas como la tuya (y son muchas las que he leído) recuerdo con frecuencia aquella canción de Loretta Lynn, "You Ain't Woman Enough to Take My Man" (Eres Muy Poca Mujer para Quitarme a Mi Hombre). Cuando escribió esa canción, su marido era seducido por alguna ramera corriente. En lugar de encerrarse en repugnancia y auto-compasión, Loretta respondió como debe hacerlo una mujer. La letra de su canción dice algo así: "Las mujeres como tú están a peso la docena; se pueden comprar dondequiera. Para que tú te lo lleves yo me tengo que hacer a un lado, y yo no me muevo de aquí." Loretta recuperó y conservó a su marido.

Recuerda, estás luchando contra una mujer que es de las de a peso la docena. Abundan dondequiera, listas para robarse el corazón del hombre que se siente menospreciado y desatendido. **El arma de tu milicia es tu propia deleitosa, radiante, y amable persona adoradora.**

Cuando enfrentes una situación que requiere de celos, es apropiado enojarte y amenazar con torcerle el pescuezo. Existe un **celo de Dios** (II Corintios 11:2). Uno de los nombres de Dios es **Celoso** (Éx. 34:14). Puedes amenazar con ir a la oficina y decirle a la mujer que se largue. Hazlo si quieres; pero no vayas a humillar a tu marido. Un hombre apreciará y se sentirá atraído a una mujer que tiene interés suficiente como para luchar por su marido. Pero tu enojo debe terminar antes de que se ponga el sol y se destienda la cama.

Escribe recados amorosos que él encuentre al llegar a la oficina. No lo ensilles con sospechas. No hagas de detective para andarlo espiando. Pero sí debes llamarle a la oficina con risitas en tu voz y ponle sobre aviso que debe esperar "algunas caricias amorosas" cuando llegue a casa. Luego ríe y pregúntale si está ruborizado. Una o dos veces al mes, preséntate en la oficina a la hora de la comida para una visita inesperada. Asegúrate de que tu aspecto sea radiante y deleitosamente enamorada. Tu misma dulzura y gratitud hacia tu marido hará que esa libertina de la oficina se sienta inferior a ti. Y tu "inocencia" y confianza harán que todos los hombres en la oficina se sientan molestos con "la mujer" por sus insinuaciones deshonestas. Será fortalecido el espíritu de tu marido.

Sé creativa y agresiva en los momentos privados e íntimos. Mantenlo sexualmente agotado en casa para que no tenga ninguna necesidad sexual en el trabajo. Si tú lo alimentas bien, emocionalmente y sexualmente, no se sentirá tentado por la cocina de ella. **Dios está de tu lado. Lucha y gana.** *-Debi*

Apreciada

Muchas mujeres consideran que sus maridos no valen la pena. Sienten que están obligadas a humillarse para amarlo, cuando *él* es la parte culpable. No te engañes. Cuando una mujer está dispuesta a perdonar y recuperar el afecto de su marido, estará recuperando mucho más que su afecto. Una vez que un marido recapacita y entiende lo cerca que estaba de perder todo lo que más ama, estará profundamente agradecido con la buena mujer que lo amó con toda su necedad. Ella habrá ganado su respeto además de su amor, porque él sabrá que ella es la clase de mujer que **apoya a su marido**. Pocas mujeres llegan a saber lo que significa ser apreciadas por sus maridos, pero si lo amas en medio de esta clase de problemas, serás apreciada. Ser apreciada es mucho, mucho más que ser amada. Bien valdrá todo tu esfuerzo.

Dios está contigo cuando tú apoyas a tu marido, pero estarás sola si insistes en defender tus derechos. Siempre recuerda que el día que dejes de sonreír, ese día dejas de tratar de hacer que tu matrimonio sea divino, y es el primer día en el proceso que conduce a tu juicio de divorcio.

> ## Apoya a tu marido.

TIEMPO DE REFLEXIONAR

La perfecta voluntad de Dios para mi vida es que yo aprenda a ser la mejor *ayuda idónea* posible.

Mi marido se siente muy atraído por mi sonrisa. Quiero que mi marido me ame.

> **"El corazón alegre hermosea el rostro, mas por el dolor del corazón, el espíritu se abate"** (Proverbios 15:13).

Una condición de auto compadecida, herida, desalentada o hasta enfermiza es un lado de la moneda de un "mal matrimonio." Los hombres en general (tu marido en particular), sienten rechazo por la mujer que proyecta esta imagen. El espíritu del hombre le dice que su esposa lo está rechazando y manipulando cuando ella manifiesta constantemente un espíritu abatido, y él reaccionará con ira. El otro lado de la moneda falsa incluye un espíritu de amargura, enojo y resentimiento.

Arroja esa vieja moneda destructiva a la calle antes de que te compre un divorcio. La voluntad de Dios es que la esposa tenga un corazón gozoso, un rostro alegre y un resplandor que sea capaz de refrescar al marido más estresado y agotado que exista sobre el planeta. La alegría rebosante rinde mucho en el mantenimiento o incluso en la restauración de un matrimonio. Toma la decisión ahora mismo de romper el hábito de "pobrecita de mí." Hoy mismo, regístralo como un pecado y una rebelión, y luego, mañana, despierta con gozo en tu corazón y en tu hogar.

Establece un nuevo hábito.

¿Qué puedo hacer hoy que lo haga a él sonreír?

Trata con Dios en Serio

Haz un estudio de la palabra GOZO. Descubrirás que la palabra gozo se encuentra 140 veces en la Palabra de Dios. La palabra *gozo* suele acompañarse de grito, música y el uso de instrumentos musicales, baile, alegría y alabanza. Anota y memoriza tus versículos favoritos sobre gozo. La Palabra de Dios es eficaz. Al leer, memorizar y meditar sobre la palabra *gozo* en la Palabra de Dios, se producirá verdadero gozo en tu corazón.Asegura que cada mañana, lo primero que vea tu marido en tu rostro sea una suave sonrisa, aun cuando tus ojos todavía estén cerrados. Cada vez que se encuentren sus miradas o sus manos, permite que sea un recordatorio para sonreír y ofrecer una palabra gozosa. Cuando se sienten a la mesa, siempre muestra gratitud por medio de una sonrisa y un espíritu alegre.

Durante el día, canta y juega y baila mientras haces el quehacer de la casa. Tus hijos se deleitarán al verte bailar por la casa con la escoba o el trapeador, y este ánimo ligero (el gozo visible es el único gozo que los niños entienden) será un aliento para tus hijos. La liviandad de tu ánimo ayudará a crear un buen ambiente para recibir a tu marido cuando llegue a casa. Si tienes algún motivo para estar dolida o desalentada y no obstante cantas con alegría, este es un verdadero sacrificio de alabanza a Dios.

"Ofrezcan sacrificios de alabanza, y publiquen sus obras con júbilo" (Salmo 107:22).

Piensa en otras maneras y otros momentos del día en que puedes establecer un hábito de elogio y gratitud mediante la manifestación de gozo. Anota tus ideas, visualízate haciéndolo, y luego practica este nuevo y maravilloso hábito *todo el día.*

"Cantad <u>alegres</u> a Dios, habitantes de toda la tierra. <u>Servid a Jehová con alegría</u>; Venid ante su presencia con <u>regocijo</u>. Reconoced que Jehová es Dios; Él nos hizo, y no nosotros a nosotros mismos; pueblo suyo somos, y ovejas de su prado. Entrad por sus puertas con <u>acción de gracias</u>, por sus atrios con <u>alabanza</u>; <u>Alabadle</u>, <u>bendecid</u> su nombre. Porque Jehová es bueno; para siempre es su misericordia, y su verdad por todas las generaciones" (Salmo 100).

Capítulo 3

Un Espíritu Agradecido

*La mujer sabia crea un ambiente
gozoso en su hogar. Mediante la risa, música y
tiempos divertidos, crea una actitud positiva en sus
hijos. Sabe que un hogar alegre alivia el estrés sobre
su marido.*

Un Corazón Alegre, no Autocompasión

**"Todos los días del afligido son difíciles, mas el de corazón
contento tiene un banquete continuo"** (Proverbios 15:15).

Quizá seas de las mujeres que se quejan constantemente de la pobre condición financiera de su familia, contando los "sacrificios" que tiene que hacer porque su marido "no puede sostener decentemente a la familia." **Esta actitud abatida y malagradecida deshonra a Dios** y constituye un ataque contra el ego de tu marido. Si has sido culpable de esta actitud, ahora es el momento de decir, "Nunca más."

Conozco mujeres que están en un estado de perpetuo descontento porque tienen que vivir con una alfombra manchada y muebles dañados.

Algunas consideran que su familia se encuentra en una situación grave si no tienen para brócoli y ensalada. En sus hogares gobierna la tensión. Sus rostros tristes y demacrados reflejan su sufrimiento. Cultivan expresiones de pesar, reflejando, según suponen, el corazón de Dios entristecido por causa de ellas.Algunas mujeres aprenden a aceptar el mal estado de su entorno físico. No quieren ser carnales. Viven únicamente para lo eterno. Así que reservan sus miradas de desaprobación para aquellas ocasiones en las que consideran necesario recordarles a sus maridos la tristeza que les da que se siente frente a la televisión, use juegos de vídeo o participe en diversas actividades carnales. Presionan insistentemente—como la haría el Espíritu Santo. Al menos esa es la justificación que dan para hacer el trabajo de Él tan "fielmente."

Algunas mujeres se tragan la idea de que si tan sólo la familia se fuera a vivir al campo, serían felices y sus hijos no serían atrapados por hábitos pecaminosos. O si vivieran más cerca de la iglesia, o lejos de los vecinos malos, o si pasaran más tiempo en el devocional familiar, o un sinfín de cambios de condiciones y circunstancias, la vida sería mucho mejor. Ésta es una fórmula segura para el desastre. El descontento no es producto de circunstancias; es una condición del alma. Recuerda: **"Todos los días del afligido son difíciles, mas el de corazón contento tiene un banquete continuo"** (Proverbios 15:15).

> El descontento no es producto de circunstancias; es una condición del alma.

Pablo dijo: **"...he aprendido a contentarme cualquiera que sea mi situación"** (Filipenses 4:11). El autor de Hebreos dice que debemos estar, **"...contentos con lo que tenéis"** (Hebreos 13:5). En I Timoteo leemos, **"Pero gran ganancia es la piedad acompañada de contentamiento; porque nada hemos traído a este mundo, y sin duda nada podremos sacar"** (I Timoteo 6:6-8).

Contentamiento

Recientemente visité una casa que no contaba con agua potable, ni baño interior. No tenía ninguna de las cosas que nosotros consideramos necesarias en la actualidad: ni lavadora, ni secadora, ni gabinetes en la cocina, aunque sí tenían alfombra—un remanente que cubría como la mitad de la pieza, con sus orillas deshilachadas y cortadas expuestas. Sin embargo, esta dulce esposa recién casada tenía una sonrisa de oreja a oreja mientras me contaba

 El gozo empieza con la gratitud.

cuán agradecida estaba de tener su propia casa. Me contaba incesantemente cómo su marido había hecho esta repisa y aquel lugar para guardar cosas, y cómo piensa construir un gabinete aquí más adelante. *Las personas agradecidas tienen una perspectiva de la vida que comienza en lo más recóndito de su ser*, y las circunstancias externas simplemente no pueden manchar su gozo. Para ellos, la vida es un continuo sueño maravilloso, realizado. Toda la vida es una bendición y ellos se perciben como participantes de una fiesta continua.

Claro está, esta recién casada apenas inicia su vida matrimonial y está llena del optimismo y la fuerza de la juventud. Pero podemos aprender de ella una lección. El gozo empieza con la gratitud. Con frecuencia nuestras actitudes están en una balanza: mediante una decisión consciente, podemos inclinar nuestras almas hacia un ánimo negro de quejumbres, o hacia la gratitud y la alabanza. Es asombrosa la medida en la que tu boca controla tu alma. Puedes sonreír con tu boca y decir, "Gracias Dios; gracias marido; gracias hijos," y tu espíritu se encamina hacia la gratitud y el gozo le sigue. Gratitud es tu *manera* de pensar; gozo es la *abundancia* que produce.

La Práctica Hace al Maestro

La práctica hace al maestro. Practica las manifestaciones de un corazón alegre y agradecido. He conocido personas que sin tener una inclinación natural hacia la música, empezaron a tomar lecciones de piano y practicaron todos los días. Después de dos o tres años sus dedos se deslizaban por el teclado con facilidad y su música se oía más dulce y más fluida cada vez que las oías. Si les preguntaras, "¿Cómo sabes cuáles notas tocar?" Contestarían, "Práctica. He ensayado tanto que ya ni tengo que pensarlo. Se da de manera automática." Así es la vida. Casi todos han practicado las notas de la amargura, resentimientos, ofensas y frustración por tanto tiempo que sus almas encuentran las notas con mucha facilidad, casi sin pensarlo. Pero no es necesario que sigas practicando la discordia. Puedes practicar el gozo y la gratitud con igual facilidad y definitivamente con mucho mayor deleite. Todos los días, cada respuesta correcta hace que los dedos de tu alma encuentren las notas de gozo y gratitud con más y más facilidad, hasta que sea tan

> Puedes practicar el gozo y la gratitud. Cada día, cada respuesta correcta hace que los dedos de tu alma encuentren las notas de gozo y gratitud con más facilidad.

natural que la gente te dirá, "Yo no soy como eres tú; simplemente no tengo una personalidad chispeante. No soy una persona alegre. ¿Cómo puedo tener gozo?" Y podrás decirles, "La práctica hace al maestro." Aprende a disfrutar la vida. *Sé agradecida. Sonríe.* Cuando descubras que te empiezas a sentir irritada o molesta con las circunstancias, detente y ríete de las cosas pequeñas que te roban la paz. *Cuenta tus bendiciones* y aprende a apreciar. Mi hija compuso un canto con las palabras, "Dar gracias es bueno; vivir agradecida es mejor." Colosenses 3:15 aconseja: **"Y la paz de Dios gobierne en vuestros corazones, a la que asimismo fuisteis llamados en un solo cuerpo; y sed agradecidos."**

La Reina de Su Corazón

Querida Debi,

Un día cuando yo estaba leyendo tus escritos acerca del gozo, llegó mi marido y me pidió que hiciera algo para él. Hice alegremente y con una sonrisa lo que él me pidió, y ¡vaya que se llevó una sorpresa! Ése fue el comienzo de nuestra nueva vida.

Entre más dulce soy con él, más bien le caigo, y más bien me caigo a mí misma. Estoy consciente de que la mayor parte de mi depresión se debía a que yo me aborrecía a mí misma por lo que era mi trato con mi marido y la manera en que él reaccionaba contra mí. ¡Hasta dónde llega nuestra torpeza! Complicamos tanto la vida con nuestra exigencia de que nos traten de manera justa. Ya sabes, la actitud de: "Tú haz esto, y si lo haces bien, entonces yo hago aquello, y si no lo haces, entonces te aguantas, porque yo no voy a hacer lo que te toca a ti." ¡Cuánto me alegro de haber terminado con esas necedades! Ahora busco siempre deleitar a mi marido, suceda lo que suceda. No sé como esperaba yo caerle bien cuando yo era tan grosera y cruel. Quiero que mi rostro refleje gozo y gratitud para con él.

El caso es que él me ha estado tratando como a una princesa. Se ilumina su rostro cuando me ve. Toma mi mano, me pasa su brazo, me sonríe todo el tiempo, trata de ayudar cada vez que puede y tiene ganas de simplemente sentarse a platicar conmigo. Soy la Reina de su corazón y el fuego en su cama, ¡por fin!

María

TIEMPO DE REFLEXIONAR

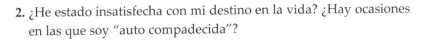

"Mas el fruto del Espíritu es amor, gozo, paz, paciencia, benignidad, bondad, fe, mansedumbre, templanza; contra tales cosas no hay ley" (Gálatas 5:22-23).

El gozo es el fruto del Espíritu. Si eres hija de Dios, el gozo será una realidad visible en tu vida.

1. ¿Dónde empieza el gozo?

2. ¿He estado insatisfecha con mi destino en la vida? ¿Hay ocasiones en las que soy "auto compadecida"?

3 ¿Expreso gratitud verbalmente todos los días?

4. ¿Me acuerdo de dar gracias a Dios por mi marido todos los días?

5. ¿Mis amigos dirían que soy gozosa, agradecida y contenta?

6 ¿Cómo puedo agregar la práctica del gozo y la gratitud a mi vida?

7. ¿Estoy dispuesta a abandonar mis quejas contra mi marido por la esperanza de un matrimonio divino?

"Hermanos, yo mismo no pretendo haberlo ya alcanzado; pero una cosa hago: olvidando ciertamente lo que queda atrás y extendiéndome a lo que está delante, prosigo a la meta, al premio del supremo llamamiento de Dios en Cristo Jesús" (Filipenses 3:13).

Trata con Dios en Serio

El libro de Filipenses está lleno de enseñanza para ayudarnos a aprender a ser mujeres de Dios. Filipenses 4:6 dice: **"Por nada estéis afanosos,"** o sea que no nos debemos preocupar y afligir porque no todo es perfecto, sino estar contentas con lo que tenemos. Pablo dice en el capítulo uno que cada vez que se acuerda de sus amigos, ora por ellos. Filipenses sólo tiene cuatro pequeños capítulos. En lugar de leer una novela romántica el día de hoy, lee el libro de Filipenses y pídele a Dios que haga realidad su Palabra en tu vida.

Capítulo 4

Gratitud Produce Gozo

Vive con gratitud, perdón y gozo,
y disfruta cada momento como si
fuera el último.

Mi Jovial Compañero de Juego

Tú decides si tú y tu marido serán **"coherederos de la gracia de la vida"** (I Pedro 3:7), o socios en las tensiones y el estrés de la vida. **Tienes mucho más control del que te imaginas.**

Como regla general, mi esposo *simplemente no* saca la basura. Yo podría sentirme molesta, o podría aprender a disfrutar sacando la basura. Yo soy lista; realmente he aprendido a disfrutar sacando la basura. Recientemente, mi marido me vio luchando para salir por la puerta con una enorme bolsa de basura en una mano y varias cajas de cartón vacías en la otra. Como él iba para allá, ofreció llevar la bolsa pesada. Se adelantó a mí como unos tres metros, y sostenía la bolsa lejos de su cuerpo con una mano. Yo sabía que sólo trataba de mostrarme lo fuerte que era. Como siempre, a mí me divertía su alarde de hombría. Después de casi treinta y cinco años de estarme presumiendo su musculatura, imaginarías que se cansaría de presumir, pero él sabe que yo nunca me canso de observar su actuación. Al acercarse al enorme remolque de basura, se estaba dejando llevar en grande con su exhibición de masculinidad. Con gran fanfarria arrojó (diría *disparó*, pero fue como una catapulta lateral) la enorme bolsa de basura como si fuera un bloque de concreto en lugar de una delgada bolsa de plástico excesivamente cargada para su propia resistencia. Como era de esperar, se rompió la cuerda, permitiendo que la bolsa golpeara el costado del remolque, abriéndose para regar basura por el suelo. Percibí que sintió un poco de pena cuando yo corrí para recoger su tiradero, pero él siguió su camino como si nada hubiera pasado. Recuerdo un tiempo en que esto me hubiera irritado hasta el punto de la amargura. Me hubiera asegurado de que él sintiera mi irritación y nuestra relación hubiera estado tirante, todo por una bolsa de basura. ¡Qué manera tan tonta de desperdiciar nuestra vida!

Pero ahora, mientras observaba cómo se escabullía humildemente, tuve que sonreír. Creo que por fin he logrado entender el psique masculino, al menos el de este macho. Sé que lo de la bolsa de basura rota fue muy duro para el muchachón. Es curioso que los hombres piensan que es tan difícil entender a las mujeres, pero ¿puedes imaginar que una mujer arrojara una pesada bolsa de basura para demostrar lo fuerte que es y luego, habiéndola derramado, dejarla para que otro la recoja? Habiendo alcanzado este elevado entendimiento del ego masculino, ya estaba segura de que el Papá Grande buscaría cualquier oportunidad para sacar la basura de ahora en delante, y siempre lo haría bien. Se presentó su oportunidad como dos semanas más tarde, cuando yo iba saliendo por la puerta trasera con otra pesada bolsa. Expresé amablemente mi gratitud cuando él ofreció sacar la bolsa. En el momento que él salió, pegué carrera para llegar a la ventana del cuarto de lavandería. Rápidamente elevé la ventana unos siete centímetros, y esperé a que él se acercara al remolque de la basura, que está directamente frente a la ventana de la lavandería. Esta vez lanzó la pesada bolsa cuidadosa y suavemente, y yo estaba preparada. En el momento que su mano soltó la bolsa, solté un grito aterrador. Uno pensaría que él se acostumbraría a mis juegos después de tantos años, pero lo había sorprendido de nuevo. Quisiera que hubieras visto su reacción. Su camiseta se sacudió como impulsada por una ráfaga de viento, y cada centímetro de su cuerpo temblaba como de espanto. Por supuesto que mi propio cuerpo se sacudía con espasmos de risa incontenible. Él tardó un momento o dos en registrar que la bolsa había caído correctamente y que el alarido no tenía relación con la bolsa de basura que acababa de aventar. Yo había sacudido de tal manera sus nervios con mi salvaje alarido de guerra que pareció llevarle un segundo comprender que *yo se la había hecho una vez más*. Ah, fue un momento grandioso—hasta que él volteó para mirarme cara a risueña cara, y yo comprendí que tendría que pagar por mi escandalosa diversión. Su mente confundida volvió rápidamente al presente, y pegó carrera hacia la casa de nuevo, a una velocidad de la que yo no lo creía capaz desde hace mucho tiempo. Yo sabía que sería inútil tratar de esconderme, porque me encontraría tarde o temprano, así que decidí emplear mi pose de "dama inocente." Me

💜 ¡Qué útil resulta ser mujer!

coloqué delicadamente frente al fregadero de la cocina y empecé a lavar platos, suprimiendo mi risa con gran dificultad. Entró por la puerta con un rugido de camión Dina, pero yo no hice ningún caso y seguía lavando platos. Mi postura recatada no logró detenerlo. Se asió de mi brazo y me jaló hacia la recámara. Como pesa 50 kilos más que yo, no había duda de quién ganaría, aunque tuvo que arrastrarme todo el camino. No puedo más que imaginar lo que hubiera pensado el personal de la oficina (que está en la siguiente casa)

> 💜 ─────────── 💜
>
> **Debido al amor y la intimidad que he tenido con un hombre, puedo entender y apreciar más profundamente a Dios.**
>
> 💜 ─────────── 💜

si alguno de ellos hubiera llegado en ese preciso instante. Yo estaba preparada con otro alarido por si acaso hubiera llegado nuestro reservado administrador. Hubiera sido realmente divertido ver el rostro horrorizado del administrador. Puedo imaginar que pensara con horror, "¡Y ELLOS enseñan sobre relaciones matrimoniales!"

Mike creía que me iba a espantar con su despliegue de fuerza bruta, pero me estaba arrastrando a mi sitio favorito para ganar: la recámara. Mientras él cerraba y aseguraba la puerta, yo me acomodé rápidamente en una pose provocativa y seductora. Él siempre cae. Qué útil resulta ser mujer. Así que él empezó a besuquearme mientras yo seguía riendo por un rato más. Es más bueno para besuquear que para aventar bolsas de basura. Bueno, ya basta de este relato. Pero, ¿logras apreciar cuánto mejor es un corazón alegre que un montón horrible de sentimientos heridos?

Haz Que el Amor Sea Divertido

Mike es mi **compañero de juego**. Él necesita alguien con quién jugar todos los días. Yo soy su **ayuda idónea**. O sea que yo soy su **ayudante**, adecuada para sus necesidades. Yo satisfago su necesidad de conversación, compañerismo y juego. Siempre que salimos a caminar, terminamos por jugar carreras. Cuando escalamos un cerro, yo me prendo de su cinto y él me jala, sólo por jugar. El otro día subíamos por una pendiente muy inclinada, y a ambos nos faltaba el aire. Él volteó hacia donde estaba yo y preguntó: "¿Necesitas que te jale?" "No, yo puedo sola," le contesté. Jadeante, me presentó el trasero y me dijo: "¡Entonces, empuja!" Reímos hasta llegar a la cima de la loma. No hizo que fuera más fácil escalar la loma, pero *la risa siempre hace que sea más fácil escalar la vida.*

Casi todos los días recibimos el amanecer con lo que nosotros llamamos "revolcaderas", que consiste en una lucha en la que alternadamente rodamos, nos abrazamos, nos acurrucamos, nos hacemos cosquillas, y en ocasiones terminamos en una auténtica lucha libre o un juego de "rey de la cama" en la que yo intento tumbarlo de la cama. Si le hago suficientes cosquillas, pierde su fuerza y a veces logro ganarle.

Yo soy su **compañera de juego**. A él le parece que soy perfectamente maravillosa, no porque sea una mujer bonita. Esos días quedaron atrás, hace más años de los que yo quisiera recordar. Nuestro deleite uno con el otro no se dio porque él fuera el hombre perfecto, ni porque él me ame "como Cristo amó a la iglesia," ni porque él sea "sensible a todas mis necesidades." No se dio porque él saque la basura, no porque es cuidadoso de limpiar su tiradero, ni porque siempre haya ganado un buen ingreso, supliéndome todas las cosas que la mayoría de las mujeres toman por sentado. No se dio porque él sea un fuerte líder espiritual que siempre hace lo correcto. Se dio y se sigue dando como resultado de las decisiones que tomo todos los días. Nunca guardo resentimientos, por mucha razón que tenga para estar ofendida—y con frecuencia tengo razón para estar ofendida. Todos los días me acuerdo de verme a mí misma como la mujer que Dios dio a este hombre. Esta mentalidad me ayuda a ser precisamente eso: *un regalo, una compañera de juego, su ayudante.*

> Debes saber algo maravilloso de Jesús: con Él no importa dónde has estado ni con quién has estado, porque Su amor y perdón te puede alcanzar y hacerte su esposa.

Desde principios de nuestro matrimonio, cada uno hizo un compromiso (en forma independiente) de agradar y perdonar a otro, por muy hirientes que fueran las acciones o las palabras dichas. En algún punto en el paso de los años, la buena voluntad y el corazón alegre uno para con el otro, se ha vuelto tan natural como respirar. Hemos aprendido que la vida entera es divertida y hay que compartirla con nuestro mejor **amigo, compañero** de juego y **amante**. Ésta es pues, la regla de la vida para las esposas: Vive con gratitud, perdón y gozo, y disfruta cada momento como si fuera el último. Algún día, demasiado pronto, lo será.

Lo maravilloso de mi historia es que se ha prolongado ya por cerca de treinta y cinco años. Nadie se imaginaría que los dos ancianitos sentados allá en la mesa del rincón del restaurante, obteniendo su descuento de la tercera edad, estarían todavía divirtiéndose tanto. Sin embargo, seguimos disfrutándonos uno al otro, jugando, riendo, amando y compartiendo. Hemos sido coherederos de la gracia de la vida, no socios en estrés y amargura. Nuestra relación ha sido un testimonio viviente de Cristo y la iglesia. Mi marido ha sido mi *cabeza*, y yo he sido el *cuerpo*. A él le gusta recordarme que soy un excelente cuerpo. A mi edad, eso no sólo me debe dar risa a mí, sino que te ha de parecer cómico a ti también. Esto es exactamente lo que Dios quiso que fuera el matrimonio entre un hombre y su esposa. Es el gran misterio al que se refiere la Escritura. El diccionario dice que un misterio es algo enigmático o inaccesible a nuestra razón. De verdad que es asombroso que dos seres terrenales, viviendo en este mundo condenado, disfruten de una gozosa relación durante todo su matrimonio.

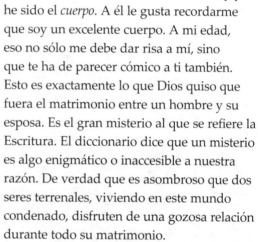

Cuando una hemana débil cumple su propósito divino de ser una verdadera ayuda idónea, trae gran gloria y gozo a Dios.

El hecho de haber conocido tal amor e intimidad con un hombre, permite que mi comprensión y aprecio por Dios sean mucho más profundos. Una relación basada en leyes, reglas, humildad obstinada y formalidad, es la muerte. Yo he aprendido a acercarme a Dios así como me acerco a mi marido; con amor, gozo y deleite.

Desde Este Día en Adelante

Ahora, yo sé lo que algunas de ustedes están pensando. Piensas que es demasiado tarde para ti. Estás luchando con tu segundo o tercer matrimonio con un incrédulo adicto a la pornografía, o estás sufriendo con las cicatrices emocionales de tu juventud impía. Quiero que sepas algo maravilloso acerca de Jesús. Con Él, no importa dónde has estado ni con quién, porque su amor y su perdón te pueden alcanzar y te pueden restaurar. Él está dispuesto a amarte y hacerte su esposa, así como estás. Y te pide que seas esposa para tu marido, así como está él. Cuando una hermana débil cumple con su propósito divino de ser una verdadera ayuda idónea, trae grande gloria y gozo para Dios.

¿Recuerdas ese gran relato en Lucas 7:38, donde la mujer que había sido promiscua se entrometió en una cena privada en casa de un fariseo? Se acercó apresuradamente adonde estaba sentado Jesús, se inclinó atrás de Él, llorando sobre sus pies polvorientos. Su intención era ungir sus pies con ungüento costoso,

Perdonada - Perdonada - Perdonada - Libre

pero sus lágrimas de arrepentimiento y gratitud cayeron sobre sus pies. Creo que ella sintió profunda pena al ver que lo había contaminado con sus lágrimas, no encontrando nada con lo que pudiera secarlos y corregir su intrusión, desató su largo cabello y lo usó para limpiar sus indignas lágrimas. Los fariseos estaban seguros de que Jesús no hubiera aceptado la devoción de ella si hubiera sabido quién era y lo que era. Pero ellos realmente no conocían a Jesús. Jesús se dirigió con la mujer y dijo a todos los presentes: **"Por lo cual te digo que sus muchos pecados, le son perdonados, porque amó mucho; mas aquel a quien se le perdona poco, poco ama. Y a ella le dijo: Tus pecados te son perdonados...Tu fe te ha salvado, ve en paz"** (Lucas 7:47-48, 50).

Gratitud

Querida Debi,

Quiero enviar mi testimonio porque tú has sido de mucho aliento para mí. Lo envío con la aprobación de mi marido.

Cuando era pequeña, fui manoseada por miembros de la familia y por quienes no eran miembros de la familia. No recuerdo nunca haberme sentido pura. Cuando yo tenía cuatro años de edad, mis padres se divorciaron, y nosotros quedamos bajo la custodia de mi madre. Creo que Mamá simplemente se dio por vencida cuando se divorciaron. Ella no nos cuidaba. Vivíamos prácticamente abandonados. Estábamos sucios y desaseados. Como estas cosas se arraigaron en mi persona, realmente nunca supe lo que era ser amada. Era seguro que Dios no podría amarme, porque yo estaba tan sucia, por dentro y por fuera. Eso no era sólo algo que yo pensaba en mi cabeza, sino que así vivía.

Después de que me casé, experimenté un profundo dolor personal en mi relación matrimonial—el adulterio de mi marido. Era terrible. Yo reaccioné terriblemente contra él. Lo desafiaba, lo usaba para salirme con la mía y lo torturaba con eso. Lo que tú gustes; yo lo hacía. Lo único que no hice fue abandonarlo. Sufrimos muchas ofensas, enojos y amarguras. Me costaba mucho confiar en algo o en alguien, incluso Dios.

Le pedí a Dios que por favor me mostrara aunque fuera una manera en que Él me amaba. Me sentía mal por pedírselo, considerando que Él había enviado a su Hijo unigénito para morir por mí. Pero sí se lo pedí, y Dios me contestó. Esa noche salí de la sala para orar, y Dios me abrió lo que parecía ser una pequeña parte del cielo. Me recordó que Él me había amado cuando yo era aquella niña sucia, mal educada y manoseada.

Lo hizo de la siguiente manera: en nuestro barrio vivía una mujer cristiana. Cuando yo tenía cinco años, pasaba un día frente a su casa con una galleta sucia en mi mano, y se la ofrecí a ella. Ella la aceptó y me subió a su regazo para contarme todo acerca de Jesucristo, la Creación y que Cristo regresaría por nosotros algún día. Fue el regazo de Dios en el que me senté ese día; sólo que tardé años y años en comprenderlo. Sólo porque Dios amó a una niñita sucia, pasé por toda la escuela pública sin tragarme la evolución. Contaba con un conocimiento básico acerca de Jesucristo, el pecado, el infierno y el cielo. Cuando yo era una niña solitaria, rechazada, Dios había puesto un fundamento en mi vida que un día conduciría a mi salvación por medio de la fe en Cristo y su obra terminada en el Calvario. Aquella mujer también me llevó a la iglesia con ella durante los siguientes cinco años. Ella era un auténtico conducto del amor de Dios.

La gratitud es la clave de la victoria espiritual.

Llegó un momento durante todos nuestros problemas matrimoniales, que yo entendí que me estaba estancando. Me puse de rodillas y empecé a orar, pidiéndole a Dios que me hiciera agradecida. Ese domingo estuvieron presentes en nuestra iglesia, las damas de los Hogares Roloff. [Los Hogares Roloff reciben mujeres drogadictas o de la calle cuando buscan ayuda.] Dios me empezó a recordar de dónde me había sacado y de lo que me había librado. Mientras Dios hacía esto en mí, nuestro pastor pidió que las damas de nuestra iglesia que quisieran hacerlo, pasaran a colocarse junto a las mujeres Roloff, porque en realidad, si no fuera por la gracia de Dios, nosotras estaríamos allí donde estaban esas damas. Pasé a pararme junto a ellas y cantamos, "En La Cruz." Empecé a llorar, pensando en el pozo cenagoso del que Dios me había rescatado. Las damas Roloff pusieron sus manos sobre mí para consolarme—¡a mí, quien debía estar consolándolas a ellas! Silenciosamente agradecí a Dios el que me hubiera enseñado gratitud, y le di gracias por haberlo hecho con tanta ternura.

La gratitud es la clave de la victoria espiritual.

A estas alturas cambió el rumbo de la batalla. Llegó un momento en el que Dios trató conmigo respecto a mi amargura contra Él. Yo había cargado con esta amargura contra Él por no haberme protegido cuando yo era niña, cuando yo consideraba que lo hubiera hecho. Él me mostró que tampoco había aislado a Jesús. Tuve que luchar para abandonar eso y confiar en que Dios haría con ello lo que fuera necesario. Aprendí una buena lección acerca de la amargura. Aleja a todos. Ahora yo estaba dispuesta a dejarlo en manos de Dios. Durante las siguientes semanas, descubrí que sentía la libertad de acudir a Dios para todo.

¿Quién iba a creer que ahora quiero estar casada con mi marido? Que disfruto estar cerca de él y pasar tiempo con él. Disfruto platicar con él y disfruto el hecho de que él me balancea tan bien. ¿Quién podría creer que espero tener más hijos con él, si Dios lo permite? Algunos dirían que soy débil y tonta o extremadamente co-dependiente. Lo que piense la gente no importa nada en comparación con lo que piensa Dios. Yo sé que Dios me ha sacado adelante. Desconozco lo que pueda traer el futuro, pero como las mujeres de la antigüedad, estoy confiando en Dios. Ahora Él es cercano y personal. Estoy aprendiendo a descansar en Él. Le amo. No ha hecho nada en mi vida como yo esperaba que lo hiciera, pero ha hecho abundantemente más de lo que yo podría imaginar o pedir.

Sara

El mensaje para ti es sencillo. Desde este día en adelante, empezando en este momento—hoy—sé una mujer que honra, obedece y ama a Jesús, honrando a tu marido.

Gratitud Produce Gozo

Abre tu boca y empieza a dar gracias a Dios por su gracia para contigo. Agradécele toda cosa buena que ha traído a tu vida. Agradécele, agradécele y agradécele de nuevo. El gozo es resultado de un corazón agradecido. Un corazón agradecido es resultado de que una persona decida dar gracias. Así que, di: "Gracias, Dios, por…"

TIEMPO DE REFLEXIONAR

Rasgos de una Buena Ayuda Idónea

- Es gozosa.
- Hace que sea divertido amar.
- Es agradecida y contenta.

"Ofrezcan sacrificios de alabanza, y publiquen sus obras con júbilo" (Salmo 107:22).

"Mas yo con voz de alabanza te ofreceré sacrificios. Pagaré lo que prometí. La salvación es de Jehová" (Jonás 2:9).

Trata con Dios en Serio

Suele estar ausente el gozo en la vida de una mujer porque no es agradecida.

La palabra *gracias* se encuentra en la Palabra de Dios 88 veces. La gratitud suele acompañarse de gozo, alabanza, regocijo, melodías y sacrificio. Dios valora la gratitud y la ve como un acto de sacrificio hacia Él. Lee estos versículos sobre gratitud y pide a Dios que te enseñe a ser agradecida. Haz una lista escrita de las maneras en que puedes mostrar gratitud; luego empieza a vivir tu lista y muestra una vida agradecida. La gratitud empieza con decir *gracias*, y continúa con un recordatorio mental de apreciar a todos los que Dios ha colocado a tu alrededor. Si no te nace de corazón todavía, entonces debes realizar un esfuerzo y sacrificio para mostrar gratitud. Empieza a caminar sobre el agua de la gratitud. Dios te dará lo necesario si estás dispuesta a caminar en gratitud y gozo.

"Ciertamente consolará Jehová a Sion; consolará todas sus soledades, y cambiará su desierto en paraíso, y su soledad en huerto de Jehová; se hallará en ella <u>alegría y gozo,</u> <u>alabanza</u> y voces de <u>canto</u> " (Isaías 51:3).

Capítulo 5

El Don de la Sabiduría

¿Tienes suficiente temor de Dios como para no dudar de su Palabra?

La Visión Eterna

Estimada Debi,

¿Cómo puedo tener un corazón alegre cuando mi marido me trata con tanta aspereza? ¿Debo fingir que es un hombre bueno en lugar de un perezoso y egoísta imbécil que se la pasa viendo televisión? ¿Debo simplemente permitir que me pisotee? ¿Cómo puedo tener un corazón alegre cuando lo único que siento es dolor?

Linda

Estimada Linda,

Tienes dos opciones. Puedes dudar de Dios y decir, "Yo sé que Dios no espera que yo honre a este hombre cruel." O puedes decir: "Dios, yo sé que tu Palabra me enseña que sea una mujer que está presente para ayudar a satisfacer todos los deseos y sueños de mi marido. Haz de mí esa mujer." Dios te hizo para que cumplieras con esta visión eterna. Mientras no abraces ese plan divino para tu vida, tu vida jamás tendrá sentido. Siempre estarás luchando. Cuando por fin te des por vencida y le creas a Dios, la vida se volverá tan sencilla que no será necesario que dudes respecto a lo que debes hacer. Lo sabrás. Esta visión eterna cambiará tu manera de pensar, cambiando así tus acciones, y, lo que es más importante, cambiará tus reacciones. Pide a Dios sabiduría para llegar a ser la mejor ayuda idónea posible. *– Debi*

No se requiere un hombre bueno, ni siquiera un hombre salvo, para que una mujer tenga un matrimonio divino. Pero sí se requiere una mujer dispuesta a ser ayuda idónea—una ayudante adecuada. Si contemplas a tu marido y no puedes encontrar ninguna razón para querer ayudarle—y conozco a algunas de ustedes que están casadas con esa clase de hombres—entonces vuelve la mirada hacia Cristo y recuerda que fue Él quien te hizo para que fueras ayuda idónea. Sirves a Cristo mediante el servicio a tu marido, sea que tu marido lo merezca o no.

Para muchas de las mujeres que lean esto, se requerirá un milagro para que puedan tener un corazón alegre, estar gozosas y llenas de gratitud. ¡Imagínalo! Dios realizando un milagro en ti! El reto es más grande de lo que eres tú. Necesitarás una visión eterna. Necesitarás tomarle la palabra a Dios y convertirte en ayuda idónea por amor a Él, sabiendo que estás cumpliendo tu misión aquí sobre la tierra. Eres ayudante de Dios sobre la tierra.

Las mujeres que tienen dificultades en sus matrimonios generalmente siguen sus impulsos y simplemente reaccionan. Pero es imperativo que dejes de confiar en tus respuestas heridas o en el consejo que recibes del mundo, porque en la actualidad los medios de comunicación presentan una cosmovisión que, en el mejor de los casos, está distorsionado. No estás pensando desde la perspectiva de Dios, pero la buena noticia es que Dios está dispuesto a impartirte sabiduría divina, si tan sólo se lo pides. **"Y si alguno de vosotros tiene falta de sabiduría, pídala a Dios, el cual da a todos abundantemente y sin reproche, y le será dada"** (Santiago 1:5). Es un regalo, pero no será dado a menos que lo pidas. ¡Imagina cuánta sabiduría podrían tener las mujeres cristianas si tan sólo la pidieran!

La vocación de la mujer no es fácil. Es mucho más difícil permitir que otra persona controle tu vida, que lo que sería controlarla tú misma. Puede ser un reto difícil, aun para las esposas veteranas. No pierdas las esperanzas. Con la sabiduría de lo alto, tú puedes ser la mujer que Dios usa, si no para cambiar a ese viejo en un hombre maravilloso, por lo menos para aligerar tu propia carga y convertirte en esposa celestial, apta para el mismo Hijo de Dios. Dios nos ha descrito con claridad, precisamente qué es lo que espera de nosotras como esposas. Su plan es eterno. Incluye más que lo que es nuestra relación con nuestros maridos. Dios diseñó el matrimonio para que fuera un modelo terrenal del matrimonio divino de Cristo con la iglesia. En el diseño de Dios, nosotras jugamos un papel protagonista. Por tanto, Dios no dejó margen para error por falta de entendimiento. Su Palabra habla con abundancia y claridad acerca de nuestro papel.

¿Qué Dice la Biblia?

Ahora, antes de avanzar más, debemos considerar primero un asunto pertinente. Debes entender que el pozo bíblico del que yo te invito a beber esta agua viva ya ha sido declarado terreno prohibido en tu mente por tímidos maestros de la Biblia, quienes jamás han probado ellos mismos el don de un matrimonio divino.

Existen muchos libros escritos por hombres, "eruditos," que minan la belleza del lugar de la mujer como ayuda idónea. Esto lo hacen arrojando duda sobre la Biblia misma. Hablan con términos muy complejos y "cultos" acerca de "los idiomas originales" y los "contextos culturales" en los que fueron escritas las palabras de la Biblia. Por supuesto, existen muchos eruditos adicionales que sí creen la Biblia tal como fue escrita. ¿Podremos nosotras, madres y amas de casa comunes, lanzarnos al ruedo para competir con estos "eruditos," decidiendo cuáles versículos de la Biblia debemos creer y cuáles debemos descartar por diversos motivos? Eso no me toca a mí.

Pero sí tengo una solución. Hay un versículo que aún no han impugnado: "**Las <u>ancianas</u>...enseñen a las mujeres jóvenes a amar a sus maridos y a sus hijos, a ser prudentes, castas, cuidadosas de su casa, buenas, sujetas a sus maridos, para que la palabra de Dios no sea blasfemada**" (Tito 2:3-5). Dice básicamente lo mismo en todas las traducciones al español. Según la Palabra de Dios revelada al apóstol Pablo (¡un hombre!), las mujeres ancianas deben enseñar a las mujeres jóvenes a ser obedientes a sus maridos. Es claro que es el plan de Dios.

La siguiente carta es típica de muchas que he recibido sobre este tema. Alguien está tratando de convencer a esta mujer para que acepte las opiniones de él respecto a las palabras de Dios. Él quisiera obstruir el camino que la conduce a la fuente de agua que produce matrimonios divinos.

Estimada Sra. Pearl,

Le estoy pidiendo que me ayude a investigar algo, y espero que consulte muchas obras, y que haga como los de Berea en Hechos 17:11. Yo fui criada en el catolicismo, y siempre servían vino en la misa. Ya como adulta, me uní a la Iglesia Cristiana y me extrañó que ellos usaran jugo de uva. Finalmente alguien me explicó que la Escritura dice vino, pero que se refiere a una bebida hecha con uvas. Esto me llevó a comprender que un tema que ha agobiado mi corazón por muchos años debe ser abordado de la misma manera. He sido profundamente bendecida por mujeres que hablan desde el púlpito. No entiendo cómo podría Dios moverse tan profundamente por medio de mujeres que no estuvieran en conformidad con su voluntad.

Hay un libro por H_____ que analiza los pasajes bíblicos que han tenido atadas a las mujeres por siglos, y él los explica correctamente, iluminando el hecho de que el plan de Dios para las mujeres es el mismo que para los hombres. Demuestra que en los idiomas originales sólo existe una palabra para mujer (ninguna para esposa) y una para hombre, lo cual ayudaría a explicar por qué los pasajes que se refieren a que la mujer obedezca y no enseñe a su marido han sido incorrectamente traducidos y recibidos. Los creyentes del Evangelio Completo nunca han callado a las mujeres y siempre han animado a las mujeres a enseñar a los hombres.

Su ministerio ha bendecido mucho a nuestra familia. Estoy convencida de que sus enseñanzas salvaron mi matrimonio y nos han ayudado con nuestros hijos, pero sé que pudieran estar cegados respecto a esta hermosa verdad, y quisiera que procuren con diligencia presentarse a Dios como obreros aprobados.

Kristina

Estimada Kristina,

Si tratabas de convencerme de la verdad de tu postura diciéndome que los del "evangelio completo" animan a las mujeres a asumir puestos de liderazgo, no cabe duda que escogiste el argumento equivocado. Investiga sus índices de divorcio y entenderás mi asombro ante tu elección de argumentos. Las estadísticas revelan que, en promedio, los cristianos modernos tienen índices de divorcio más elevados que la población general.

Observarás la gran cantidad de pasajes bíblicos que presentaremos que hablan de la voluntad de Dios para la mujer. No he tenido que redefinir, retraducir, reordenar ni negar las palabras tal como han sido registradas. Creo que Dios ha dado y preservado sus palabras de tal manera que la mujer común pueda saber lo que Él quiso decir, sin tener que recurrir a un hombre que pretende ser más inteligente que la Palabra de Dios. Si las palabras de Dios son tan engañosas y difíciles de traducir que las quince traducciones que tengo en inglés y las cuatro versiones griegas que tiene mi marido (todas coinciden en estos versículos) no son capaces de expresar la verdad acerca de las mujeres, entonces Él no es el Dios a quien yo he adorado todos estos años. ¿Por qué había Dios de permitir que sus palabras fueran engañosas, enseñando exactamente lo contrario de lo que es su voluntad? ¿Cómo es posible que durante más de 1900 años todas las traducciones en griego, siríaco, copto, alemán, francés, español, inglés y otros doscientos idiomas, lo hayan traducido mal? ¿Quieres hacerme creer que sólo en

> No he tenido que redefinir, retraducir, reordenar ni negar las palabras tal como han sido registradas.

estas últimas décadas, conforme el mundo se inclina hacia la filosofía de la "liberación femenina", súbitamente unos cuantos predicadores que "estudiaron griego" en la universidad por tres años, puedan descubrir que después de todo el mundo tiene la razón? ¿Tú crees que la Biblia se ha estado enseñando incorrectamente desde que fue escrita, y que todos los cristianos durante los primeros diecinueve siglos estaban viviendo en un error? No estamos hablando de dos o tres versículos en uno o dos libros. Ellos quieren que creamos que 500 versículos, repartidos en veinticinco diferentes libros de la Biblia, desde Génesis hasta Apocalipsis, han sido consistentemente traducidos de manera incorrecta o interpretados de manera incorrecta por todas las sectas, católicas, protestantes, judías y bautistas, por igual.

Tendrás que consultar a un evangelista "pop" de la televisión o a algún conferencista, que se sostiene con los donativos financieros de mujeres, para encontrar la interpretación moderna que tú dices que enseñan hombres como H___. Existe una razón por la que esas personas buscan apelar a la mujer moderna. Nueve de cada diez donativos recibidos por estos ministerios, y nueve de cada diez compras de libros y casetes, los hacen mujeres. **La mujer que no puede estar cerca de su marido, tiende a desarrollar una intimidad espiritual absorbente con líderes espirituales—sean hombres o mujeres.**

Mi marido empezó a estudiar griego hace cuarenta años. (Diariamente usa tres Biblias griegas diferentes para corregir a los maestros que pretenden corregir la Biblia con el griego.) Cuando mi marido, que es estudioso de la Biblia, y durante muchos años también estudió griego, quiere saber lo que Dios dice, siempre abre primero su Biblia en inglés.

Me estás pidiendo que adopte una filosofía que es contraria a la Biblia, ha destruido incontables hogares, tiene bajo tratamiento antidepresivo y ha impulsado a los hombres hacia la pornografía, a cambio de algo que ha funcionado perfectamente durante los últimos 35 años de mi matrimonio.

Yo soy una mujer extremadamente feliz y contenta, en sujeción a mi marido, pero no soy totalmente crédula. Yo te sugiero que le creas a Dios y deja que la serpiente engañe a alguna otra mujer tonta (como engañó a Eva en el huerto de Edén).

- Debi

Ahora veamos lo que dice *Dios*, tal como Él lo dijo.

El Diseño de Dios Para el Matrimonio

"Las casadas estén sujetas a sus propios maridos, como al Señor; porque el marido es cabeza de la mujer, así como Cristo es cabeza de la iglesia, la cual es su cuerpo, y él es su Salvador. Así que, como la iglesia está sujeta a Cristo, así también las casadas lo estén a sus maridos en todo" (Efesios 5:22-24).

"Casadas, estad sujetas a vuestros maridos, como conviene en el Señor" (Colosenses 3:18).

"Pero quiero que sepáis que Cristo es la cabeza de todo varón, y el varón es la cabeza de la mujer, y Dios la cabeza de Cristo" (I Corintios 11:3).

1. Dios manda a la esposa que se *someta* a su PROPIO marido.
2. Dios informa al varón que él es la cabeza de la esposa.
3. Dios le dice a la esposa que se *sujete* a su marido en todo, cada decisión, cada paso, cada plan, y cada asunto cotidiano.

Habrá momentos en tu matrimonio en los que se requerirá fe y sabiduría para creer que Dios es bueno, amable y justo cuando manda que te sometas a tu marido en todo. Observa que lo que Dios ordena a la mujer no depende de que el hombre esté amando a su esposa como Cristo amó a la iglesia. Si así fuera, no existe un solo marido que jamás haya vivido, que fuera digno de la sumisión y reverencia de su esposa. Cada uno de ellos, el hombre y la mujer, ha recibido su respectiva instrucción de parte de Dios, con un modelo o ejemplo que debe seguir. Lo que Dios dijo vale, sin importar que el hombre sea bueno o carezca aparentemente de toda bondad. A ti te fue entregado tu diseño con palabras como *honra*, *sujétate* y *reverencia*. Ésta es la voluntad de Dios y lo que Él ordena, su instrucción y su patrón que debes seguir. Nos toca a nosotras creer y obedecer a Dios.

El solo hecho de conocer la voluntad de Dios por medio de su Palabra escrita te ayudará a llegar a ser esa clase de persona. Encuentras paz y gozo cuando sabes que estás precisamente en el lugar para el cual fuiste creada. Entre más procures obedecer a Dios mediante el cumplimiento de tu papel como buena ayuda idónea de tu marido, mejor conocerás a Dios; y entre más le conozcas a Él, más te interesarán las cosas que Él valora.

¿Acaso Piensas que Soy Algún Gigante Espiritual?

Ha sido necesaria la sabiduría para que yo pueda entender a un hombre, su ego, su corazón tierno y sus necesidades apremiantes. No fue sino la *sabiduría divina* la que me permitió entender lo destructivo que es tomar ofensa personal cuando mi marido hacía cosas que me parecían injustas, egoístas o ásperas. Ha sido el *don de la sabiduría* lo que me ha ayudado a entender que Dios se deleita conmigo cuando yo deseo deleitar y agradar a mi marido.

Un regalo es algo que recibes sin haberlo ganado o merecido. Dios quiere darte el regalo de la sabiduría. Este precioso regalo de la sabiduría es lo que me ha permitido ver más allá de los montones de bolsas de basura derramadas.

¿Acaso piensas que soy alguna especie de gigante super espiritual? Soy igualita a ti, de carne y sangre. Puedo hacer un berrinche arrebatado tan bien como cualquier otra mujer. Puedo ponerme fría como una piedra y congelar a mi marido hasta volverlo hielo cuarteado. Afortunadamente, Dios nos ha brindado a las mujeres sabiduría que me permite elegir diariamente lo que será mi futuro. **Doy gracias a Dios que** *la sabiduría no se gana; es un regalo.*

Tu vida estará llena de situaciones como la de las bolsas de basura derramadas. Tu marido será egoísta. Será desconsiderado. No respetará tus derechos. Será un necio. Pudiera ser cruel, y ese hijo de Adán hasta pudiera andar en pecado. **Pero no podrá hacer de ti una víctima a menos que tú reacciones fuera de la sabiduría de Dios.** Tú puedes decidir vivir en un estado constante de enojo y amargura, o puedes pedirle a Dios la sabiduría para vivir cada día dando honor a tu marido en el nombre de Dios.

Necesitas el don precioso de la sabiduría para poder frenar tu lengua y ser agradecida cuando tu carne quisiera responder con ira. **Necesitas sabiduría para comprender que la autocompasión está muy lejos del sentir del corazón de Dios.** Necesitas este don de la sabiduría como un recordatorio constante de las limitaciones de tu entendimiento femenino. El don de la sabiduría te recordará que las reglas de Dios no existen para esclavizarte, sino para ayudarte a lograr que un hombre te estime, te proteja y te ame. Sobre todo, el don de la sabiduría te permitirá servir y honrar a tu marido porque así estás sirviendo y honrando a Dios. Encontrarás realización en tu naturaleza como mujer. **"Si alguno[a] de vosotros [vosotras] tiene falta de sabiduría, pídala a Dios, el cual da a todos [todas] abundantemente..."** (Santiago 1:5). Dios nos da sabiduría abundantemente, <u>como un "regalo", pero primero debemos pedirla</u>.

TIEMPO DE REFLEXIONAR

Este día, al leer esto, tienes ante ti dos opciones. Puedes zafarte de tu responsabilidad, asignando mentalmente diversas excusas a tu situación, o puedes escoger creerle a Dios y llegar a ser una ayuda idónea al 100% a pesar de cualquier obstáculo que se pudiera presentar. ¿Cuál elegirás?

Contesta estas preguntas usando el texto de este capítulo:

1. ¿Cuál es la clave para entender nuestro papel como esposas?
2. ¿Dónde se encuentra la paz y el gozo?
3. Si tu marido no te ama, ¿eso te libera de tu responsabilidad o impide que cumplas con tu papel?
4. ¿Cuál es el don que Dios da que te ayudará en tu propósito de llegar a ser una ayuda idónea?
5. Escribe tres palabras que forman parte del diseño para la ayuda idónea.
6. ¿Qué puedes hacer tú para conocer mejor a Dios y desarrollar interés por las cosas que le interesan a Él?
7. ¿Estás decidida a establecer un matrimonio divino?

Encomendar a Dios tu camino significa decir: **"No se haga mi voluntad, sino la tuya."**

"Confía en Jehová, y haz el bien; y habitarás en la tierra, y te apacentarás de la verdad. Deléitate asimismo en Jehová, y él te concederá las peticiones de tu corazón. Encomienda a Jehová tu camino, y confía en él; y él hará. Exhibirá tu justicia como la luz, y tu derecho como el mediodía. Guarda silencio ante Jehová, y espera en él. No te alteres con motivo del que prospera en su camino, por el hombre que hace maldades. Deja la ira, y desecha el enojo; no te excites en manera alguna a hacer lo malo" (Salmo 37:3-8).

Capítulo 6

El Principio de la Sabiduría

Vivimos bajo una ley de siembra y cosecha
que es tan cierta e implacable como
la enfermedad y la muerte.

El Temor

La sabiduría es concebida en un lugar extraño. Es **engendrada por el temor**. Muchos cristianos—incluso muchos ministros—se niegan a hablar del temor. No sería muy popular con un público que sólo codicia placer. Los comentaristas intentan persuadirnos de que el temor bíblico no es más que un *respeto* por Dios, y no verdadero temor. El Dios de ellos es como una figura recortada de papel, con sólo dos dimensiones. Si nuestras acciones no tuvieran consecuencias, o si las consecuencias nunca fueran dolorosas ni permanentes, entonces sería una necedad temer. **Pero nuestras acciones y reacciones** *definitivamente* **acarrean resultados dolorosos en esta vida presente así como en la eternidad. Vivimos bajo una ley de siembra y cosecha que es tan cierta e implacable como la enfermedad y la muerte.** Uno pudiera tratar de demorar el día de la cosecha, pero siempre llega con la certeza de un legislador eterno. Si las mujeres jamás se dejaran caer en un sofá para llorar su pérdida y soledad, si los hijos jamás maldijeran a sus padres, si nadie jamás experimentara vergüenza y pesar, entonces el temor sería absurdo y todo el que lo fomentara sería enemigo de la humanidad. Pero si nuestras decisiones nos pueden conducir a finales tristes, entonces el temor es el factor de disuasión más saludable que podemos tener. Es el principio de la sabiduría. La vida sin temor es el paraíso de los necios. *Lo que es el dolor físico para la conservación del cuerpo humano, lo es el temor para la conservación del alma.* Una vida cristiana sin temor es una vida religiosa sin un Dios viviente.

> **"El principio de la sabiduría es el temor de Jehová"** (Salmo 111:10).

> **"El principio de la sabiduría es el temor de Jehová"** (Proverbios 1:7).

> **"El temor de Jehová es el principio de la sabiduría"** (Proverbios 9:10).

Todo lo que Dios dice tres veces es digno de ser acatado. ¡Cuidado! Mucho de lo que leerás en este libro ha sido escrito para infundirte el temor de Dios. Siento que si puedo lograr que las esposas jóvenes cobren conciencia de que sus acciones tienen consecuencias, quizá se vuelvan hacia Dios ahora mismo y empiecen a sembrar para el espíritu, y no para la carne. Por medio de cartas que he recibido y ejemplos de la vida real, te voy a advertir solemnemente respecto a dónde te llevarán las malas decisiones.

Viejas Fracasadas y Desilusionadas

Cuando una mujer envejece y se da cuenta de que no hay ningún hombre que la quiera y la ame, es triste de verdad, porque ha fracasado en el propósito mismo para el cual fue creada—para ser ayuda adecuada para un hombre.

Nosotros recibimos miles de cartas cada año, la mayoría escritas por mujeres amargadas, de mediana edad, "llenas del Espíritu", desilusionadas de sus maridos "no espirituales", y buscando quien tome partido con ellas en contra de sus "acosadores." También nos escriben esposas más jóvenes que apenas empiezan a cultivar su amargura. Por años intenté escribir un libro que tratara con la multitud de problemas que planteaban en miles de cartas que recibimos. Por lo general era inútil intentar responder a las mujeres mayores. Es mucho más fácil dirigir a una persona hacia un camino mejor, que detener a una persona que se encuentra en una barrena descendente. Finalmente comprendí la sabiduría de la instrucción: **"Las ancianas…enseñen a las <u>mujeres jóvenes</u> a amar a sus maridos…"** (Tito 2:3-4). Comprendí que mis consejos debían ser dirigidos hacia aquellas esposas jóvenes que todavía están tratando de encontrar su camino. Es necesario advertir a estas mujeres

> La mujer que realmente conoce a Dios sabrá que la verdadera espiritualidad consiste en obedecer la Palabra escrita de Dios, no en cultivar sus sensibilidades "espirituales."

mientras aún son jóvenes, y necesitan un manual de orientación que evite que lleguen a ser viejas amargadas y locas. La mujer que realmente conoce a Dios sabrá que la verdadera espiritualidad consiste en obedecer la Palabra escrita de Dios, no en cultivar sus sensibilidades "espirituales."

Tengo edad suficiente como para haber observado este proceso de fracaso repetido en las vidas de muchas mujeres—demasiadas. He visto cómo empieza a desarrollarse en esposas jóvenes y con el tiempo las conduce a finales miserables. Temo a Dios por aquellas mujeres que aún están en el proceso, porque yo sé que Dios es espantosamente fiel a su Palabra y cuando deshonras su diseño para el matrimonio, claramente registrado en su Palabra, Él te resistirá mientras el pecado carcome tu alma y destruye tu salud. Las consecuencias del pecado siempre son crueles y costosas, sea el pecado de fornicación o el pecado de descuidar tu vocación como ayuda idónea. Y el daño secundario a los hijos y miembros de la familia es horrible.

Jamás mujer alguna ha sido feliz y realizada cuando descuida la obediencia a Dios en relación con su papel como ayuda idónea. Al leer el siguiente ejemplo, recordarás a alguna mujer que conoces que anda en sus cuarenta o cincuenta años de edad y tiene algunos "problemas emocionales." Su excusa pudiera ser la menopausia, pero descubrirás que la verdadera causa es la amargura. Un cambio hormonal no cambia el alma de una mujer; simplemente derriba sus defensas cuidadosamente construidas para evitar expresar el contenido cautelosamente guardado de su corazón.

La Mujer Loca

Jamás olvidaré algo que sucedió hace varios años. Una pareja de mediana edad con varios hijos se mudaron a nuestra región para poder recibir consejería. A la mujer no le había gustado la consejería que habían recibido en la iglesia donde se habían conocido y casado. Ella creía que con mudarse a nuestra comunidad donde había tantos "hombres espirituales", su marido encontraría "ayuda." Ella quería que mi esposo lo "discipulara", que fuera su "asesor"—algo que Mike considera afeminado en el nivel que ella lo esperaba.

> Él quería hacerla feliz, y se sentía algo asombrado por la espiritualidad esotérica de ella.

Durante muchos años antes de su matrimonio, su marido había sido un próspero hombre de negocios de mucho éxito. Pero después de que se casaran, ella expresaba desaprobación por su participación en el mundo de los negocios. Tampoco estaba conforme con la región donde vivían. Ella consideraba que él debía "vivir por fe", con lo que quería decir que no trabajara, sino que se quedara en casa con la familia que era cada vez más grande. Él había sido un "Don Estable", un oso de peluche querendón, hasta amable, siempre amigable y con una sonrisa a flor de labios. Ella era propensa a recibir "palabra del Señor." Ella era de profunda pasión y entrega, según ella, y él estaba convencido de lo mismo. Ella lo intimidaba a él, porque él cargaba con culpa por causa de pecados pasados, los cuales ella nunca le permitía olvidar, y él se sentía algo asombrado por la espiritualidad esotérica de ella.

Varios años antes de que se mudaran a nuestra comunidad, en su deseo de hacerla feliz, y porque estaba tan impresionado con su "intimidad con el Señor", se mudaron y modificó su negocio conforme a la "dirección que Dios le dio a ella." Pero sus nuevas empresas nunca prosperaron. La falta de éxito a su edad, lo dejó consternado y perdió su valentía. Se daba cuenta de que envejecía, con una casa llena de niños instruidos en el hogar, y sabía que no había manera de dar marcha atrás con las malas decisiones de negocios. Su frustración e inseguridad eran, para ella, evidencia de su falta de fe. Ella trató de "animarlo" a "andar por fe", a vivir una vida de liberación milagrosa y posiblemente al servicio cristiano de tiempo completo. Él estaba cada vez más dudoso y desesperado. Sufrió su lecho matrimonial. Tenían problemas y ambos lo sabían y habían estado recibiendo consejería matrimonial. También habían estado leyendo nuestra literatura y decidieron que nuestra comunidad sería su salvación. De modo que—¡plop!—aquí estaban.

> **Ella estaba tan totalmente engañada que creía que su intuición femenina, sensibilidad y pasión eran espiritualidad.**

Mi esposo y yo no tardamos mucho en descubrir la causa de sus problemas. Resultó, como posteriormente lo descubrimos, que estábamos de acuerdo con los consejeros de su iglesia anterior. **Ella no era ayuda idónea de su marido; era su conciencia.** Ella lo manipulaba con su "profundo" discernimiento espiritual. Ella describía su actitud hacia su marido como "animándolo a una experiencia más elevada."

Compartimos la Palabra de Dios con ella, diciéndole que su desobediencia y falta de reverencia por su marido eran pecados. Ella estaba pasmada de que pensáramos que ella era desobediente a su marido. Ella tenía un profundo compromiso con la lectura y el estudio de la Palabra de Dios y le encantaba "compartir" con otras mujeres.

La mudanza a nuestra región había consumido lo último de sus recursos financieros, y muy pronto estaban sin cinco centavos. Cuando lograban conseguir un poco de dinero, ella insistía en diezmar, creyendo que Dios lo devolvería con creces. Una y otra vez le advertimos que no usurpara la autoridad y deshonrara a su marido. Ella simplemente no podía creer que Dios le pudiera pedir a ella, una mujer espiritual, que defendiera y siguiera a un hombre "carnal."

El impulsor más importante de su vida era su propia "profunda" espiritualidad. Ella consideraba que el "Espíritu" era su guía y que lo que Dios decía respecto a la mujer y su posición en la cadena de mando no era aplicable a ella; ella era la excepción. Además, ella había leído libros y folletos y había escuchado sermones que anulaban los pasajes que parecen limitar el papel de la mujer en la familia y en la iglesia. Afirmaban más o menos lo siguiente: "La palabra original en el griego dice… Lo que realmente significa eso es que…Sucede que, Pablo se estaba refiriendo a conceptos culturales exclusivos de aquel tiempo… Seguramente Dios no le ordenaría a una mujer que…En Cristo no hay varón ni mujer…¿Acaso no había profetisas?"

Ella estaba tan totalmente engañada que creía que su intuición femenina, sensibilidad y pasión eran espiritualidad. Ni se imaginaba que ella fuera una mujer que estaba en total rebeldía contra Dios. El rey Saúl de Israel ofreció sacrificios a Dios, pero lo hizo menospreciando la voluntad claramente revelada de Dios. Él consideraba que el fin justifica los medios. Su motivación era glorificar a Dios, pero Dios dijo que su servicio religioso era rebeldía, equivalente a adivinación (I Samuel 15:23). Cuando una mujer intenta vivir para Dios, pero contrario a su Palabra, su "espiritualidad" equivale a adivinación, porque está intentando "adivinar" la voluntad de Dios, haciendo a un lado completamente sus palabras claramente escritas. A tales mujeres Dios les llama "Jezabel."

A mi esposo y a mí no nos quedaba ninguna duda; su pecado sería su destrucción. Ya había reducido a su marido, en otro tiempo fuerte, ingenioso, en un pobre hombre temeroso. Con el paso de los años la venenosa hiel de su alma había estado afectando su mente. Una noche, al final de un poderoso culto de la iglesia, mientras todos estaban platicando, observé que ella se acercaba a mi esposo excesivamente alborotada, así que empecé a acercarme a él, por si acaso me necesitara. En el momento que llegué cerca de ella, vi que empezó a agitar sus brazos con amplios movimientos irregulares, al tiempo que gritaba con fuerte voz que su marido sostenía una relación adúltera con Marilyn Monroe (que para entonces tenía como 50 años de haber muerto). Dijo que ella había tenido una visión de Dios en el que le explicó todos los problemas que tenían. Al momento que me puse a su lado, empezó a mencionar los nombres de varias de las madres jóvenes de la iglesia que tenían bebés pequeños, diciendo que eran

> Estar ofendida y enojarse simplemente son lados diferentes de la misma moneda sucia del control.

amantes de su marido, y que los bebés eran de él. Mi marido se volvió hacia ella, horrorizado ante sus acusaciones y vilezas, que sabíamos eran mentiras procedentes de una mente desquiciada. Sus gritos se volvían más fuertes. Para apagar sus desvaríos, mi esposo empezó a cantar lo más fuertemente posible: "¿Qué me puede dar perdón? Sólo de Jesús la sangre." Y lo seguí y empecé a cantar con él. Toda la congregación, sorprendida volteó y empezó a cantar de manera automática. Yo pasé mi brazo alrededor de ella y llevé a la mujer, ahora totalmente irracional, hasta afuera del local. **Dios había hecho que se volviera loca. Dios hace ese tipo de cosas "temibles."** Él no sólo permitió que sucediera, sino que estaba allí para darle el último empujón. El temor de Jehová es el principio de la sabiduría. Ella no tenía ningún temor de Dios. Debió haberlo tenido. Esta mujer creía que podía obligar a su marido a someterse a ella porque ella tenía una "unción espiritual." No tomó en cuenta a Dios. La mujer que cree que puede caminar por su propio camino porque se considera espiritualmente privilegiada, no tiene temor de Dios Todopoderoso. **"El que sembrare iniquidad, iniquidad segará, y la <u>vara de su insolencia se quebrará</u>"** (Proverbios 22:8). **"No os engañéis; <u>Dios no puede ser burlado</u>: pues todo lo que el hombre sembrare, eso también segará"** (Gálatas 6:7). Dios no fue burlado. Hasta este día la familia entera sigue cosechando lo que ella sembró. Una esposa sin auténtico temor de Dios puede deslizarse tan lejos de la realidad que requiere de sedantes para conservar siquiera una semblanza de cordura.

La Práctica Hace lo Terrible "Perfectamente" Terrible

Muchas mujeres, para cuando llegan a los cuarenta años de edad, están al borde de la inestabilidad mental. Han pasado varios años de su vida molestas con sus maridos, sintiéndose heridas diariamente y respondiendo con frialdad y amargura. En lugar de practicar siendo agradecidas y alegres, están practicando la amargura. Así como la práctica le permite al pianista encontrar las teclas correctas sin esfuerzo o concentración, la mujer que practica el descontento encontrará, sin esforzarse, las notas de amargura cada vez que alguien la irrita. Está practicando, siempre practicando, perfeccionando su amargura y descontento.

Ha practicado su amargura hasta que le sale de lo más natural, y ella ni siquiera lo identifica. Generalmente ella se describiría como una persona que se sostiene contra la soberbia y el mal. Ella "hará lo correcto, aún cuando nadie más lo haga."

Con el paso del tiempo, su irritabilidad y depresión va creciendo, y se da cuenta de que ya no es capaz de controlar su nerviosismo. Un día sus nervios "sufren un colapso", y ella pierde el control, gritando como una loca e insultando a sus seres queridos con apelativos terribles. Ella dirá que simplemente era un "mal día con las hormonas", pero la familia dudará. La familia aprende a tolerar sus estallidos ocasionales, y ella sigue practicando. Después de visitar al médico, se encuentra más calmada…"más como es ella." El médico le ha cambiado su tratamiento.

"Ahora Mamá duerme más."

"¡Shhhh! No despierten a Mamá; está pasando un mal día."

La mujer trastornada espera que su familia la consienta, y se ofende cuando ellos se portan como si todo en la vida anduviera perfectamente bien. Dios está visitando su alma con una pudrición terrible llamada enojo. Al principio, sólo está enojada con su marido. Pasan los años y está enojada con toda la familia. Pasa más tiempo y vive enojada con la iglesia. Luego se enoja con el cartero y con la mesera. **Practicando, siempre practicando, perfeccionando su irracionalidad. Enojada, todo el tiempo enojada. Locura.**

"Jehová te herirá con locura, ceguera y turbación de espíritu" (Deuteronomio 28:28).

"El principio de las palabras de su boca es necedad; y el fin de su charla, nocivo desvarío" (Eclesiastés 10:13).

"Por cuanto no serviste a Jehová tu Dios con alegría y con gozo de corazón, por la abundancia de todas las cosas, servirás, por tanto, a tus enemigos que enviare Jehová contra ti, con hambre y con sed y con desnudez, y con falta de todas las cosas; y él pondrá yugo de hierro sobre tu cuello, hasta destruirte" (Deuteronomio 28:47-48).

TIEMPO DE REFLEXIONAR

La paz es un fruto del Espíritu. Paz es esa presencia tangible de una sensación relajada, confiada que experimenta una persona cuando todo anda bien (aun cuando las cosas no anden bien). Si tú eres hijo del Dios viviente, los que más cerca están de ti sabrán que en tu presencia se puede encontrar paz. El fruto del Espíritu no se asocia con tensión, estrés, nerviosismo, angustia o amargura.

"Mas el fruto del Espíritu es amor, gozo, paz, paciencia, benignidad, bondad, fe, mansedumbre, templanza; contra tales cosas no hay ley" (Gá. 5:22-23).

La sabiduría es un don, sin embargo hay que pedirla para recibirla. Y Dios nos la da abundantemente.

Proverbios 9:10 enseña clara y sencillamente que **"El temor de Jehová es el principio de la sabiduría."**

Desarrolla un Nuevo Hábito

Cuando sientas que empiezas a desarrollar un espíritu crítico, detente, respira hondo, silenciosamente pide sabiduría, luego piensa en algo que tienes en tu lista de motivos de gratitud. Éste es un hábito de remoldeo, y con el tiempo, *la práctica hace al maestro.*

Trata con Dios en Serio

Busca la definición de la palabra *odiosa*. Aprende a aborrecer la posibilidad siquiera de llegar un día a ser culpable de serlo. Siempre que estés mostrando irritación y culpando a otros, recuerda que la tierra entera se alborota por ser tú una mujer casada, odiosa.

"Por tres cosas se alborota la tierra, y la cuarta ella no puede sufrir: por el siervo cuando reina; por el necio cuando se sacia de pan; por la mujer odiada cuando se casa; y por la sierva cuando hereda a su señora" (Proverbios 30:21-23).

Consulta en la Escritura el *temor de Dios.* ¿Cuántas veces aparece? ¿Qué lección crees que Dios pretende enseñarnos? ¿De qué manera reaccionaríamos diferente en nuestros retos diarios si realmente temiéramos a Dios; si temiéramos su ley de la siembra y la cosecha?

Capítulo 7

Sabiduría
Mientras Aún Hay Esperanza

La mujer sabia siempre está aprendiendo.
Está abierta al cambio. Está dispuesta a escuchar.
Busca el conocimiento.

Madre Joven, Por Favor Escúchame

Estimados Pearl,

Mi corazón está apesasadumrado. Deseo con todo mi corazón criar a nuestros hijos en los caminos de Dios (tienen 2 y 5 años). Mi profunda preocupación es la siguiente: mi marido ha caído en el engaño de pensar que diversos programas de televisión y comerciales no son nocivos para él ni para los niños. Él permite que el hecho de que son cómicos elimine el hecho de que son vulgares y que sutilmente están erosionando el espíritu de nuestra familia. Yo tengo que trabajar medio tiempo por las tardes y me preocupa lo que se está mostrando en el ídolo de la televisión en nuestro hogar. He compartido con él mi preocupación (y, lamentablemente, lo he fastidiado también), pero él simplemente no está tan convencido como yo respecto a este asunto. Esto ha producido en mi resentimiento y enojo contra él hasta el grado en que he dejado de sentir respeto o amor por él. Pero sí estoy comprometida con mis votos matrimoniales. ¿Pueden ofrecerme algún consejo o ayudarme de alguna manera? ¡Incluso siento que quizá me haya equivocado al casarme con este hombre! Tiene muchas cualidades positivas, pero me preocupa que estas influencias estén haciendo que se extravíe.

Gracias por cualquier ayuda que me puedan dar.

Susana

Estimada Susana,

Imagina lo que sería si tu marido simplemente desapareciera algún día—ya no habría comerciales nocivos, programas de televisión dudosos, camas calientitas, sólo una abundancia de noches solitarias y largos días de fatigoso trabajo lejos de los niños. Los niños no estarán con su padre viendo televisión; estarán con la niñera que los cuida por dinero. Te estarás preguntando si la niñera estará invitando a su novio a tener relaciones con ella en la recámara mientras los niños ven la televisión solos. Los niños pequeños llorarán cuando salgas al trabajo y los hijos mayores se alegrarán al verte partir para que ellos puedan disfrutar su nueva libertad. El auto tiene un problema, pero tú no puedes tomar un día libre para llevarlo a arreglar. El dinero escasea. Descubres que el círculo social para una mujer divorciada con niños chicos es muy pequeño. Luego los niños se enferman de gripa y la niñera se niega a trabajar, porque no se quiere arriesgar a contraer gripa por unos cuantos pesos. Durante un año o dos tu ex marido se lleva a los niños los fines de semana. No tienes ningún control sobre lo que hacen, pero estás tan cansada que ya no te importa. Después de un tiempo, la pensión que creías que recibirías por ley, deja de llegar porque tu marido se ha ido del estado con otra mujer.

> Si sigues deshonrando a tu marido, el planteamiento anterior probablemente se convierta en tu propia pesadilla personal—¡muy pronto!

Ahora, Susana, volvamos al presente. Si sigues deshonrando a tu marido, el planteamiento anterior probablemente se convierta en tu propia pesadilla personal—¡muy pronto! Dices que tienes resentimiento y enojo. Tu alma se está moldeando lentamente en una persona amargada. Tu carta deja ver que ya has contemplado la posibilidad de que tu matrimonio podría terminar por este asunto. Lo he visto cientos de veces. La gente te preguntará por qué te dejó, y tú, muy justa, contestarás que se enredó con otra mujer. La verdad es que tú lo corriste porque veía comerciales que tú declaraste pecaminosos. Abandonaste su corazón. Y él te ha abandonado emocionalmente—todo porque tú insistías en "jugar al Espíritu Santo." Recuerda que me dijiste que no sentías amor ni respeto por él y que incluso te preguntabas si él realmente era el hombre indicado para ti. Le has telegrafiado tus pensamientos a él, y debes saber que él se está preguntando lo mismo respecto a ti en este mismo momento.

Escúchame, madre joven. No seas necia. No te imaginas lo difícil que se puede poner. **Al diablo le encantaría robarse las almas de tus hijos. No lo hará mediante la televisión de tu marido. Lo hará mediante la deshonra tuya.** Los muchachos pudieran batallar con su impulso sexual como resultado de los comerciales, pero muchos jóvenes han sobrevivido eso a pesar del incremento de las tentaciones. Pocos sobreviven la inestabilidad de un matrimonio en el que Mamá tiene resentimientos contra Papá. Tu actitud no ha hecho nada por disminuir la exposición de los niños a la tentación. Imagina, si tuvieras expectativas más bajas, podrías amar y honrar a tu marido, y los hijos se beneficiarían. Cuando Dios le dio a Eva a Adán, le estaba dando una ayuda, no una conciencia. Adán ya tenía una conciencia antes de que fuera creada su esposa.

No estoy sugiriendo que las normas *tuyas* deben ser más bajas. De hecho, tu marido debe tener normas más altas, pero tu fastidio y crítica consiguen el efecto contrario al de producir rectitud. Lo ideal sería que conservaras tus normas, detuvieras tu lengua y conservaras a tu marido, y con el tiempo quizá puedas presentar una apelación que no lo ofenda.

Con el estado actual de las cosas, seguirás en el camino hacia el divorcio, o tomarás el camino hacia un matrimonio divino honrando a tu marido. No tiene vuelta de hoja. – *Debi*

Sola

Estimados Pearl,

Yo quisiera relatar mi caso como una advertencia para otras. Tengo 52 años de edad y he estado sola durante 23 años. Nunca imaginé que este sería mi destino en la vida. Nunca me pasó por la cabeza que mi marido me fuera a dejar.

Cometí muchos errores en mi relación con mi

marido. Hoy veo y oigo a esposas jóvenes, y esposas mayores también, que imprudentemente están cometiendo esos mismos errores con sus propios maridos. Dan por sentado que él jamás las dejaría ni les pediría el divorcio. Este sentido de seguridad parece hacerles pensar que tienen la libertad para asumir su postura, de mil maneras, contra los errores, fracasos y debilidades de sus maridos. Yo lo veo como ignorancia, o como negarse a obedecer la instrucción de Dios para la mujer, o una combinación de ambos. Por esto relato mi caso—para exponer la verdad a las esposas que realmente ignoran y para advertir a las esposas que se resisten.

Yo no puedo responder por las responsabilidades y deberes de mi marido. Ese es un asunto entre él y Dios. Pero si yo hubiera sabido entonces lo que sé ahora respecto a lo que Dios quiere de la esposa, es decir, lo que el hombre necesita y lo que yo podía hacer para suplir esas necesidades, todo hubiera sido muy diferente.

Las cosas que hice o dejé de hacer no fueron diarias, radicales ni manifiestas. Fueron cosas sutiles, menguando o creciendo, pero como quiera presentes.

• Cuando mi marido se portaba de manera egoísta en casa, se enojaba, y en ocasiones decía maldiciones, pero luego iba a la iglesia y fingía ser espiritual, quisiera haber orado por él en lugar de apartarme un poco de él emocionalmente, para hacer que fuera tan evidente mi cinismo y falta de confianza en él. Quisiera haber mostrado abiertamente mi amor y aceptación de él por lo que él es, en lugar de esperar impacientemente hasta que se portara bien.

• Cuando él les fallaba a los niños, no hacía devocional, no era espiritual, no guiaba como debía, quisiera haber confiado completamente en Dios, manteniendo unidad, honor, reverencia y sujeción con un corazón alegre y confiado. Quisiera haber conseguido que los hijos le siguieran honrando y orando por su padre en lugar de permitir que se manifestara tan abiertamente mi actitud de mártir.

• Cuando él afirmaba una cosa respecto a alguien o algo, quisiera no haber ridiculizado su opinión, haciéndole saber que se había equivocado— una vez más.

• Cuando él se portaba como un imbécil, hubiera querido permanecer callada y orar por él, amándolo de todas maneras en lugar de hacerle ver lo que pensaba de él y sus acciones.

• *Cuando él trataba de reparar alguna ofensa que había cometido contra mí, hubiera querido no ser tan fría, esperando que "sufriera" un poco más y fuera más sincero y auténtico con su disculpa.*

• *Cuando él gastaba dinero que yo consideraba que no podíamos gastar, hubiera querido permanecer callada, confiando en Dios. Quisiera haber mostrado una confianza continua en él, a pesar de sus decisiones.*

• *Cuando él quería que yo hiciera algo y yo no quería hacerlo, quisiera haber accedido gustosamente en lugar de hacer que se arrepintiera de habérmelo dicho. La obstinación no es una cualidad que logre que una mujer sea apreciada por un hombre.*

• *Cuando él necesitaba a una mujer que creyera en él, lo admirara, lo aprobara y lo aceptara a pesar de sus fallas, quisiera ahora haber sido yo la que le diera esas cosas.*

• *Cuando yo pensaba que la única manera de lograr que cambiara era recordarle constantemente sus faltas—cosas pequeñas que hacía y decía—quisiera que alguien me hubiera apartado para decirme lo equivocada que estaba si pensaba que me tocaba a mí aplicar y mantener la presión.*

• *Cuando él no respondía pronto en un negocio o con los amigos, quisiera haberme quedado callada, sin inyectar mi "ayuda" en el asunto.*

• *Cuando nos encontrábamos con la familia de él y nuestras amistades, quisiera no haber adoptado un aire de mártir porque él se retiraba para hacer otra cosa.*

• *Cuando él no sabía cómo mostrar amor y yo sentía un vacío emocional, quisiera haber soportado todo y esperado todo y haberlo amado incondicionalmente en lugar de abandonar la lucha en mi interior, buscando en amistades y familia mi satisfacción y apoyo emocional. Nunca vi ninguna necesidad de hacerme querer por él. Yo daba por hecho que él cumpliría con la obligación moral del marido de amarme. Quisiera haber asistido a la "Academia de Belleza de Dios" para la mujer total.*

Pasó el tiempo. El matrimonio murió, estrangulado por la carga de errores, pecado y egoísmo de ambos. Un día, para mi horror y sorpresa, simplemente se fue. Los niños y yo caímos en la pobreza. Él ya no sentía el deseo natural de proteger y sostener a su familia. Yo recibía una pensión mínima. Nunca era suficiente. Cuando la casa y el auto necesitaban reparación, no había dinero para pagarlo. Poco a poco las cosas se iban descomponiendo. La gente ayudaba, pero nadie sabe muy bien qué hay que hacer con familias desintegradas.

Yo le tenía pavor al verano. Al salir a mi trabajo por la mañana sentía una terrible angustia por tener que dejar a mis hijos encerrados bajo llave en la casa durante diez horas al día cuando no completaba para pagarle a una niñera o no podía encontrar a alguna persona de confianza que los cuidara. Eran demasiado grandes para dejarlos en una guardería, y demasiado pequeños para dejarlos solos todo el día. Al principio, cuando mis hijos se enfermaban, no había nadie que se quedara con ellos a menos que yo faltara al trabajo. Luego nos contagiamos con gripas de 8 días, y mi tiempo fuera del trabajo me costaba mi empleo. Yo no tenía ninguna destreza especial, de modo que empezaba en trabajos que pagaban muy poco. Desarrollé una enfermedad crónica debilitante, complicada por el estrés, pero tenía que seguir trabajando todos los días. No tenía ninguna otra alternativa.

Pero Dios fue fiel con nosotros, y nunca pasamos hambre ni frío. No obstante, todos los días, año tras año, estaba la soledad en la casa, los sentimientos de rechazo y abandono, y las luchas financieras. Yo sé que mi vida pudo haber sido tan diferente si al inicio de mi matrimonio yo hubiera conocido y obedecido el plan de Dios para la esposa.

Algunas de ustedes no creen que esto les pudiera suceder a ustedes. Incluso, pudieran estar pensando que sería un alivio si pudieran lograr que él saliera de la casa. Piensas, "Yo estoy sana y fuerte. Emocionalmente estoy estable. Yo puedo enfrentarlo. Soy bonita y encontraré un hombre bueno. Tengo familia que me ayudará. Tengo una buena iglesia que me apoyaría y podría recibir consejería, etc. Al menos tendría paz en la casa y podría vivir como yo quisiera. No tendría que luchar con tantos problemas." Todas éstas son ideas que pudieran tener las esposas necias. Pero yo sé que no es así. Mi experiencia, como la de miles más, demuestra que esta mentalidad es una mentira. ~ Carolina

Un Nuevo Género de Mujeres

Mira a tu alrededor. En la actualidad existe un nuevo género de mujeres. Atienden tu mesa en el restaurante de tu ciudad; podan el pasto, trabajan en hospitales y dirigen el tráfico. Existen miles de estas damas; están por todas partes, realizando cualquier tipo de actividad que encuentren. En su mayoría son madres solteras. Visten ropa corriente; su corte de cabello es irregular y las ojeras bajo sus ojos juveniles dan testimonio de sus esperanzas marchitas. Constituyen un nuevo ejército de obreras. Los patrones les pueden pagar poco porque necesitan desesperadamente el empleo. Se puede contar con ellas porque no se atreverían a correr el riesgo de perder sus trabajos. Siempre están distraídas porque están pensando en sus hijos tristes o en el nuevo novio extraño de la niñera, que va a visitarla cuando ella está trabajando.

Algunas de ellas hacen equipo con otra madre soltera para compartir recursos, responsabilidades de cuidado de niños y problemas. Últimamente he leído cómo muchas de estas mujeres solteras buscan consuelo—y a veces intimidad— unas con otras. ¿Crees quepudiera haber algo que algún día te lleve a eso? Un *nuevo género* de mujeres. Son independientes, autónomas y estresadas. Envejecen prematuramente, esforzándose inútilmente por controlar niños desordenados que ningún hombre quiere tener por hijastros. Se amargan al observar que los hombres disponibles se fijan en muchachas más jóvenes que ellas, sin compromisos. Y se vuelven temerosas cuando descubren que los hombres que han mostrado interés en ellas ocultan intenciones perversas para con sus simpáticos hijos. Sus niños son iracundos y frecuentemente se ven envueltos en líos.

> Satanás no esperó ni siquiera que me acostara antes de presentarse conmigo, como lo hizo con Eva. Y yo, como mi hermana mayor, Eva, me tragué su mentira.

Pero todo esto no fue culpa tuya. No, fue *tu marido* quien cometió adulterio, *tu marido* que era iracundo o se enredó en la pornografía, pero ahora él parece llevar una vida de comodidad, con bastante dinero en comparación con la miserable condición tuya. Él se lleva a los hijos cada tercer fin de semana y los consiente, haciendo que te aborrezcan tanto más a ti. Él parece ser tan vigoroso, tan lleno de vida y de sonrisas. Tiene dinero para pasearlos, mientras ellos saben que tú eres una gruñona tacaña. Les parece que su joven novia es buena onda. Cuando descubres una bola en el pecho, no les preocupa a tus adolescentes, ni entienden la gravedad de la situación. Luchas sola con tu temor y vas al médico sola, sabiendo que aun cuando esto no termine en muerte, es el final de la esperanza.

Todo comenzó cuando te enojaste por un comercial de televisión, o cuando él se puso a ver las carreras de autos el domingo por la tarde. Todo empeoró cuando él pidió que hicieras algo sexualmente exótico. **El divorcio nunca es planeado, pero casi siempre es precedido por cierta conducta reactiva y eventos <u>evitables</u>. No permitas que te suceda a ti.**

Pobre Hombre Tonto

Recuerdo la noche que Michael y yo nos casamos. Mi nuevo marido decidió que necesitábamos ir de compras y preparar cena antes de ir a la cama. Yo no tenía idea cuánto dinero ganaba, ni cuánto tenía para nuestra luna de miel. En mi vida yo jamás me había ocupado del dinero. Sin embargo, allí estábamos en el supermercado a las 10:00 de la noche el domingo, con menos de una hora de casados, cuando sentí por primera vez que surgió en mí el espíritu de la crítica. Él estaba buscando carne molida y estaba a punto de pagar un precio muy elevado. Traté de razonar con él, "¿No te parece que es demasiado caro? ¿No sería mejor comprar una carne más económica?" Él tenía veinticinco años de edad y jamás alguna mujer había puesto en tela de duda su criterio para administrar su dinero, y jamás olvidaré la expresión de desconcierto que cubrió su rostro. Parecía que estaba tratando de recordar quién era yo y por qué se había colocado en una situación de ser criticado. **Le he de haber parecido condescendiente, hablándole como si fuera un niño tonto, porque así sentía yo respecto a lo que estaba haciendo.** De pronto me quedé espantada ante mi propia actitud. ¿Qué derecho tenía yo de tratarlo como un necio e insensato? ¿Cómo sabía yo cuánto dinero tenía? Ni siquiera era su esposa todavía, en el sentido bíblico, y allí estaba pensando, "¡Cómo serás tonto y simple! ¡Yo no gastaría MI dinero de esa manera!"

Satanás no esperó ni siquiera que me acostara antes de presentarse conmigo, como lo hizo con Eva. Y yo, como mi hermana mayor, Eva, me tragué su mentira. Me quedé asombrada de mi espíritu de crítica. Allí, parada frente al mostrador de carnes, decidí que no iba a permitir que esta fuera la historia de mi vida. **Yo iba a aprender a ser una mujer de Dios,** sin importar lo que comprara mi marido o lo tonto que pareciera ser en su manera de gastar el dinero.

¿Qué Practicaste Tú Hoy?

¿Te has enojado con tu marido en esta semana por algo que hizo, como llegar tarde, hablarte con aspereza o gritarle a los niños? ¿Ardiste con amargura, evitando intencionalmente su mirada para expresar tu menosprecio? Bien sabes a qué me refiero. Recuerdas la fealdad de tu propio corazón y alma. Sí, tu marido lo merecía. Sí, es tu derecho. Pero, ¿encuentras alguna satisfacción en tus reacciones punitivas? ¿Ahora él se doblega ante tu enojo y se porta bien con la esperanza de escapar a tu condenación? **Él practica sus *faltas* y tú practicas tu *amargura*. Ambos están practicando para el divorcio.** Sus hijos observan y están practicando para ser malos padres y madres en el futuro.

Pensamientos Apestosos

Ataques de ansiedad, depresión, mal humor, temores irracionales y arranques de ira, todos comienzan en la mente. Son lo que tú te has permitido llegar a ser con tus 40,000 pensamientos diarios. Mediante repetidas reacciones idénticas, estableces hábitos que llegan a ser tan parte de ti que parecen ser orgánicos—parte de tu constitución física. Cualquier fumador te dirá lo poderoso que es un vicio. El pensamiento apestoso es una adicción que llega a ser un hábito tan fuerte que controla el cuerpo y engaña a la mente. Dios nos advierte que cuidemos nuestra mente, "**Haya, pues, en vosotros este sentir que hubo también en Cristo Jesús**" (Filipenses 2:5). "**Porque cual es su pensamiento en su corazón, tal es él**" (Proverbios 23:7). "**Sobre toda cosa guardada, guarda tu corazón; porque de él mana la vida**" (Proverbios 4:23).

¿Has olvidado para qué fuiste creada? Por favor ven a Jesús tal como estás y dile: "Desde este día en delante quiero ser la ayuda idónea que quisiste que fuera cuando me creaste." Díselo. Él te está esperando para perdonarte y amarte. Los caminos de Dios funcionan.

Sé que he sido muy dura contigo, pero no más dura de lo que es la realidad. Por un momento Dios ha penetrado tu muro de excusas, y ahora sabes que **tú** eres responsable.

> "Mas <u>el que oyó y no hizo</u>, semejante es al hombre que edificó su casa sobre tierra, sin fundamento; contra la cual el río dio con ímpetu, y luego cayó, y fue grande la ruina de aquella casa" (Lucas 6:49).

> "Porque no nos ha dado Dios espíritu de cobardía, sino de poder, de amor y de dominio propio" (II Timoteo 1:7).

¿Cuál es la voluntad perfecta de Dios para tu vida?
☑ **Ser una buena ayuda idónea**

Tiempo de Reflexionar

Dios tenía un plan para la mujer desde el principio. Tú no eres la excepción para su plan.

El pecado ocasiona la autodestrucción de la mujer. Como esta autodestrucción es un proceso lento, casi imperceptible, la mujer no ve venir la destrucción hasta que es demasiado tarde y su marido se ha ido. Este proceso lento, erosivo, suele cegar a la mujer de modo que no ve su propia responsabilidad, de modo que repite sus errores vez tras vez hasta que es demasiado vieja o fea para atraer a otro hombre que llegue a formar parte de su vida.

"¿Acaso alguna fuente echa por una misma abertura agua dulce y amarga? (Santiago 3:11).

▶ *Desarrolla un Nuevo Hábito*

Piensa en lo que hace tu marido que más te irrita. Ahora piensa: "Yo no alcanzo a ver el cuadro completo. No sé lo que Dios está haciendo en mi vida ni en la vida de mi marido. Mi actitud crítica es un pecado mucho más grave que los malos hábitos de él. Yo soy culpable de blasfemar la Palabra escrita de Dios cuando no amo y obedezco a mi marido. Por tanto, voy a abandonar mi campaña contra él en relación con este asunto. Y por lo que a mí me toca, le corresponde a Dios dirigir a mi marido y redargüirlo. Voy a confiar en Dios."

▶ *Trata con Dios en Serio*

Repasa el caso anterior, llamado **"Sola."** Cada vez que leas la palabra *"Cuando"*, detente y pregúntate: *"Cuando* mi marido actúa como actuó el marido de ella, ¿reacciono yo como reaccionó ella?" Escribe tu propia reacción para cada *"Cuando."* Pide a Dios que te dé la sabiduría y el valor para darle seguimiento a tu nuevo compromiso.

Capítulo 8

Sabiduría Para Entender a Tu Marido

Co-autora: Rebekah (Pearl) Anast

La mujer sabia aprende a adaptarse a su marido.

Tres Clases de Hombres

Los hombres no son todos iguales. Me he dado cuenta de que existen básicamente tres tipos de hombres. Los diferentes tipos son tan marcados en los niños de un año como en los hombres adultos. Pareciera que Dios hizo a cada varón para que exprese uno de los tres aspectos de la naturaleza divina. Ningún hombre por sí solo expresa por completo la imagen bien balanceada de Dios. Si un hombre manifestara los tres tipos al mismo tiempo, sería el hombre perfecto. Pero jamás he conocido, oído, ni leído en un libro de historia o de ficción acerca de un hombre que tenga el equilibrio perfecto de los tres. Seguramente Jesús era el equilibrio perfecto. La mayoría de los hombres tienen un poco de cada uno, pero tienden a predominar en uno de los tipos. Todo el entrenamiento y las experiencias de la vida jamás lograrán convertir un tipo de hombre en otro tipo de hombre. Nada hay más incongruente ni más lastimoso que el hombre que intenta conducirse de manera diferente a lo que es. Conforme expliquemos los diferentes tipos, probablemente podrás identificar fácilmente a tu marido y podrás ver en qué aspectos has sido una maldición o una bendición para él.

> ♥ ———————————— ♥
>
> **Si luchas contra los defectos de tu marido, o buscas ser dominante donde él no lo es, ambos fracasarán. Si lo amas y lo apoyas con sus defectos y sin tomar las riendas, ambos tendrán éxito y crecerán.**
>
> ♥ ———————————— ♥

Para cuando una mujer joven se casa, ya ha desarrollado un perfil mental de lo que debe ser su marido. Los hombres que ella ha conocido y los personajes de libros y películas le proporcionan a cada mujer un concepto de lo que es el hombre perfecto. ¡Pobres hombres! Nuestras ideas preconcebidas hacen que las cosas sean muy difíciles para ellos. Ellos nunca son perfectos—¡ni se acercan! Dios dio a cada uno una naturaleza que en parte es como Él mismo, pero nunca completa. Cuando agregas el factor de que todo hombre es un ser caído, hace que una muchacha se pregunte por qué había de querer unir su vida a la de uno de estos hijos de Adán. Pero Dios hizo que las damas tuviéramos este deseo inexplicable de sentirse necesarias para un hombre, y nuestras hormonas actúan enérgicamente para unirnos.

Cuando una muchacha de pronto se encuentra permanentemente ligada a un hombre que no es como ella considera que debe ser, en lugar de adaptarse a él, generalmente pasa el resto de su matrimonio—que quizá no sea muy largo—tratando de transformarlo en lo que ella considera que debe ser su marido. Al poco tiempo de casadas, la mayoría de las muchachas jóvenes hacen el trágico descubrimiento de que posiblemente les haya tocado un inútil. En lugar de lamentar tu "destino", pide a Dios sabiduría.

Sabiduría es saber "lo que compraste" cuando te casaste con ese hombre, y aprender a adaptarte a él así como es, y no como tú quieres que sea.

Los hombres no son iguales. Lo más probable es que tu marido no sea como tu padre ni como tu hermano ni como el hombre en tu novela romántica favorita. Nuestros maridos han sido creados a la imagen de Dios, y se requiere de toda clase de hombres para acercarse siquiera a completar esa imagen. Ningún hombre es el equilibrio perfecto; si lo fuera sería demasiado divino como para necesitarte a ti. **Dios da mujeres imperfectas a hombres imperfectos para que puedan ser coherederos de la gracia de la vida y** *para que juntos lleguen a ser algo más de lo que cualquiera de los dos hubiera podido ser solo.* Si luchas contra los defectos de tu marido, o buscas ser dominante donde él no lo es, ambos fracasarán. Si lo amas y lo apoyas <u>con</u> sus defectos y <u>sin</u> tomar las riendas, ambos tendrán éxito y crecerán.

Sr. Dominante

Dios es **dominante**—es un Dios todopoderoso y soberano. También es **visionario**—omnisciente y deseoso de realizar sus planes. Y Dios es **estable**—el mismo ayer, hoy y siempre, nuestro fiel Sumo Sacerdote. La mayoría de los hombres personifican uno de estos tres aspectos de Dios.

> Es muy importante que aprendas cómo presentar una apelación sin desafiar su autoridad.

Algunos hombres nacen con una porción adicional de dominancia y, según las apariencias, un déficit de amabilidad. Suelen llegar a ocupar cargos en los que mandan a otros hombres. Les llamaremos *Señores Dominantes*. Son líderes natos. Suelen ser seleccionados por otros hombres para ser comandantes militares, políticos, predicadores y directores de empresas. Winston Churchill, George Patton y Ronald Reagan son ejemplos de hombres dominantes. Como nuestro mundo no necesita más que unos pocos líderes, Dios parece limitar el número de estos *Señores Dominantes*. A lo largo de la historia, hombres creados a la imagen de Dios Padre se han rodeado de hombres buenos para lograr la realización de grandes tareas. Los *Señores Dominantes* generalmente hacen más de lo que se les exige.

Tienen fama de esperar que sus esposas los atiendan como reyes. *Sr. Dominante* no quiere que su esposa se involucre en ningún proyecto que le impida servirle a él. Si tienes la bendición de estar casada con un hombre fuerte, imponente, mandón, como mi marido, entonces es muy importante que aprendas a presentar una apelación sin desafiar su autoridad. Más adelante en este libro veremos cómo hacer una apelación.

Los *Señores Dominantes* son menos tolerantes, así que tienden a abandonar a una esposa vociferante antes de que ella siquiera empiece a sospechar que está a punto de perder su matrimonio. Para cuando ella se da cuenta de que tiene un problema serio, ya es madre divorciada buscando ayuda para la crianza de sus hijos sola. Una mujer puede discutir y pelear hasta el cansancio, pero *Sr. Dominante* no cede. No es tan abierto ni tan vulnerable como otros hombres para compartir sus sentimientos personales o su ocupación con su esposa. **Parece ser autosuficiente.** Es terrible sentirse excluida. La esposa del *Sr. Dominante* se tiene que **ganar su lugar en el corazón de él** demostrando que será fiel, leal y obediente a su marido. Cuando se haya ganado la confianza de él, entonces él la tendrá por un gran tesoro.

Ella tiene que estar disponible cada minuto del día. Su marido quiere saber dónde está, qué está haciendo y por qué lo está haciendo. Él la corrige sin pensarlo dos veces. Para bien o para mal, su naturaleza es controlar.

La mujer que está casada con *Sr. Dominante* lleva un yugo más pesado que el de la mayoría de las mujeres, pero puede ser un yugo muy gratificante. En cierto sentido, su vida como ayuda idónea de él resulta más fácil porque jamás existirá ninguna posibilidad de que ella tenga el mando. No existen áreas grises; ella siempre sabe exactamente lo que se requiere de ella, por tanto tiene una tranquila sensación de seguridad y reposo.

El *Sr. Dominante* siente que es su deber y responsabilidad dirigir a las personas, así que lo hace, sea que ellos deseen que lo haga o no. Por increíble que parezca, esto es lo que le gusta a la gente. Muy poca gente tiene suficiente seguridad para lanzarse por sí mismos; además, los detiene el temor de cargar con la culpa por cualquier error. *Sr. Dominante* está dispuesto a correr el riesgo, y con ese fin creó Dios a estos hombres que parecen reyes. Su camino no es fácil, pues Santiago dijo, "**Hermanos míos, no os hagáis maestros muchos de vosotros, sabiendo que recibiremos mayor condenación**" (Santiago 3:1).

> ❤ **Un Rey desea una Reina y por eso el hombre dominante quiere una esposa fiel que comparta su fama y gloria.** ❤

El 11 de septiembre, cuando fueron destruidas las Torres Gemelas en Nueva York, otro avión que volaba sobre Pennsylvania fue secuestrado por otros terroristas. El Sr. Todd Beamer viajaba en ese avión. Fue su voz la que todos escuchamos cuando dijo esas célebres palabras, "Rodemos." Ha de haber sido un fuerte *Sr. Dominante*. Él y otros como él tomaron el control de una situación grave y salvaron muchas vidas mediante el sacrificio de su propia vida. Pudo haber sido un trágico error, pero el Sr. Beamer evaluó la situación, tomó una decisión y luego hizo lo que tenía que hacer. Sabía que las vidas de todas esas personas estaban en sus manos. Era una gran responsabilidad, sin embargo estuvo dispuesto a "hacer lo que un hombre tiene que hacer." Recordarán cuan fuerte y regia se veía su joven viuda cuando la vimos en la televisión después de los ataques. **Un buen Sr. Dominante es capaz de ver el cuadro más amplio y se esfuerza por ayudar al mayor número posible**, aun cuando le cueste su vida y la vida de sus seres amados. Si es un hombre honesto, soportará pérdidas económicas con tal de guiar a quienes lo necesitan, pero al final suele salir ganando. Si no es hombre honesto, será egoísta y usará los recursos de otros para buscar sus propios intereses.

> ♥ Su visión es como la del que mira desde la cima de la montaña; ve la meta distante. ♥

Un Rey desea una Reina y por eso el hombre dominante quiere una esposa fiel que comparta su fama y su gloria. Sin la admiración de una mujer, sus victorias enmudecen. **Si la esposa aprende desde temprano a disfrutar los beneficios de tomar el asiento trasero y si no se ofende ante la obstinada agresividad ae el, será ella la que se encontrará sentada a su mano derecha siendo adorada, porque esta clase de hombre adorará por completo a su esposa y la exaltará.** Ella será su más íntima, y a veces única, confidente. Con los años el *Sr. Dominante* puede volverse más moldeable y amable. Su esposa descubrirá accesos secretos hacia su corazón.

Si estás casada con un rey, la honra y reverencia es algo que debes rendirle diariamente si quieres que sea un hombre de Dios, benevolente, honesto, fuerte y realizado. Él tiene potencial para llegar a ser un líder asombroso. Nunca lo avergüences ni lo humilles ni ignores sus logros.

Si la esposa del *Sr. Dominante* se resiste a su control, él no dudará en avanzar sin ella. Si no es cristiano de principios, permitirá que el matrimonio termine en divorcio. Como el rey Asuero de Persia, si lo desafía, él la cambiará por otra y ni siquiera lo lamentará. Si sus convicciones cristianas evitan que se divorcie, permanecerá obstinadamente al mando, y ella se granjeará fama de miserable gruñona.

Si un *Sr. Dominante* no ha desarrollado destrezas laborales, y como consecuencia logra poco, tenderá a contar anécdotas acerca de sí mismo y presumir hasta hartar a sus oyentes. Si ha abandonado a su esposa y perdido a sus hijos, de modo que no cuenta con ningún legítimo "reino" propio, será odiosamente parlanchín.

Un *Sr. Dominante* que se ha echado a perder probablemente será violento. Es importante recordar que la manera de reaccionar del *Sr.*

Dominante dependerá en gran parte de la reverencia que muestre su esposa por él. **Cuando un *Sr. Dominante*, (salvo o perdido) es tratado con honor y reverencia, una buena ayuda idónea descubrirá que su marido será maravillosamente protector y comprensivo.** En la mayoría de los matrimonios el conflicto no se debe a que el hombre sea cruel ni malvado; es porque espera obediencia, honra y reverencia y no las recibe. Así, reacciona incorrectamente. Cuando la esposa hace su papel de ayuda idónea, el *Sr. Dominante* reaccionará de manera diferente. Por supuesto, hay unos pocos hombres que son tan crueles y violentos que aun cuando la esposa sea una ayuda idónea, él la maltratará a ella o a los hijos. En tales casos, será deber de la mujer notificar a las autoridades para que puedan ser el brazo del Señor para hacer justicia.

- Como regla general, el *Sr. Dominante* se niega a sacar la basura o a limpiar el tiradero en el área del basurero. Pudiera organizar o mandar a otro que lo haga. Cualquier mujer que intente obligar al *Sr. Dominante* a convertirse en un amable recolector de basura probablemente termine sola, abandonada por su marido.

- El *Sr. Dominante* deseará hablar de sus planes, ideas y proyectos terminados. Será muy objetivo, poco emotivo y **no disfrutará la conversación trivial. Su visión es como la del que mira desde la cima de la montaña; ve la meta distante.** Esperará que su esposa le ayude a recordar las necesidades de los individuos.

- El *Sr. Dominante* se sentirá sumamente incómodo y desconcertado al tratar con los enfermos, moribundos e indefensos. Donde no hay esperanza, no habrá necesidad de un *Sr. Dominante*.

- Un líder nato es aquel hombre que, cuando sea necesario, puede adaptar principios o reglas a la circunstancias para conseguir el máximo beneficio para el mayor número de personas.

 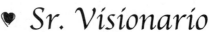

Sr. Visionario

Aprende a ser flexible y aprende a ser siempre leal a tu marido.

Dios es visionario, según se manifiesta en la persona del Espíritu Santo. Ha hecho a algunos hombres a la imagen de esa parte de su naturaleza. El profeta, sea verdadero o falso, suele ser de este tipo. Algunas de ustedes están casadas con hombres que son sacudidores, cambiadores y soñadores.

Estos hombres alborotan a la familia entera por asuntos secundarios como: ¿creemos en la Navidad? ¿Debemos practicar el matrimonio civil? ¿Conviene al cristiano tener un negocio de cibercafé? Los problemas pudieran ser serios y dignos de consideración, pero en diversas medidas, estos hombres tienen un limitado campo de visión, enfocándose tenazmente en asuntos aislados. Con mucha facilidad toman la decisión de mudarse, sin tener idea a qué se van a dedicar en el nuevo domicilio. Suelen ser los que causan divisiones en la iglesia, exigiendo pureza doctrinal, vestimenta y conducta apropiada.

Como profetas, les reclaman a las personas las incongruencias en sus vidas. Si no son sabios, son capaces de cometer verdaderas necedades, imponiendo sus ideas y obligando a otros a hacer las cosas a su manera. El *Visionario* hará campaña para legalizar el uso de la mariguana, o será activista para impedir la legalización del aborto. La mayor parte de ellos simplemente permanecen sentados en sus casas quejándose, pero de corazón son *Visionarios*.

> **Grandeza consiste en un estado del alma, no en ciertos logros.**

El *Visionario* suele ser muy hábil como inventor, y estoy segura de que fueron hombres de este tipo los que conquistaron territorios nuevos en el Oeste, pero no serían ellos quienes se establecieron allí para cultivar la tierra. Hoy día, el *Visionario* pudiera ser predicador al aire libre, activista político, organizador e instigador de cualquier controversia social. **Le encanta la controversia,** y aborrece la rutina establecida. "¿Por qué dejar las cosas como están si uno las puede cambiar?" Es el hombre que evita que el resto de las personas se estanquen o se aburran. **El *Visionario* está obsesionado con la necesidad de comunicar con sus palabras, su música, escritura, voz, arte o acciones.** Él es la **"voz que clama en el desierto"** buscando cambiar la manera de pensar o de actuar de la humanidad. Sus buenas intenciones no siempre evitan que el *Visionario* ocasione mucho daño. Si no son sabios, pueden batir un postre y terminar con residuos tóxicos. Una esposa que no es sabia puede agregarle al veneno con palabras negativas, o puede, con sencillas palabras de cautela, señalar las bondades del postre y la prudencia de dejarlo en paz. **Todo *Sr. Visionario* necesita una esposa buena, sabia, prudente y estable que tenga una perspectiva positiva de la vida.**

Si estás casada con uno de estos tipos, debes contar con que serás rica o pobre, rara vez de clase media. Él pudiera arriesgar todo y perderlo o ganar una fortuna, pero no encontrará el éxito trabajando de 8 a 6 en el mismo lugar durante treinta años para luego jubilarse y disfrutar. Si trabaja en un empleo normal, es probable que falte la mitad del tiempo o que trabaje como maniático 80 horas a la semana, disfrutándolo al máximo. Quizá compre una granja de caimanes en la Florida o una estación de esquí en Colorado, o pudiera comprar una vieja casa-remolque por 150 dólares con la esperanza de arreglarla y venderla por $10,000, sólo para descubrir que está tan deteriorada que no es posible moverla.

Luego hará que su esposa y todos los hijos le ayuden a desmantelarla y llevar los restos al basurero (guardando los aparatos domésticos en la cochera), para poder hacer un remolque para transporte de animales con los ejes. Ahora que tiene remolque para animales, pero ni un solo animal, puedes contar con que encontrará un remate de tres viejas vacas enfermas, y…**Quizá nunca sea rico en dinero, pero será rico en experiencias.**

> **Será tu rostro el que observará para ver la maravilla de tan gran logro que ha realizado.**

Pensándolo bien, quizá mi marido no es un *Sr. Dominante* al 100%, porque se parece mucho a este *Sr. Visionario*. Recuerdo, en más de una ocasión, haberle ayudado a desmantelar un viejo granero de alguien para llevarse todo el cacharro y llenar nuestro viejo granero. Recuerda, la mayoría de los hombres son una combinación de tipos, pero suele predominar alguno de ellos.

La esposa del *Sr. Visionario* tiene que ser un poco temeraria y parcialmente ciega para poder disfrutar su aventura. Si este es tu marido, hay dos cosas muy importantes que debes aprender (además de cómo hacer una apelación). **Aprende a ser flexible y aprende a ser siempre leal a tu marido.** Te asombrará lo feliz que serás y lo divertido que puede ser la vida si tan sólo aprendes a ir con la corriente—*la corriente de él*. La vida se convertirá en una aventura. Hasta empezarás a compadecer a las que están casadas con los tipos estables, aburridos. Y cuando finalmente metas en tu cabeza que tu marido no tiene que tener la razón para que lo sigas, finalmente podrás decirles adiós a tus padres alterados, aun cuando te estén gritando que te has casado con un hombre loco. Los que observan se asombrarán de que puedas amar y apreciar a tu marido, pero para ti no será extraño, porque **tú podrás ver su grandeza.**

Grandeza consiste en un estado del alma, no en ciertos logros.

Tomás Edison, aunque no era reconocido como tal, era *grande* después de fracasar 999 veces en su intento de hacer un foco. Los hermanos Wright eran *grandes* cuando descuidaron su oficio lucrativo de arreglar bicicletas y "perdieron el tiempo" tratando de lograr que una volara. Si el foco nunca hubiera funcionado y el avión nunca hubiera volado, y nadie hoy recordara sus nombres, hubieran sido los mismos hombres y sus vidas hubieran sido igualmente realizadas y sus días igualmente difíciles. ¿La esposa de Edison lo consideraría grande cuando gastó su último peso en una idea más que fracasaría? Si no, imagina lo que se perdió.

El *Sr. Visionario* necesita el apoyo de su mujer, y lo apreciará cuando se lo brinde generosamente. Sin ella, se siente solo. Al principio será un poco difícil vivir con este tipo de hombre. Usualmente habrá grandes pleitos al principio, si una buena muchacha normal (que tuvo por padre a un *Sr. Estable*) se casa con uno de los "raros." Llegarán a un amargo divorcio (por iniciativa de ella) después de pocos años, o ella decidirá aprender a apreciarlo, porque en realidad es verdaderamente adorable. Recibo muy pocas cartas de mujeres casadas con estos hombres inquietos, decididos a reinventar la rueda. Sí recibimos muchas cartas de sus suegras, pidiéndonos que les escribamos a sus yernos para enderezarlos.

Algunos de estos hombres platican animosamente y con gran entusiasmo. Generalmente disfrutan comentando ideas, planes y sueños. Si tienes por marido a uno de éstos, le encantará platicarte su más reciente idea, y busca tu apoyo entusiasta, no una crítica de su idea. Posteriormente analizará su idea más críticamente, pero por el momento la idea misma resulta vigorizante. Se le ocurrirán mil ideas por cada proyecto que intente, e intentará muchos que jamás concluirá, y concluirá muchos proyectos que son inútiles, y tú "lo sabías desde un principio." Recuérdale eso la próxima vez que se le ocurra una idea, y destruirás tu matrimonio—pero no lo cambiarás. Él compartirá sus "ideas necias" con alguna otra persona.

> Él se pasa la vida mirando por un telescopio o por un microscopio, y le asombra que otros no observen ni se interesen en lo que él ve.

Aprende a Disfrutar la Aventura

Hace varios años, una pareja de recién casados decidió hacer un viaje en bicicleta para su luna de miel. Tenían toda la ruta trazada y preparadas las bicicletas y el equipo para acampar. Después de viajar un par de días, la joven esposa observó que su marido había tomado un rumbo equivocado. Ella lo detuvo e intentó mostrarle con el mapa que se había desviado de la ruta. Ella siempre había tenido una habilidad natural para leer mapas, y sabía exactamente dónde se encontraban. Él no tenía la misma habilidad natural y sostenía que ella definitivamente estaba equivocada e insistió que iban en la dirección correcta. Más tarde ese mismo día, al darse cuenta de que efectivamente había tomado un camino equivocado, le echó la culpa al señalamiento o alguna otra razón. Nuevamente tomó un camino equivocado, y ella discutió con él. Él seguía corrigiendo su ruta, pero no estaban llegando a ninguna parte por la ruta más corta. Ella le señaló su error. Esa parte de la luna de miel no fue muy "melosa." No había manera de hacerlo cambiar de idea. Él sabía que estaba en lo correcto, y si no lo estaba del todo, estaba lo más acertado que se podía esperar bajo las circunstancias, y no era bien recibida la crítica.

> ❤ ———————— ❤
> **La moraleja es: tu manera de pensar determina tu manera de sentir y tu manera de sentir influye en tu manera de actuar.**
> ❤ ———————— ❤

¿Qué podía hacer ella? La joven esposa no estaba satisfecha con la manera que se estaban tratando, y ella pensó para sí misma que esto se podría convertir en el patrón para el resto de su vida. Reflexionando sobre el asunto, se le ocurrió que para él era muy importante tener la razón y controlar, y realmente no tenía mucha importancia qué camino tomaran. Estaban haciendo este viaje para estar juntos, no para llegar a algún destino determinado. Dios en su misericordia y gracia le dio a esta dulce y joven esposa, un nuevo corazón. Decidió seguir a su marido por cualquier camino que él tomara, sin cuestionar ni corregir. Así que empezó a disfrutar alegremente el hermoso día, y la gloria de ser joven y estar enamorada, mientras pedaleaba su bicicleta por un camino que le llevaba hacia donde todo matrimonio debe ir, aun cuando no fuera conforme al mapa.

Esta damita está casada con un hombre 100% *Visionario*. Comenzó correctamente su matrimonio, siguiendo adonde él guiara, independientemente de que ella considerara que fuera el camino correcto o no. Ha sido flexible y está disfrutando su aventura. Algún día, cuando su marido esté convencido de que le puede confiar su corazón, permitirá que ella sea su copiloto—mientras él sigue atribuyéndose el reconocimiento por ello. La moraleja es: tu manera de pensar determina cómo te sentirás, y lo que sientes influirá en tu manera de actuar.

Si estás casada con el *Sr. Visionario,* **aprende a disfrutar la aventura,** porque si algún día realmente llega a inventar un mejor foco, deseará que seas tú la que lo encienda por primera vez en público. Será tu rostro el que observará para ver la maravilla de tan gran logro que ha realizado. Tú eres su admiradora más importante. Cuando sabes que tu marido realmente te necesita, puedes estar contenta con casi cualquier cosa.

Con el tiempo esta clase de hombre se volverá más práctico. Si eres una esposa joven casada con un hombre que tu mamá considera totalmente loco, pudieras estar casada con un *Sr. Visionario.* Ahora mismo, decide en tu corazón serle leal, y **ser flexible**; luego, deja que tu soñador sueñe. Ponte cómoda y disfruta la aventura. Debe resultar muy interesante.

El mundo necesita al *Sr. Visionario,* porque él es el que anda al acecho de la hipocresía y la injusticia y mata a los dragones. Él exige de sí mismo y de los que lo rodean, una norma más elevada. Sabe hacer casi todo, y está bien dispuesto a aconsejar a los demás. Con el tiempo desarrollará destreza en más de una cosa.

- El *Sr. Visionario* sacará la basura si es que se acuerda. Pero también pudiera terminar por inventar una manera de que la basura se saque sola, o se convierta en fuente de energía, o quizá simplemente desperdicie mucho tiempo construyendo una carreta para que la saques tú. No le molestará limpiar si es que se fija que hace falta, pero pudiera estar tan absorto que decide pintar cuando está barriendo y luego cambia de proyecto antes de terminar la pintura. Y probablemente se irrite cuando su esposa se queja con él por ello.

> Él es como aguas muy profundas. Su misma profundidad hace que el movimiento sea casi imperceptible.

- El *Sr. Visionario* se la pasará platicando, platicando, platicando con su amor si ella le da su aprobación. Será subjetivo, pensando en sentimientos, estados de ánimo y percepciones espirituales. **Una de sus necesidades más grandes será que su esposa piense objetivamente (verdades probadas) y use sentido común,** lo cual ayudará a que sus pies no se despeguen demasiado de la tierra firme. **Él se pasa la vida mirando por un telescopio o un microscopio,** y le asombra que otros no observen ni se interesen en lo que él ve (o cree ver). Cada asunto insignificante ocupará su mente por completo, y será necesario que su esposa casualmente haga mención del cuadro más amplio y los posibles resultados finales de las relaciones, las finanzas, o la salud, si él sigue enfocándose totalmente en su interés presente. Su querida esposa debe conservar una mentalidad positiva, sin que nunca caiga en el mundo imaginario de él, tratando de ser una porrista por cosas sin futuro. Deja que él se apague con cosas que no son prudentes. Pero no le eches agua a su fuego. Deja que él encuentre su propio balance por medio de sus choques con las duras realidades. Definitivamente que los profetas de Dios en el Antiguo Testamento deben haber sido tipos Visionarios. ¿Recuerdas a Elías, Jeremías y Ezequiel con todas sus aflicciones?

- El *Sr. Visionario* es un iniciador y un provocador. Es un hombre de vanguardia, un innovador, un pionero y una voz para provocar acción. Él arranca y mantiene en movimiento la fiesta hasta que llegue el *Sr. Dominante* para tomar el liderazgo.

> La ternura de tu marido no es una debilidad; es su fuerza. La vacilación de tu marido no es indecisión, es cautela sabia.

- **El enfoque del *Sr. Visionario* es tan intenso que las cosas fácilmente se inflan fuera de proporción.** Una esposa debe cuidarse de hablar negativamente acerca de las personas. Un comentario frívolo de parte de ella puede ponerle fin a una amistad de toda la vida. Esto es cierto con cualquier hombre, pero especialmente con el *Sr. Visionario*. Examina tu corazón para descubrir tus motivaciones en lo que dices acerca de las personas. ¿Cuál es tu intención al hablar? ¿Levantarlo a él y darle gozo, o elevarte a ti misma y hacerle pensar que sólo tú eres perfecta? Si mencionas a las personas para hacer que se vean un poco mal, y pasar tú por "incomprendida", tu marido pudiera concluir que los amigos y familiares te están tratando de manera injusta, y pudiera volverse retraído y desconfiado. Sin saberlo, pudieras hacer que tu marido rechace todo consejo. Si quieres que tu marido desarrolle seguridad como un activo hombre de Dios, entonces necesita tener una conciencia limpia ante sus amistades y familiares. Dios dice que la conducta de la mujer puede ganar a su marido perdido. De igual modo, las palabras ociosas y negativas de la mujer pueden incapacitar a un hombre fuerte y convertirlo en un hombre iracundo, conflictivo y contencioso. **"Asimismo vosotras, mujeres, estad sujetas a vuestros maridos, para que también los que no creen a la palabra, sean <u>ganados sin palabra por la conducta de sus esposas,</u> considerando vuestra conducta casta y respetuosa"** (I Pedro 3:1-2).

- El *Sr. Visionario* necesita una dama que no se ofenda fácilmente. Ella debe ser resistente. Necesita que su mujer sea llena de vida y gozo. El *Sr.*

Visionario no es capaz de ser un consolador—ni para sí mismo ni para otros. Su mujer tendrá que aprender a controlar ese labio tembloroso, levantar esos hombros y ponerse esa sonrisa.

- El *Sr. Visionario* pudiera ser líder, pero como su vista se concentra en un sólo punto, su liderazgo tendrá un enfoque muy limitado.

Sr. Estable

Dios es tan estable como una roca eterna, protector, proveedor y fiel, como un sacerdote—*como Jesucristo*. Él ha creado a muchos hombres a esa imagen. Nosotros le llamaremos *Sr. Estable*—"centrado, no dado a los extremos." El *Sr. Estable* no toma decisiones impulsivas ni gasta su último peso en una idea nueva, y no trata de decirles a otras personas lo que deben hacer. Evita la controversia. No inventa el foco, como el *Sr. Visionario*, pero él será quien construya la fábrica y administre la línea de ensamble que produce el avión o los focos. Él no salta al frente de un avión para quitarle la navaja al terrorista, a menos que el *Sr. Dominante* le anime a hacerlo. Jamás encabezaría una revuelta contra un gobierno o contra una iglesia. Pasa por alto silenciosamente la hipocresía de otros. Peleará abnegadamente las guerras que inicia el *Sr. Visionario* y dirige el *Sr. Dominante*. Él es quien construye los buques tanque, cultiva la tierra, y cría silenciosamente a su familia. Como regla general, será fiel hasta el día de su muerte, en la misma cama en la que ha dormido durante los últimos 40 ó 50 años. Mujeres mayores, divorciadas, que han aprendido por sus errores, entienden el valor de la paz y la seguridad, y anhelarán un buen hombre estable, de la estatura de éste, pero tales hombres rara vez están disponibles—a menos que su esposa imprudente lo haya abandonado. Este hombre se goza con la mujer de su juventud.

> Deja que él sea quien Dios quiso que fuera: una presencia serena, apacible, considerada— ¡para ti!

Deleites y Tribulaciones

Ser esposa de un *Sr. Estable* tiene sus recompensas y sus dificultades. Por el lado bueno, tu marido nunca te aplica una presión desmedida para que hagas milagros. No espera que seas su sirvienta. No te pasas la vida apagando incendios emocionales, porque él no crea tensiones en la familia.

Rara vez te sientes presionada, carrereada, empujada ni obligada. Las esposas de los *Señores Visionarios* te observan y se asombran de que tu marido parezca tan equilibrado y estable. La esposa del *Sr. Dominante* no puede creer la cantidad de tiempo libre que pareces tener. Si tu padre fue un *Sr. Estable*, es más probable que aprecies el tesoro que representa la vida práctica, realista de tu marido.

Cuando estás casada con un hombre que es constante y cauteloso, y tú tienes algo de romanticismo impaciente, quizá no aprecies su valor y no lo honres tan fácilmente. Quizá te sientas inconforme porque él es lento y cauteloso para asumir autoridad o tomar decisiones rápidas. La mujer mandona observa en su marido la ausencia de juicios apresurados y califica a su *Sr. Estable* de indeciso. Por su constancia es el último en cambiar, así que da la impresión de ser un seguidor por el hecho de que pocas veces está al frente dirigiendo a las tropas. En él no hay ningún apresuramiento emotivo, sino un lento y constante ascenso, sin ostentación ni escándalo. Quisieras que tan sólo se decidiera y que definiera su postura en la iglesia. Parece que simplemente permite que los demás se aprovechen de él. En ocasiones quisieras que tuviera el valor de decirte lo que debes hacer para que tú no tuvieras que cargar con toda la carga de la toma de decisiones.

Algunas mujeres interpretan la sabia cautela de su marido y su falta de pasión abierta como una falta de espiritualidad. Su falta de espontaneidad y atrevimiento pudiera parecer indiferencia a las cosas espirituales. Sin embargo, él es como aguas muy profundas. Su misma profundidad hace que el movimiento sea casi imperceptible. Sin embargo, es en realidad muy fuerte.

A él lo desconcertará tu inconformidad e intentará servirte mejor, con lo cual puede disminuir aún más tu respeto por su masculinidad. **La desilusión y la ingratitud te pueden agotar más que cualquier cantidad de responsabilidades.** Las pruebas que él parece ocasionarte, en realidad son tus respuestas de insatisfacción ante lo que tú ves como deficiencias de él. Si no intentaras cambiarlo en algo diferente a lo que Dios quiso que fuera, no te causaría ninguna pena. Su misma constancia lo mantiene en su rumbo centrado, y eso vuelve loca a la mujer controladora.

Por esto, muchas mujeres casadas con un Sr. Estable caen víctimas del desequilibrio hormonal, enfermedad física o problemas emocionales.

Cuando una mujer está casada con un hombre mandón, dominante, los demás se asombran de que esté dispuesta a servirle sin quejas, así que ella pasa por una maravillosa mujer, de gran paciencia y sacrificio. La mujer que está casada con el impulsivo *Sr. Visionario*, quien sujeta a la familia a presiones, despierta asombro en todos. "¿Cómo es posible que tolere sus ideas extrañas con tanta paz y gozo?" Ella pasa por una verdadera santa, quizá hasta por mártir. Pero si estás casada con un hombre maravilloso, amable, servicial, y muestras un poquito de egoísmo, es probable que al final pases por una ingrata musaraña. Él te ayuda, te adora, te protege y se encarga de proveer todo lo que necesitas, y aún así no estás satisfecha. ¡Te debería dar vergüenza!

El Que Lava los Pies

Ayer usé una manguera para lavar el interior del retrete exterior de la iglesia. Para ustedes que son de la ciudad, un retrete exterior es un pequeño cobertizo construido sobre un pozo en la tierra, con un piso de madera y un asiento con un agujero. Antes de los tiempos de la plomería interior, éste era el típico excusado. El retrete exterior generalmente estaba como a 20 metros de la casa. Como se han de imaginar, los retretes exteriores apestan. Mientras echaba agua sobre las paredes y el retrete, estaba deseando que Carlos estuviera por allí. Si hay un trabajo sucio, cansado, un trabajo que la mayoría de las personas trata de evadir, un trabajo que no encierra ningún reconocimiento, puedes estar segura de que Carlos estará allí, silenciosamente asumiendo la responsabilidad.

Nuestro amigo Carlos es un "lavador de pies." Su máxima fortaleza se ve en lo que hace por otros. Cuando leo el relato de Jesús quitándole el estiércol de animales a los pies de los discípulos, o llamando a los niños para que vengan a Él, o alimentando a los cinco mil, pienso en Carlos. Todos los discípulos querían figurar, ser vistos, recibir reconocimiento. Pero Cristo pasó la mayor parte de su tiempo con ellos enseñándoles a ser siervos silenciosos— la obra de un *Sr. Estable.*

Jesús era un lavador de pies. En tiempos de Cristo, lavarles los pies a los viajeros era un trabajo repugnante que le tocaba al siervo de más baja categoría, sin embargo, Jesús les lavó los pies como testimonio de lo que Él valora. **"Pues si yo, el Señor y el Maestro, he lavado vuestros pies, vosotros también debéis lavaros los pies los unos a los otros"** (Juan 13:14). En efecto les estaba enseñando: "Si quieren ser mis discípulos, más vale que se preparen para pasarse la vida limpiando lo que otros tiran, arreglando el lavabo de la ancianita, y manejando distancias más largas para recoger a alguien para llevarlo a la iglesia."

Muchas mujeres piensan en su pastor como un poderoso hombre de Dios, o en el director de canto como un hombre lleno del Espíritu. Sin embargo, sospecho que será el hombre del tipo del *Sr. Estable* el que será llamado "el mayor en el reino de los cielos." El *Sr. Estable*, el hombre silencioso, el hombre que no toma las riendas, no es un hombre de escaso valor, porque Jesús elevó las tareas comunes que en tantos casos son realizados por el *Sr. Estable*. El *Sr. Estable* puede ser un poderoso hombre de Dios. Su fuerza se ejerce al asumir silenciosamente la responsabilidad que otros suelen evadir. Si nosotras como esposas tan sólo pudiéramos aprender a honrar al hombre que Dios nos ha dado, tendríamos la bendición de observar lo poderoso que puede llegar a ser como hombre de Dios. Un matrimonio glorioso suele estar tan cerca como una palabra de aprecio. Pide a Dios sabiduría para honrar y apreciar a tu *Sr. Estable*.

> **"Como el Hijo del Hombre no vino para ser servido, sino para servir, y para dar su vida en rescate por muchos"** (Mateo 20:28).

> **"Hubo también entre ellos una disputa sobre quién de ellos sería el mayor. Pero él les dijo: Los reyes de las naciones se enseñorean de ellas, y los que sobre ellas tienen autoridad son llamados bienhechores; mas no así vosotros, sino sea el mayor entre vosotros como el más joven, y el que dirige, como el que sirve. Porque, ¿cuál es mayor, el que se sienta a la mesa, o el que sirve? ¿No es el que se sienta a la mesa? <u>Mas yo estoy entre vosotros como el que sirve</u>"** (Lucas 22:24-27).

Conoce a Tu Marido

Las esposas obviamente son carne y sangre, y como mujeres jóvenes, no llegamos al matrimonio con todas las destrezas necesarias para lograr que comience bien, mucho menos perfecto. Cuando llegas a conocer a tu marido, tal como Dios lo diseñó, dejarás de tratar de cambiarlo en lo que tu *piensas* que debe ser. *La clave es conocer a tu marido*. **Si es un *Sr. Estable*, necesitas aprender a ser agradecida y honrarlo como el que ha sido creado para ti a la imagen de Dios.** La Palabra de Dios dice en Hebreos 13:8: **"Jesucristo es el mismo ayer, y hoy, y por los siglos." El hombre que ha sido creado constante trae paz y seguridad al alma de una mujer.** La ternura de tu marido no es una debilidad; **es su fuerza.** La vacilación de tu marido no es indecisión, es cautela sabia. La falta de profunda conversación espiritual de tu marido no es por falta de interés; es simplemente el tapón que contiene una montaña de intensas emociones. Si alguna vez llega a hablar respecto a lo que siente, lo más probable es que los ojos se le llenen de lágrimas.

Él quiere agradarte. **"Como aguas profundas es el consejo en el corazón del hombre; Mas el entendido** [una esposa también] **lo alcanzará"** (Proverbios 20:5). No será necesario que aprendas a apelar a él, porque tu

Capítulo 8 - Sabiduría para Entender a Tu Marido

marido está más que dispuesto a escucharte.

Si esto describe a tu marido, necesitas aprender a estar quieta y escuchar; luego espera a que Dios mueva a tu marido en el tiempo de Él. Pide a Dios sabiduría y paciencia. Procura siempre tener un espíritu apacible. Consulta la palabra "pudor" en la Biblia, y aprende lo que significa. Ora por sabiduría para tu marido. Deja de esperar que *actúe* para ti, orando con la familia, adelantándose a testificar o tomando una postura firme en la iglesia. **Deja de tratar de provocarlo a ira** contra los niños con el fin de lograr que él sienta que entiende lo mal que te tratan a ti. **Permite que él sea como Dios lo diseñó: una presencia callada, apacible, pensativa y considerada—**¡*para ti!* Los *Sres. Dominante y Visionario* lo comprenden y lo aprecian, y ellos también se apoyan en esta clase de hombre para encontrar estabilidad. Aprende a buscar el consejo de tu marido respecto a lo que debes hacer, y luego dale tiempo para contestar, aun cuando sean días o semanas. Muestra respeto, preguntándole en qué áreas quisiera que tú tomaras algunas de las decisiones.

Muchos de estos hombres "amables" prefieren que sus esposas muestren algo de iniciativa. Un *Sr. Dominante* te dice lo que debes hacer y cómo servirle, y el *Sr. Visionario* quiere que tú hagas lo que él está haciendo.

Al *Sr. Estable* le gusta que su mujer camine a su lado, al tiempo que ella crece en su propio derecho ante Dios y ante él.

Si estás casada con un *Sr. Estable*, debes familiarizarte con Proverbios 31 para que sepas cómo ser una ayuda idónea activa para tu marido (véase la página 222). Tu marido disfrutará y compartirá tus éxitos en los negocios. Se sentirá orgulloso de tus logros. Deseará que uses tus destrezas, habilidades e impulsos naturales. Tus logros serán un honor para él, pero la flojera perezosa lo desalentará en gran manera. El tiempo que desperdicias y el dinero que gastas imprudentemente pesará fuertemente sobre él, robándole el orgullo y el deleite que encuentra en ti. **Él necesita una mujer ingeniosa, trabajadora, con dignidad y honor. Para el *Sr. Estable* es importante que su esposa sea autosuficiente en los quehaceres diarios de la vida cotidiana.** Debes aprender a pagar las cuentas, sacar citas, y atender visitas de manera competente que le traiga a él satisfacción. Tus pasatiempos deben ser creativos y útiles, involucrando a tus hijos para que todos ustedes estén ocupados y productivos cada día. Tu hogar debe estar limpio y ordenado para que sus amigos y contactos de trabajo estén impresionados y cómodos. Tus destrezas y logros son las cartas de recomendación de tu marido. Si eres sabia y competente, entonces él lo ha de ser aun más, pensará el observador.

Al final del día, el *Sr. Estable* disfrutará comparando lo que él ha logrado con lo que tú has logrado y se deleitará con el valor de tener una compañera digna en la gracia de la vida.

Estos hombres pueden ser algunos de los más importantes en la iglesia, porque su firmeza es segura, y su lealtad es fuerte. **Toman decisiones sabias, bien meditadas.** Rara vez son precipitados o imprudentes, aunque (para su descrédito) a veces toleran necedades o error sin protestas. Sus hijos crecen con gran respeto por su padre apacible. Si mamá ha hablado negativamente contra Papá, los hijos adultos se ofenderán profundamente, al grado de llegar a menospreciarla.

Típicamente, los *Sres. Estables* no llegan a ser tan ampliamente conocidos como los *Sres. Dominantes o Visionarios.* No son hombres extraordinarios ni distinguidos. No son parlanchines. No son ni irritantes ni precisamente magníficos. Si es que llegaran a atraer la atención del público, se deberá a algún logro enorme, o porque se confía en ellos por sus muy visibles rasgos de honestidad y firmeza. Tanto los hombres como las mujeres envidian y buscan a un *Sr. Dominante.*

El *Sr. Visionario* suele atraer y motivar a la gente. Pero al *Sr. Estable* lo pasan por alto. Rara vez es promotor de una causa. Es necesario, pero no suficientemente vistoso como para acaparar la atención. Nunca presume respecto a sí mismo y típicamente no promueve convincentemente su persona ni sus habilidades. Espera a que otro señale su valor y pida su ayuda. A ti te corresponde la tarea de "promoverlo", hablando bien de él hasta que todos queden convencidos y conscientes de que él es el profesional capaz que han estado buscando.

La vasta mayoría de mis cartas vienen de mujeres que critican a sus maridos tranquilos, callados, lentos, no pretensiosos, no exigentes, trabajadores, por sus hábitos "carnales." Estas mujeres han olvidado tener su propia vida, así que pasan su tiempo intentando remodelar a sus maridos para hacer de ellos tipos dominantes, porque ellas admiran el liderazgo, la autoridad y la influencia. Ni se imaginan las presiones que acarrea el estar casadas con un hombre dominante, mandón.

La mayor parte de este libro se ha escrito para ayudar a las esposas jóvenes a honrar, obedecer y apreciar al *Sr. Estable* así como es. Si la esposa deshonra a su marido constante y toma las riendas, lo más probable es que él permanezca con ella. No es probable que se divorcien. Pero lo que ella lo deshonra hará que a él le falte la seguridad para aprovechar sus oportunidades de negocios. Él llegará a conformarse con la mediocridad, porque no representa ningún riesgo. Estará consciente de que tira del arado solo, que no tiene ayuda. Sin embargo, si ese mismo hombre se hubiera casado con una mujer agradecida, creativa, que se deleita con él y lo considera el hombre más listo, sabio e importante que existe, él hubiera respondido a la ocasión en cada área de su vida. Muchas mujeres creen que el *Sr. Estable* es mediocre y que le falta fuerza y autoridad, cuando en realidad, el *Sr. Estable* es un tipo varonil y firme, al que le falta una buena esposa.

- El *Sr. Estable* pudiera sacar la basura y siempre mantener limpio el entorno, sin embargo su esposa tenderá a tomar por sentado su amabilidad.

- Pasará gran parte del tiempo en silenciosa contemplación. Esto volverá loca a su esposa, porque ella anhelará que comparta con ella sus más profundos sentimientos y pensamientos, para poderse "sentir" amada. Él no puede hacerlo. Incluso pudiera llorar en momentos de presión o de intimidad. Él es muy, muy lento para llegar a confiar y abrirse a la mujer a quien ama, porque no la entiende. Disfrutará el compañerismo con otros y se sentirá más cómodo platicando insignificancias con quien sea. **De los tres tipos, él será el más apreciado por todos.**

- El *Sr. Estable* siempre tendrá demanda. Todo mundo necesita que les arregle un auto, construya una casa, arregle su computadora, encuentre el problema con su teléfono, los cure de cáncer, y toda la larga lista. Te empiezas a preguntar si alguna vez lo tendrás para ti sola. La respuesta es "no." Él pertenece a la gente. Cuando sea necesario tiempo especial a solas, tomen vacaciones, y *dejen el teléfono celular en casa.*

- El *Sr. Estable* es excelente con los que sufren, están enfermos o moribundos. **Le encanta consolar** y parece saber exactamente lo que las personas necesitan en tiempos de gran pesar. **Su presencia callada y apacible trae paz.** Para el *Sr. Dominante*, esto es todo un milagro. Si un *Sr. Estable* se viera en el puesto o trabajo de un *Sr. Dominante*, estaría estresado y finalmente fracasaría. Él no ha sido hecho para guiar sino para apoyar.

- No se concentra en la perspectiva eterna, pero tampoco está mirando por un microscopio. Estima que ambas perspectivas son importantes. **Su visión es la de un hombre que ve la vida tal como es.** Puede dirigir su mirada hacia el cielo y está consciente de que hay más allá de lo que él alcanza a ver, y se pregunta acerca de eso. O puede contemplar un charco sucio y apreciar el hecho de que allí existe todo un mundo del que él no sabe nada. En casi todos los aspectos de la vida, él hace las veces de puente entre los otros dos tipos de hombre. Él es una expresión muy necesaria de la imagen de Dios.

Resumen de Esposa "Ruín"

a) La esposa del *Sr. Dominante* puede arruinar su matrimonio por no honrar, obedecer y reverenciar la autoridad y gobierno de su marido.

b) La esposa del *Sr. Visionario* puede arruinar su matrimonio por no seguir, creer y participar con entusiasmo en los sueños y visiones de su marido.

c) La esposa del *Sr. Estable* puede arruinar su matrimonio por no apreciar, atender y agradecer las cualidades agradables de su marido.

Resumen de Esposa Exitosa

a) La esposa del *Sr. Dominante* puede sanar su matrimonio convirtiéndose en su adorable Reina, honrando y obedeciendo cada palabra (razonable y no razonable) de él. Vestirá, actuará y hablará como para honrarlo a él dondequiera que vaya.

b) La esposa del *Sr. Visionario* puede sanar su matrimonio si deja a un lado sus propios sueños y aspiraciones para abrazar su papel de ayuda idónea para su marido, creyendo en él y estando dispuesta a seguirlo con gozosa participación en el camino que él ha elegido.

c) La esposa del *Sr. Estable* puede sanar su matrimonio reconociendo gozosamente qué gran amigo, amante y compañero le ha sido dado y expresando esa gratitud verbal y activamente. Cuando ella deje de tratar de cambiarlo, él crecerá. Así ella podrá asumir gustosamente las tareas que llenarán su tiempo y darán a su esposo, gozo y satisfacción al ver la productividad de ella.

Tiempo de Reflexionar

¿Quién es *tu* marido?

Elabora una lista de las características de
tu marido—cosas que indiquen cuál de
los tres tipos expresa más. Pudiera ser una
combinación, en la que predomine un tipo más
que los otros. Ahora, inicia una lista de cosas
que puedes hacer para dejarlo en libertad para ser el hombre que
Dios quiso que fuera.

**"Así que, hermanos, os ruego por las misericordias de Dios, que
presentéis vuestros cuerpos en sacrificio vivo, santo, agradable
a Dios, que es vuestro culto racional. No os conforméis a este
siglo, sino <u>transformaos por medio de la renovación de vuestro
entendimiento,</u> para que comprobéis cuál sea la buena <u>voluntad de
Dios, agradable y perfecta</u>"** (Romanos 12:1-2).

*Pide a Dios que te dé sabiduría para saber en qué necesitas cambiar
para ser la ayuda idónea perfecta para tu marido divinamente
diseñado.*

> Recuerda que la mayoría de los
> hombres tienen un poco de los
> tres tipos, pero tienden a ser
> más fuertes en uno de ellos.

Capítulo 9

Encuentra Tu Vida en la de Él

Desde el principio, Dios quiso que fuéramos consuelo,
bendición, galardón, amiga, aliento, y brazo derecho.

Recuerdos que Valen

En cierta ocasión vi una película llamada "Papá." Relataba la historia de una pareja anciana en sus últimos años. La esposa trataba a su marido como un inepto, controlándolo y apresurándose a ayudarle con todo lo que necesitara, con aire paternalista. Ni siquiera dejaba que se sirviera la leche en su cereal. Él parecía senil—viviendo en un mundo nebuloso. Un hijo adulto regresó a casa para ayudar a sus padres ancianos en el ocaso de su vida. La anciana se había pasado toda su vida controlando y atendiendo a su marido, que era un amable *Sr. Estable* . Pero mientras la anciana estuvo en el hospital con alguna enfermedad, el anciano, por sugerencia de su hijo, empezó a salir a pasear y a hacer cosas interesantes. De pronto, "abuelito" parecía haber rejuvenecido. Era como si el calendario se hubiera regresado 50 años. Ahora era feliz. Cuando abuelita salió del hospital, regresó a casa para encontrar a un hombre transformado. Con gran entusiasmo platicaba de amistades y familiares que en realidad jamás habían existido. Hablaba de la granja lechera y de su vida allí. Hablaba de sus cuatro hijos—pero sólo tenían dos. Hablaba con nostalgia de su obediente, amable y tierna esposa—muy diferente a la realidad que había experimentado a lo largo de sus muchos años juntos. Su esposa estaba terriblemente conmocionada, porque ella sabía que nunca había existido la granja lechera, ni tenían más que dos hijos. Ella sabía que la mujer a la que él recordaba con tanto cariño no era ella.

Llamaron a un psiquiatra para tratar de explicar lo que estaba sucediendo con la mente del anciano. El médico le explicó a la familia que el abuelo había trabajado fielmente en la misma fábrica, haciendo el mismo trabajo con sus manos. Pero mientras sus manos trabajaban, su mente soñaba con la vida que realmente hubiera querido llevar. Era una vida al aire libre con trabajo pesado en una granja lechera, con la ayuda de su gran familia con muchos hijos. **A medida que la mente del abuelo envejecía, el agradable mundo irreal que había vivido en su imaginación se volvía más real para él, que el mundo enjaulado que vivía en la realidad.** Debido a la mano controladora de su esposa, y el deseo de él de "cumplir con su deber" de agradarla, había dejado de vivir sus sueños. Ella lo había debilitado con su control y sus críticas, hasta que él creó un mundo imaginario de esperanza y realización. Esta sencilla historia ilustraba tan bien la triste realidad de muchas familias.

El Contador Público

Esta carta nos fue enviada por la esposa de un hombre que decidió hacer que sus sueños se hicieran realidad. Se hubiera requerido de un libro del tamaño de éste para explicarle a ella por qué necesita ser la dama de los sueños de su marido. Yo sé que esto es lo que ella realmente desea. Sólo que ha perdido temporalmente su visión.

Estimados Pearl,

Yo tengo 22 años de casada, y mi esposo es un hombre maravilloso. Conoce al Señor, pero no ha sido tan constante en su lectura bíblica como yo quisiera. Aun no le he dicho nada al respecto. Nuestros problemas realmente se desprenden de un cambio que él hizo para nuestra familia, empezando desde hace unos tres años.

Cuando nos casamos él estaba estudiando para ser C.P. Yo le ayudé con el último año de su carrera y pasé 19 años trabajando largas horas con él durante la temporada de las declaraciones anuales. Yo no lo disfrutaba mucho, pero estaba consciente de que ésa era su carrera. Él quería encontrar un trabajo que le permitiera permanecer en casa y trabajar en forma independiente. Yo consideraba que ésa era una noble aspiración, y deseaba que estuviera cerca de nuestros hijos mientras iban creciendo.

Pues, lo que ha decidido hacer ahora, ¡me resulta imposible manejarlo! Él decidió poner una granja lechera. Nosotros somos gente de la ciudad. Yo siempre le he dicho que no siento ningún deseo de tener una granja lechera. Durante los últimos tres años no ha hecho mas que leer e investigar sobre el tema. No dudo que él pueda lograr que funcione. Pero simplemente no es algo que yo quiera hacer. He tenido que soportar muchas cosas. Todavía trabaja en la ciudad, y luego viene de prisa al rancho para trabajar en la granja. Anoche tuve que esperarlo hasta las 8 de la noche para cenar. Luego llega corriendo y va directamente al granero. Me sentí muy lastimada. Estoy cansada de trabajar tanto y sentir que no avanzamos nada. Esto está destruyendo a nuestra familia. Sé que debo someterme, pero de verdad que yo no quiero hacer esto. No es éste mi sueño. ¡Nada se habló hace 22 años de trabajar en granja! ~ Donna

> **Dios nos hizo a las mujeres para que fuéramos ayuda idónea.**

El concepto que tiene Donna del matrimonio está totalmente equivocado. No se parece en nada al diseño de Dios para el matrimonio. Dios no creó a Adán y a Eva al mismo tiempo para que luego llegaran a algún acuerdo en cuanto a la manera de alcanzar cada uno sus metas personales dentro de un esfuerzo cooperativo. Creó a Adán, le dio un oficio, lo puso por gobernante del planeta, lo dotó de una perspectiva espiritual, le dio órdenes y especificó sus deberes vocacionales. Adán empezó a gobernar el planeta **antes de que Dios creara a Eva para ayudarle con las metas de su vida.** No era necesario que Adán contara con el consentimiento de Eva. **Dios se la entregó a Adán para que fuera su ayudante, no su socio. Ella fue diseñada para servir,** no para ser servida, **para ayudar,** no para vetar sus decisiones. ¿Quieres saber de cambios de ocupación y de vivienda? ¡Mira Eva! ¿Puedes imaginar que ella le dijera a Adán lo siguiente?: *"Cuando Dios me trajo a ti en aquel maravilloso huerto y comenzamos nuestra vida juntos, nunca mencionaste nada de cardos y espinos, dolores de parto, ordeña de cabras y batir mantequilla. ¡Yo no soy mujer del campo!"*

Yo me pregunto si el marido de Donna abandonará su "sueño realizado" por el hecho de que ella le está recordando frecuentemente que hace veintidós años él no le dijo que algún día él iba a tener una granja lechera.

¿Sus expresiones de agotamiento e insatisfacción destruirán el gozo de él y le robarán su visión? Si es que regresa al trabajo de contador de tiempo completo, me pregunto si se pasará el resto de su vida soñando en un tipo diferente de mujer por esposa, muchos niños felices, y un corral lleno de vacas lecheras. **La vida es hoy.** No hagas que arruine su vida, obligándolo a depender del dinero de otros. Encuentra tu vida en la de él.

> ♥ ————————————— ♥
>
> **Dios no busca mujeres felices para hacerlas ayudas idóneas para los hombres. Busca mujeres dispuestas a ser verdaderas ayudas idóneas para llenarlas de gozo.**
>
> ♥ ————————————— ♥

Dios nos hizo a las mujeres para que fuéramos **ayuda idónea,** y es parte de nuestra naturaleza física serlo. Es nuestro llamamiento espiritual y la **voluntad perfecta de Dios para nosotras.** Es el papel en el cual triunfaremos en la vida y es donde encontraremos nuestra más grande realización como mujeres y como siervas de Dios. Dios dijo en Génesis: **"Le haré ayuda idónea para él."** Pablo dijo: **"Porque el varón no procede de la mujer, sino la mujer del varón, y tampoco el varón fue creado por causa de la mujer, sino la mujer por causa del varón"** (I Corintios 11:8-9). **"A la mujer dijo...y tu deseo será para tu marido, y él se enseñoreará de ti"** (Génesis 3:16).

Cuando luchamos contra la voluntad de Dios y los sueños de nuestros maridos, nos sentimos frustradas y desilusionadas. Si nuestros maridos son amables, *Sres. Estables,* como es el marido de Donna, con el tiempo se sentirán desalentados y dejarán de esforzarse por darnos gusto. Si nuestros maridos son *Sres. Dominantes,* pudieran abandonarnos y encontrarse una mujer a la que le gusten las granjas lecheras. Si nuestros maridos son *Sres. Visionarios,* gritarán y nos harán la vida insoportable hasta que regresemos corriendo con Mamá, y terminemos durmiendo en una cama fría y viviendo de limosnas.

La vida está llena de decisiones. La manera en que decidas responder ayudará a determinar tu destino en la vida. **La vida es hoy.** Aprende a disfrutar de verdad sacar la basura u ordeñar una vaca. Te asombrarás de la manera en que Dios te llenará de sí mismo. En tu "feliz" vejez harás memoria de tu papel en la vida y te preguntarás cómo pudiste haber sido alguna vez una tristona cara-larga. Algunas personas te dirán: "Tú simplemente tienes una personalidad alegre, y por eso disfrutas la vida. ¿No es verdad?" Tú podrás reír, sabiendo que lo único que te llena totalmente de gozo es estar en la voluntad de Dios. Dios no está buscando mujeres felices para convertirlas en ayudas idóneas para hombres buenos. Está buscando mujeres dispuestas a ser verdaderas ayudas idóneas para los hombres con quienes están casadas, para que Él pueda *llenarlas* completamente de gozo.

La Expresión de Su Imagen

Hemos estudiado tres tipos diferentes de hombres y la manera en que cada uno de ellos se relaciona con la dama en su vida. Hemos aprendido que Dios da sabiduría a los que se lo piden. A estas alturas ya sabes que se requerirá sabiduría sobrenatural para que puedas llegar a conocer, aceptar y apreciar a tu marido tal como Dios lo hizo. Él pudiera manifestar las tres expresiones diferentes en diferentes etapas de su vida, o pudiera tener algo de un tipo y mucho de otro. Lo importante es que tú entiendas que él es como Dios lo hizo, y que tú debes ser su ayuda adecuada. Si sabes qué "expresión" ha diseñado Dios en él, podrás ser una mejor ayuda para el marido que Dios te ha dado. Dios dice tan clara y enfáticamente que, **"Si alguno de vosotros tiene falta de sabiduría, pídala a Dios, el cual da a todos abundantemente y sin reproche, y le será dada"** (Santiago 1:5). Pide a Dios que te ayude a conocer y apreciar a tu marido. Pide que Dios te dé la sabiduría y la gracia para compartir los sueños de tu esposo, para que siempre seas tú en quien sueñe.

Tiempo de Reflexionar

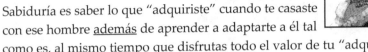

Sabiduría es saber lo que "adquiriste" cuando te casaste con ese hombre <u>además</u> de aprender a adaptarte a él tal como es, al mismo tiempo que disfrutas todo el valor de tu "adquisición."

"A la mujer dijo...y tu deseo será para tu marido, y él se enseñoreará de ti" (Génesis 3:16).

Desarrolla un nuevo hábito

¿La voluntad de Dios es que tu marido se adapte a ti, o es que tú te adaptes a él? ¿Qué hábitos en tu vida debes cambiar para adaptarte a las necesidades de tu esposo? Comienza hoy.

Trata con Dios en Serio

La palabra *SABIDURÍA* aparece 248 veces en la Palabra de Dios. Conforme consultes y leas cada ocasión que aparece la palabra *sabiduría*, Dios hará una obra en ti y te dará sabiduría cuando la busques. La Biblia enseña que la hermana de la **sabiduría** son los mandamientos de Dios, y la parienta de la **sabiduría** es la inteligencia (Proverbios 7:4). Anota en tu diario tus versículos favoritos sobre **sabiduría**. Establece una hora al día en la que te acordarás de pedir a Dios sabiduría. Por ejemplo, yo me he propuesto que cada vez que me detenga en un semáforo, me acordaré de orar por mi marido. En cada comida, oramos por **sabiduría** para nosotros y para nuestros hijos. Anota una hora o evento que te recuerde pedir silenciosamente a Dios que te dé sabiduría para ti y para tu marido.

<u>Éstos son algunos de mis versículos favoritos sobre sabiduría:</u>

"Enséñanos de tal modo a contar nuestros días, que traigamos al corazón sabiduría" (Sal. 90:12).
"Para recibir el consejo de prudencia, justicia juicio y equidad" (Pr. 1:3).
"Haciendo estar atento tu oído a la sabiduría; si inclinares tu corazón a la prudencia" (Pr. 2:2).
"Sabiduría ante todo; adquiere sabiduría: y sobre todas tus posesiones adquiere inteligencia" (Pr. 4:7).

Capítulo 10

Tus Reacciones Te Definen

La mujer sabia no sueña con lo que "pudo haber sido."
No se considera un "regalo de Dios para los hombres."
Por tanto, está gozosa y contenta con
sus circunstancias actuales.

Para cuando te casaste, ya tenías ciertas convicciones básicas. Podías distinguir entre lo bueno y lo malo. Hacías lo que considerabas correcto y nadie te podría persuadir de lo contrario. Pero ahora descubres que tú y tus convicciones son puestas en duda por alguien que quizá no comparta tus normas establecidas y tu cosmovisión. Él pudiera ser más liberal que tú, más permisivo, o pudiera ser más estricto y legalista. La presencia de hijos complica aún más la situación. Tú quieres, sobre todas las cosas, hacer lo que les conviene a ellos, pero te has sometido a la autoridad de otro. La vida no va como tú lo habías planeado, y no puedes actuar ni reaccionar como habías querido. Te encuentras presionada hasta los límites de tu paciencia, y luego reaccionas con ira insubordinada y egoísta.

Las reacciones no son acciones premeditadas que brotan de nuestras mejores motivaciones, cuidadosamente planeadas, pensadas y pesadas. Son respuestas emocionales que se desatan como caballos no domados cuando nos sentimos heridas, lastimadas, engañadas o incomprendidas. Suelen ser contenciosas, confrontativas, vengativas, y en ocasiones punitivas. **Tus reacciones te desatan de tus inhibiciones sociales y manifiestan lo que** *realmente* eres por dentro y lo que realmente crees en tu más íntimo ser. Perdemos nuestra "fachada" cuidadosamente conservada cuando somos presionadas más allá de nuestro pensamiento calculado. Entonces se manifiesta quienes somos en realidad.

Puedes controlar tus reacciones futuras considerablemente si cambias tu manera de pensar *antes* de que seas presionada a responder. Tu manera de pensar todos los días determina tu manera de sentir, y determinará tu manera de reaccionar en situaciones de estrés.

> ♥ Tus reacciones definen lo que realmente eres por dentro y lo que realmente crees en lo más íntimo de tu ser. ♥

Los investigadores han encontrado que una persona tiene en promedio más de 40,000 pensamientos cada día. **El corazón está lleno de pensamientos, y es de esa reserva de pensamientos que la boca habla palabras de elogio o de amargura.** Cuando se aplica la presión, y se rompe la presa de las reservaciones, no puedes controlar lo que dices, porque hablarás de la abundancia de tu corazón—de los 40,000 pensamientos que tuviste *ese día*, y todos los días anteriores. **"El hombre bueno, del buen tesoro de su corazón saca lo bueno; y el hombre malo, del mal tesoro de su corazón saca lo malo; porque de la abundancia del corazón habla la boca"** (Lucas 6:45). Si tú, como esposa vas a cambiar la manera en que has estado hablando, no es asunto de fuerza de voluntad; es asunto de fuerza de mentalidad. **"Porque cual es su pensamiento en su corazón, tal es él"** (Proverbios 23:7). Debes llevar **"cautivo todo pensamiento a la obediencia a Cristo"** (II Corintios 10:5). **"Porque del corazón salen los malos pensamientos…"** (Mateo 15:19). Como dice Pablo: **"Haya, pues, en vosotros, esta manera de pensar que hubo también en Cristo Jesús"** (Filipenses 2:5). Serás **"[transformada] por medio de la renovación de [tu] entendimiento"** (Romanos 12:2), no por la fuerza de voluntad para controlar tu lengua. Dios te dice *cómo* debes pensar en relación con tu papel de esposa y ayuda idónea. Si le crees, pensarás de manera diferente.

Si yo estuviera en la sala de entrega de equipaje de un aeropuerto, esperando mi maleta roja, y viera que un joven la arrebata y corre, me sentiría muy molesta <u>hasta que</u> descubriera que mi marido lo había enviado a llevarlo por mí. Cuando cambia mi pensamiento, cambian mis sentimientos.

La dama casada con el contador convertido en ganadero estaba sentada en su casa, enojada porque su marido no había llegado a tiempo. Cuando finalmente llegó, fue directamente al granero para atender a sus vacas. Ella no pudo contener su lengua. No podía evitar lo que sentía, porque había pasado todo el día—no, toda la semana…el mes…los últimos tres años, pensando en lo desdichada de su situación debido a las circunstancias que su marido le había acarreado. Ella sentía que era *su* "maleta roja" la que había sido robada. "Él no tiene derecho", pensaba ella vez tras vez. "Esto no es lo que acordamos cuando nos casamos", repetía para sí misma muchas veces al día. "Él debe entrar a comer la cena que ya se ha enfriado de estar esperando, no salir a ordeñar esas vacas", había estado repitiendo en su interior durante esas últimas tres horas cuando era obvio que iba a llegar tarde. Estaba almacenando en su corazón una abundancia de pensamientos egoístas. Sus acciones y reacciones se convirtieron en esclavos de sus pensamientos mal dirigidos.

¿Qué podía haber hecho para cambiar sus pensamientos? Podría haber aprendido algo que no sabía, no sólo por el consejo de este libro, sino del libro de Dios, la Biblia. Ella *no* había sido creada para escoger la vocación de su marido, ni para escoger el estilo de vida de él ni de ella. Fue creada por Dios para ser ayuda idónea para su marido. En el caso de ella, eso significaba convertirse en mujer del campo—ayudante de un ganadero de granja lechera. No es necesario que le gusten las vacas, pero fue creada para ayudarle a un hombre al que sí le gustan las vacas.

> **Tú eres lo que piensas, y Dios te dice cómo pensar.**

Imagina cuán diferente sería si, al llegar él tres horas tarde, ella pensara en lo bendecida que era de tener un buen hombre que viniera a casa a las ocho de la noche con un salario, y de tener amor, seguridad, un padre para sus hijos, una cama caliente toda la noche, y la esperanza de un brillante futuro con más vacas, mejor equipo de ordeña, y con un poco de suerte, un aumento en los precios de la leche. ¡Qué emocionante sería la vida! Qué emocionante y nuevo sería cada día—una aventura allá en el campo, en lugar de estar estancada como todos los demás aburridos en el pueblo. Un sinfín de mujeres están sentadas en casa solas a las ocho de la noche, temiendo que su ex-marido pudiera forzar la chapa otra vez, y preguntándose adónde se irán a cambiar ella y los niños el siguiente mes cuando la echen de su departamento. Ella, y muchas más, estarían encantadas de encontrarse en la cocina de esta mujer, esperando tranquilamente que llegue tarde a cenar este marido hogareño, sólo para que salga a atender sus vacas. Cuando finalmente entrara a la casa, su cena estaría caliente, y más cálidas serían las sonrisas y los abrazos, con la expectativa de una cama aún más cálida.

Decide tener buena voluntad 💜

Tú eres lo que piensas, y Dios te dice cómo debes pensar: **Piensa la verdad.** Esto no es el poder del pensamiento positivo; **este es el poder de la verdad como Dios lo define.** Tú has sido creada para ser ayuda de tu marido, no su conciencia, no su directora vocacional y de ninguna manera su crítica.

Cuando desarrollas con tu marido una relación de confrontación, lo haces con base en la premisa de que tú tienes la razón y él está equivocado. También estás suponiendo que es tu deber resistir, confrontar y retarlo. Al pensar que él está equivocado y tú tienes la razón, te declaras más sabia que él, más espiritual, más abnegada, con mayor discernimiento, etc. Todo esto equivale a la obvia conclusión de que tú has asumido el papel de liderazgo, maestra y juez. Esto es pecaminoso y odioso y ofende terriblemente a Dios. **Ninguna mujer jamás tendrá paz ni gozo, mientras su mente no esté llena de buena voluntad para con su marido,** y ella esté comprometida a llegar a ser una buena ayuda idónea para él. ¿Gran parte de tu vida es una reacción contra ofensas reales o imaginadas? ¿Realmente eres tan sabia como te crees? Toma la siguiente prueba de sabiduría.

Prueba de Sabiduría

1. ¿Tienes suficiente temor de Dios como para no dudar de su Palabra?

2. ¿Sientes en ocasiones que Dios te está castigando con ordenarte que obedezcas a tu marido?

3. ¿Le ofrecerías a Dios excusas como: "Mi marido es cruel," o, "Yo soy de personalidad fuerte, y él es débil"?

4. ¿Cómo responderías si Dios te diera instrucciones respecto a cómo hablar, cuando callar o cómo vestir y aún cómo arreglar tu cabello?

5. ¿Te sientes tranquila desechando el papel que la Biblia establece para la mujer, argumentando que vivimos en una cultura diferente?

6. Cuando Dios ordena reverenciar (admirar, estar intimidada) a tu marido, ¿consideras que es pedir demasiado?

7. ¿Estás dispuesta a decir: "Si Dios lo ordena, o siquiera lo sugiere, entonces eso es lo que haré"?

Si tú puedes decir: **"No se haga mi voluntad, sino la tuya,"** entonces puedes saber que tu oración se basa en el temor de Dios. Es el principio de la sabiduría. Pide a Dios que te dé el principio de la sabiduría, pidiéndole que te enseñe a temerle a Él.

TIEMPO DE REFLEXIONAR

- Hemos aprendido que por naturaleza hemos sido creadas para ser ayuda idónea para nuestros maridos.
- Hemos aprendido que una ayuda idónea es la persona que ayuda a su marido en cualquiera y en todos los proyectos de su vida.
- Hemos aprendido que el gozo del Señor es nuestra fortaleza, y que el corazón alegre es de gran utilidad para llegar a ser una piadosa ayuda idónea. Una sonrisa mantiene la mirada de nuestros maridos puesta sobre nosotras. Nuestro deseo es llegar a ser una alegre "compañera de juego" de nuestros maridos y ser coheredero con él de la gracia de la vida.
- Todas nosotras hemos decidido que no queremos llegar a ser viejas fanáticas religiosas, locas que creen estar obedeciendo a Dios mientras hacen caso omiso de su Palabra escrita. Hemos aprendido que el temor de Dios es el principio de la sabiduría, y temblamos de pensar que pudiéramos haber terminado por ser como algunas de las viejas reprobadas que conocemos, que no honran a sus maridos.
- Hemos aprendido que la sabiduría es un regalo que Dios promete a todo el que se lo pida. Mediante la sabiduría hemos descubierto que el marido de cada una está hecho a la imagen de Dios, ya sea como un *Sr. Dominante,* un *Sr. Visionario* o un *Sr. Estable,* o alguna combinación de los tres, con un tipo dominando.
- Sabemos que como ayudas idóneas, nuestra tarea es estar siempre buscando maneras de satisfacer mejor las necesidades y los deseos de nuestros maridos.

Rasgos de una Buena Ayuda Idónea

- Pide a Dios sabiduría.
- Aprende a entender y apreciar a su marido por lo que es.
- Aprende a ser flexible.

Trata con Dios en Serio

Ahora que has reflexionado más sobre tu papel como ayuda idónea, es tiempo de regresar y agregar a las cosas que podrías estar haciendo para dejar a tu marido en libertad para ser el hombre que Dios quiso que fuera.

Capítulo 11

La Naturaleza del Hombre y de la Mujer

El hombre fue creado para sojuzgar;
la mujer fue creada para ayudar.

Así Los Hizo Dios

Dios creó al hombre con una naturaleza agresiva, y luego le ordenó que ejerciera dominio sobre la tierra (Génesis 1:28). Creó al sexo masculino con una dosis adicional de testosterona, que lo estimula a querer trabajar duro, conquistar todo lo que se atraviese a su camino y someter todas las cosas. Por eso el sexo masculino está en la vanguardia de las conquistas militares, la exploración, arquitectura, ciencia, inventos, etc. Ninguna mujer saldría a domesticar un caballo salvaje, hacer una soga con su crin y su cola, y luego salir a encontrar un oso y capturarlo sólo para demostrar que puede hacerlo— riendo todo el tiempo.

Si las mujeres fueran las inventoras, harían minivans. Los hombres construyen vehículos de doble tracción y luego los modifican para que sean más altos y corran más. Incluso le ponen un malacate al frente para poder atravesar lugares que fueron hechos sólo para cocodrilos o para cabras monteses. Los hombres vuelan a la luna, escalan montañas peligrosas, pelean contra animales salvajes, se retan uno al otro en cualquier deporte, riendo divertidísimos todo el tiempo con una risa ruidosa. Les gusta jugar u observar juegos en los que se tumban unos a otros, sólo para demostrar quién es el más fuerte y el más resistente. Todo lo que hacen ha de llegar a una culminación impulsada por testosterona. ¡Y piensan que es difícil entendernos a las mujeres! La mujer puede hacer casi cualquier cosa que pueden hacer los hombres, pero siempre son los hombres quienes lo inventan, y luego, con el tiempo invitan a las mujeres a acompañarlos sólo para que sea más interesante. ¡Una vez más, testosterona! Algunas cuantas damas siempre se adelantarán a jugar a los juegos de los hombres, sólo por demostrar la capacidad del sexo femenino. Los hombres no tienen que demostrar nada. Ellos sólo necesitan expresarse. Los hombres son diferentes. Hay que reconocerlo.

> *Creó al sexo masculino con una dósis adicional de testosterona, que lo estimula a querer trabajar duro, conquistar todo lo que se atraviese a su camino y someter todas las cosas.*

Afortunadamente, los hombres y las mujeres no fueron creados iguales. Los hombres fueron creados con rasgos que ¡yo no quiero tener como parte de <u>mí</u>! Pero cuando me casé, por supuesto, fue con uno de esas extrañas criaturas masculinas con esos rasgos. Cuando las damas descubrimos en un hombre rasgos como sensibilidad, espiritualidad y comprensión, nos emociona, porque contrasta tan marcadamente con tantos otros rasgos más ásperos y visibles que tan fuertemente impulsan su naturaleza. Finalmente, con la naturaleza necesaria para sojuzgar todas las cosas, lo que más le agrada es una mujer que oponga una resistencia simbólica, para luego rendirse ante el ingenio, encanto y la fuerza de él. Él necesita conquistar de todo a todo. Es una lucha en la que siempre disfruto perder. Me gusta ser conquistada y consumida por mi marido. Así fue creada mi naturaleza.

La Mujer Fue Engañada

Cuando Adán fue creado y colocado en el huerto, Lucifer, el querubín caído, sintió celos de la posición de Adán como amo del planeta renovado. Lucifer, habiéndose convertido en el Diablo, previamente se había constituido enemigo de Dios y de su programa. No quería que Dios lograra su propósito de henchir la tierra. Desde el principio, el diablo tenía en su tenebroso corazón, seducir a Adán para que desobedeciera a su Creador. Satanás convertiría a Adán en el mismo tipo de rebelde que él mismo había sido durante tanto tiempo. Pero Satanás no se acercó a Adán. Esperó y observó.

Cuando Dios terminó con Adán, le encargó la tarea de poner nombre a todos los animales. Le ordenó al primer hombre que no comiera del árbol del conocimiento del bien y del mal, y le dijo que sojuzgara la tierra y tuviera dominio sobre el reino animal. Su principal trabajo era arreglar y cuidar el huerto (Génesis 2:15). De modo que, aún antes de que fuera creada Eva, Adán era un hombre maduro, firmemente arraigado en su relación con Dios y plenamente involucrado en su vocación en la vida.

Adán se encontraba solo al empezar a atender su vocación y obedecer el mandato de su Creador. En la tarea de cumplir con sus responsabilidades, llegó a la conciencia de una necesidad que no podía definir, aun cuando lo observaba en la conducta de

> **Dios sabía que para que el hombre sobreviviera y prosperara, necesitaría una armadura natural que lo impulsara a seguir luchando contra la adversidad mientras disfruta del reto.**

machos y hembras de las especies animales. Se sentía solo. No tenía a nadie con quien compartir sus logros y conquistas. Dios, observando a Adán, dijo: **"No es bueno que el hombre esté solo; le haré ayuda idónea para él"** (Génesis 2:18). Dios durmió a Adán y tomó una de sus costillas para hacer de ella una mujer que fuera su ayudante y que supliera sus necesidades. Satanás pudiera haber tentado a este hombre en cualquier momento, porque no tenía ningún conocimiento del bien y del mal. Pero Satanás esperó—esperó la creación del vaso más frágil. **"Porque Adán fue formado primero, después Eva; y Adán no fue engañado, sino que la mujer, siendo engañada, incurrió en transgresión"** (I Timoteo 2:13-14). Satanás sabía que el hombre no podía ser engañado, pero la mujer sí. Así que, cuando se acercó al árbol, la convenció de que su vida sería mejor si buscara un estado más elevado, "como los dioses"— consiguiendo entendimiento espiritual respecto al bien y el mal. Eva fue engañada de tres maneras:

1. Obedeció el impulso de su carne, deseando el árbol por sus propiedades alimenticias.
2. Sucumbió a la belleza del árbol, deseándolo por su hermosa apariencia. No siguió la lógica; siguió sus sensibilidades.
3. Quería entendimiento espiritual más profundo que el provisto por Dios.

La causa de la caída de Eva fue que no estuvo dispuesta a creer a Dios y a su marido.

Fue diseñada para ser ayudante de Adán, pero buscó conocimiento espiritual por sí misma y actuó en forma independiente, convirtiéndose en la causa de su caída en lugar de ser su ayuda idónea.

¿Por qué evitó Satanás a Adán para acercarse a Eva con su oferta de mayor espiritualidad? Lucifer es un ser masculino (Isaías 14:12-20). Él entiende la resistencia natural del varón. Sabe que los varones dicen "no" sólo para demostrar que ellos mandan. Pero Lucifer veía que esta hembra dulce y blanda era vulnerable. Dios la había hecho para que por su naturaleza fuera receptiva, y era confiada e inocente. Por su disposición para racionalizar, podía ser engañada—teniendo las mejores intenciones.

En mi mente, imagino al hombre creado con una fuerte armadura. Su armadura es útil espiritual y físicamente. Dios lo saturó de resistencia, dándole una naturaleza que es escéptica, desconfiada, osada y decidida. Dios sabía que para que el hombre sobreviviera y prosperara, necesitaría una armadura natural que lo impulsara a seguir luchando contra la adversidad mientras disfruta del reto. Dios sabía que Satanás era un mentiroso y experto engañador, así que creó al hombre para que dudara primero y creyera después. La objetividad del hombre y su falta de intuitividad, hacen que parezca ser menos espiritual que la mujer sensible y crédula. Como regla general, el hombre es gobernado más por su mente que la mujer, que es más gobernada por su sensibilidad.

> **La vulnerabilidad es el recurso natural más valioso de la mujer y es el punto de su mayor debilidad.**

Imagina a Dios creando deliberadamente a la mujer sin esta armadura, porque Su intención era que ella se refugie tras la armadura de su marido. Él debe ser la cubierta de ella, su escudo y su protector. Satanás sólo pudo engañarla cuando ella se apartó de Adán y confrontó la lógica de Satanás sola. Ella no contaba con la armadura para resistir sus dardos de fuego de engaño.

Dios diseñó a la mujer para que fuera sensible y vulnerable para bien de los pequeños a quienes debe criar. El alma de una madre debía ser vulnerable, con una delgada capa exterior. Debe estar presta para sentir, amar, compadecer, recibir a los quebrantados y pensar lo mejor. La vulnerabilidad es el recurso natural más valioso de la mujer y es el punto de su mayor debilidad. La mujer *puede* volverse resistente y dura, escéptica y cautelosa en sus relaciones, como es el hombre. Puede volverse desconfiada y cínica, pero de ser así, ya no sería femenina, ni atractiva para el hombre e incluso empezará a rechazarse a sí misma. Sin la protección de la cubierta de su marido, caerá en la desdicha de pelear sus propias batallas, intentando sobrevivir en el mismo plano que los hombres. Basta observar las caras y los modales de las feministas y lesbianas militantes. En su esfuerzo por despojarse de su vulnerabilidad y expresar su independencia, las feministas empiezan a manifestar rasgos y conductas completamente ajenos a su naturaleza femenina. Pierden su belleza y encanto para convertirse en una pobre imitación de un hombre.

Hermosas Soñadoras Engañadas

Las mujeres, en general, dan la apariencia de ser más espirituales que los hombres. Les gusta meterse en asuntos del alma. Hay muchas maneras de expresar espiritualidad, pero casi ninguna tiene nada que ver con el Espíritu de Jesucristo. Las damas nos inclinamos más que los hombres a confiar en nuestros sentimientos e intuición, lo cual nos expone más al engaño, así como la hermana Eva. Los sentimientos y la intuición están en constante cambio. **La Palabra de Dios es objetiva y dogmática— inalterable. Es para la religión, lo que los hechos irrefutables son para la ciencia.**

> No por ser menos sensible que la mujer, es el hombre inferior a ella, ni por ser más sujeta al engaño que su marido, es ella inferior a él— sólo diferente.

Rara vez escuchas que un hombre diga: "Dios me dijo que hiciera esto," o, "Dios me indicó que fuera allá." Los pocos hombres que yo he conocido que hablaban de esa manera no daban evidencias de ser más dirigidos por el Espíritu que otros hombres cristianos. Yo sé que cuando Dios le habla a mi marido y lo guía de manera sobrenatural, él no lo menciona en público. No siente necesidad de promoverse de esa manera, y además, considera que si realmente ha oído la voz de Dios, Dios no necesita que <u>él</u> le haga publicidad. Dios se reivindicará. Pero muchas mujeres cristianas habitualmente atribuyen casi todo evento a la dirección divina. La experiencia ha demostrado que las mujeres tienden más a invocar a Dios como su autoridad, cuando Dios no tuvo nada que ver con su "dirección." En realidad es bastante aterrador ver esta conducta vergonzosa todavía activa el día de hoy, especialmente cuando Dios tan misericordiosamente nos dio el ejemplo de María, la hermana de Moisés. Su deseo de estar a la misma altura que Moisés ha dejado su nombre en la villanía, para nuestra amonestación (I Corintios 10:6, 10) y **"para nuestra enseñanza, a fin de que por la paciencia y la consolación de las Escrituras, tengamos esperanza"** (Romanos 15:4). Dios parece ser misericordioso con nosotras, las borricas—y eso es lo que somos cuando usamos a la ligera el nombre de Dios (una forma de blasfemia) para impartir autoridad a nuestras decisiones intuitivas. **La esencia del asunto es que las mujeres "disfrutan" la espiritualidad que**

brota de ellas mismas. Es un rasgo femenino que pocos hombres comparten o entienden. Sin embargo, *sí* es posible que los hombres se dejen enredar totalmente en sus propias ambiciones personales, y en el proceso, descuidar por completo el aspecto "espiritual." La mujer tiende a ver esta "carnalidad" en el hombre y da por sentado que la mujer, con sus tendencias más "espirituales", está más cerca de Dios—una suposición que es totalmente falsa.

Casi todos los espiritistas, pasados y actuales, han sido mujeres. Las mujeres son las que leen la palma de la mano, la bola de cristal, las cartas y adivinan la suerte. Los aquelarres de brujas son encabezados por mujeres. La mayoría de los médiums (que se comunican con los muertos) son mujeres, como la adivina de Endor a la que consultó el rey Saúl respecto a Samuel después de que éste hubiera muerto. Cuando Jesús contó una parábola acerca de la corrupción del reino por doctrina falsa, **lo ilustró hablando de una mujer que introdujo la corrupción** (Mateo 13:33). En el libro de Apocalipsis es una mujer, típicamente llamada Jezabel, la que engaña a la iglesia. Se nos dice que lo hacía por medio de su *enseñanza*. Juan escribió a la iglesia de Tiatira y les advirtió que no permitieran que esa mujer Jezabel enseñara (Apocalipsis 2:20). Las mujeres han sido, directa o indirectamente, las responsables del origen de la mayoría de las sectas del Cristianismo.

> El perfil de la mujer cristiana de los "últimos días" es el de la profetisa religiosa, Jezabel.

La Biblia hace hincapié en señalar la naturaleza inherente de la mujer cuando explica la razón por la que la mujer no debe enseñar al hombre: **"Adán no fue engañado, sino que la mujer, siendo engañada, incurrió en transgresión"** (I Timoteo 2:14).

El hecho de que el hombre sea menos sensible que la mujer no significa que sea inferior a ella, como tampoco el hecho de que ella sea más susceptible que su marido de ser engañada, la hace a ella inferior a él. Sólo son naturalezas diferentes. Y si reconocen esa diferencia, las esposas deben temer a Dios y desconfiar de sus tendencias naturales. Cuando las cosas no son iguales, tienen diferentes capacidades y diferentes funciones.

Adán Sabía

Dios había instruido a Adán, y Adán había instruido a Eva. Adán había entendido claramente que la promesa de Satanás respecto a la iluminación espiritual era una mentira diabólica contra Dios. La armadura natural que

Dios le había dado a Adán le daba suficiente entendimiento para dudar del Diablo y resistir sus mentiras. Pero la armadura de Adán tenía un pequeño punto débil. **Él no era gobernado por sus sentimientos excepto en lo que concernía a su mujer. El alma de Adán estaba expuesta y vulnerable ante la mujer a quien amaba.** Él quería que ella fuera feliz, aun cuando eso significara desobedecer a Dios e ir contra su entendimiento natural de la verdad. Estaba dispuesto a dejar a un lado la razón por su mujer. La influencia de Eva sobre Adán cambió el rumbo de la historia. Debemos estar conscientes del poder que ejercemos para seducir a nuestros maridos de manera que nos sigan hacia la indiferencia frente a las palabras claras y objetivas de Dios. **Adán,** el primer hombre, **Sansón,** el hombre más fuerte, **Salomón,** el hombre más sabio, y hasta **David,** el hombre descrito como conforme al corazón de Dios, todos fueron derribados por las mujeres a quienes amaron. Cuando un hombre ama a una mujer y desea hacerla feliz, suele ceder en asuntos espirituales debido al afecto que

> ♥ ——————— ♥
> **La mujer suele ver esta "carnalidad" en el hombre y supone que la mujer, por ser más "espiritual", está más cerca de Dios—suposición completamente falsa.**
> ♥ ——————— ♥

siente por ella en su corazón. Tu marido pudiera hacer a un lado la razón y el buen juicio si lo presionas y le haces sentir tu inconformidad e insatisfacción. En el corazón del hombre, el lugar que ocupa la mujer lo conducirá a grande fortaleza o a gran debilidad, dependiendo de la mujer y del hombre. Allí es donde los hombres escalan altos niveles de gloria con su mujer, o son arrastrados a la vergüenza y la humillación por ellas. O, lo que sería peor todavía, resultan inútiles para Dios.

¿Recuerdas a la mujer loca que llevó a su familia a la ruina económica porque ella sentía que Dios la estaba guiando a cambiarse de ciudad y cambiar la ocupación de su marido? Su marido SABÍA que no funcionaría, pero no pudo sostenerse contra sus súplicas constantes y su intensidad espiritual. **Él deseaba con todo su corazón ser el hombre de Dios que ella quería que fuera, pero buscándolo, renunció a la gloria del hombre que Dios esperaba que fuera.** Luego lo fastidió para que diera como diezmo lo poco que les quedaba, con la esperanza de que eso moviera a Dios a bendecir su falta de esfuerzo con riqueza no ganada. ¡Qué necia rebeldía—todo en nombre de la espiritualidad! Al final, perdieron todo, y ella perdió la razón. Los hombres siguen permitiendo que la mujer tome el liderazgo espiritual, y las mujeres confiadamente guían, así como lo hizo Eva. Creen que están haciendo lo

> **Debemos estar conscientes del poder que ejercemos para seducir a nuestros maridos a seguirnos hacia la indiferencia frente a las palabras claras y objetivas de Dios.**

que conviene a la familia. No es un acto de codicia carnal. Es un acto religioso impulsado por la rebeldía. La mujer simplemente está engañada. Por esto Dios nos ha enseñado tan cuidadosamente a las damas que observemos y conservemos nuestros papeles como ayuda idónea. Por esto debemos implícitamente confiar en el juicio de Dios en cuanto a nuestros deberes, sin importar cómo nos "sintamos."

Dios nos dio una cuidadosa y severa advertencia en cuanto a lo que llegarían a ser las mujeres en los últimos días. La imagen profética de esta mujer, la vemos ahora plenamente desplegada. Es la Jezabel espiritual, que es el extremo contrario de la ayuda idónea, la que da el toque de defunción a la más noble institución sobre la tierra—la familia. Al leer la siguiente sección sobre la profetiza Jezabel, aprende a aborrecer todo lo que ella es para que no caigas víctima de sus malvadas prácticas de engaño.

Lo siguiente es una síntesis de un artículo publicado originalmente en el número Marzo-Abril, 2002 de nuestra revista **No Greater Joy**, *y que está disponible en su totalidad en www. nogreaterjoy.org.*

El Perfil de Jezabel

Cuando se menciona el nombre de Jezabel, la mayoría de nosotros imaginamos la cara pintada de una mujer vestida seductivamente y mirando a los ojos a un hombre que carece de prudencia. La Biblia presenta a Jezabel con una imagen diferente. Apocalipsis 2:20 dice que Jezabel **"se dice profetisa,"** y los hombres la recibieron como maestra, mostrando que era parte de la cristiandad estructurada "ministrando" a los santos. Jesucristo advirtió a la iglesia acerca de la mujer maestra, Jezabel. Toda mujer que desacata la prohibición bíblica contra mujeres maestras en la iglesia está siguiendo en la grave tradición de Jezabel.

Regresé a I Reyes para ver lo que dice la Biblia acerca de la Jezabel histórica. **Lo primero** que observé fue que *ella era más espiritual y religiosamente devota* que su marido. Ella usaba su percepción para guiarlo a él. Él era un hombre débil, así que ella asumía el liderazgo para motivarlo. La Biblia dice en I Corintios 11:3: **"Pero quiero que sepáis que Cristo es la cabeza de todo varón, y el varón es la cabeza de la mujer, y Dios la cabeza de Cristo."**

Cualesquiera que sean nuestras circunstancias, cuando las mujeres asumimos el liderazgo espiritual, nos salimos de bajo nuestra cabeza legítimamente designada.

Lo segundo que observé es que Acab era emocionalmente volátil—inestable. ¿Tu marido tiende a retraerse? ¿Es iracundo, amargado o deprimido? Cuando una mujer toma el liderazgo en el matrimonio, el hecho de que ella asuma el papel masculino debilita aún más a un hombre débil, hasta el grado de "mandarlo a la cama"—como lo hizo Jezabel con Acab.

Lo tercero y más importante que observé es que ella aprovechó la tensión emocional de él para congraciarse con él—una extraña manera de enseñorearse de su marido. Si lees el relato verás cómo Jezabel manipuló y acusó a un hombre inocente, luego lo mandó matar para que Acab pudiera conseguir su viña. Acab, en su

> La dominancia y el control siempre son características masculinas.

depresión, permaneció con el rostro hacia la pared y dejó que ella hiciera sus obras tenebrosas. En la actualidad, si una mujer está dispuesta a hacer el papel de su marido en la dirección de la familia, su marido perderá su impulso natural de cargar con responsabilidad. Volverá su rostro hacia la pared.

La cuarta cosa que saltó ante mi vista fue la facilidad con la que Acab fue manipulado por su esposa para satisfacer los propósitos de ella. Ella agitó su espíritu pasivo, provocándolo a reaccionar con ira. Jezabel lo usó para levantar imágenes y para matar a los verdaderos profetas de Dios. Con frecuencia un hombre se involucra en la iglesia local, no porque Dios lo haya llamado, sino porque está tratando de agradar a su esposa, APARENTANDO por lo menos, ser espiritual. Cuando un marido asume un papel espiritual por insistencia de su mujer o por presión emocional, se vuelve susceptible a la "dirección" de ella en ese papel. Jezabel dio pasos para ayudar a promover a sus líderes espirituales. De paso, provocó a su marido para que destruyera a aquellos que estaban en autoridad espiritual y que no le gustaban a ella. ¿Has influido en tu marido para que piense mal de los que están en autoridad por algo en ellos que no te gusta a ti?

Jezabel sabía que ella no era la legítima cabeza, así que invocó el nombre de su marido para impartir autoridad a la palabra de ella. ¿Alguna vez has dicho: "Ah, mi marido no me permite hacer eso," cuando sabías que él no tendría ningún inconveniente? Es una manera de conservar el control y detener a quienes pudieran cuestionarte. Cuando una mujer se sale de lo que es su naturaleza divinamente establecida y asume el papel dominante, muy pronto llegará a estar emocional y físicamente exhausta, y peligrosa.

Rut

En contraste, Dios muestra a la mujer ideal en relatos positivos acerca de mujeres que le honraron a Él. La historia de Rut trata acerca de una muchacha joven que había pasado por tragedias, extrema pobreza y pesado trabajo físico. Sin embargo, conservaba una actitud agradecida y sumisa. Lee el libro de Rut y observa un **hermoso ejemplo de valiente femineidad** que hizo que Booz la amara y la admirara. Toma nota de su humildad y su deferencias ante toda autoridad. Observa su disposición para trabajar y su obediencia voluntaria a la enseñanza bíblica impartida por su anciana suegra, Noemí. Y finalmente, observa la maravillosa bendición que Dios derramó sobre ella, colocándola en el linaje de su Hijo unigénito.

Ester

Ester es la historia de una muchacha judía que perdió a su familia y fue llevada por fuerza para ser esposa de un hombre divorciado, pagano y mayor. **Ella se pudo haber hecho la pregunta necia: "¿Me habré casado con el hombre correcto?"** O una pregunta aún más necia: "Como él era divorciado, ¿será realmente mi marido?" Si lo hubiera hecho, jamás hubiera existido un libro en la Biblia describiendo su valor, honor y fortaleza.

Por decreto de su marido fue puesta en peligro de perder su propia vida y la vida de todo su pueblo, los judíos. Sin embargo, conquistó sus circunstancias y su temor natural, para honrar a su marido, al tiempo que presentaba una apelación para salvar su propia vida junto con la vida de su pueblo.

> La mujer virtuosa es muy trabajadora.

Dios ha establecido sólo unas cuantas reglas sencillas para las mujeres, porque son congruentes con nuestra naturaleza femenina y la naturaleza de los hombres. Fue la sujeción de Ester a estos principios lo que conquistó el amor del rey y su aprecio por ella como su reina. Estas dos mujeres, Rut y Ester, se mostraron femeninas y encantadoras en medio de circunstancias extremas. Dios las honró con su gracia y las congració con los hombres en sus vidas.

La Mujer Virtuosa

Proverbios 31 describe a la mujer virtuosa. NO ES una mojigata sin personalidad ni expresión. **Es segura, diligente, creativa e ingeniosa.** Su primera virtud es que el corazón de su marido está a salvo con ella. Es decir, le puede confiar sus pensamientos y sentimientos, sin temer por un momento que ella pudiera usar el conocimiento confidencial que tiene de él para dañarlo de manera alguna. Un hombre guardará su distancia de su esposa, sin abrirse realmente a ella, si percibe que ella pudiera divulgar este conocimiento inadvertidamente o usarlo contra él cuando tengan roces. El hombre cuyo corazón no está a salvo con su esposa nunca le comunicará lo que piensa hacer ni cómo se siente, porque en ocasiones anteriores ella ha asumido el papel de supervisora, actuando como su conciencia y la administradora de su tiempo. Ella le recuerda lo que dijo que iba a hacer, con un aire que comunica: "Te voy a exigir que cumplas. ¿Qué te pasa? ¿Eres un perezoso?" Él encuentra más paz en guardarse sus pensamientos. Esposas, nunca aprovechen el conocimiento especial que tienen acerca de su marido para sacar ventaja.

> Una mujer virtuosa es ingeniosa.

Si este pasaje de Proverbios se hubiera escrito desde la perspectiva moderna, la hubiera elogiado a ella por tener un "tiempo devocional" y ser una "mujer de oración", maestra o consejera. En todos los perfiles bíblicos de una mujer piadosa, incluyendo Proverbios 31, jamás se mencionan conceptos semejantes. En nuestra cultura hemos perdido el concepto claro de lo que constituye una mujer virtuosa. Hemos aceptado la idea moderna de la mujer "espiritual" que circula en la esfera del poder religioso, y hemos olvidado que Dios no las ve desde esta misma perspectiva "gloriosa." Lo que nosotros percibimos como espiritual, Dios lo denomina "Jezabel."

"Porque mis pensamientos no son vuestros pensamientos, ni vuestros caminos mis caminos, dijo Jehová" (Isaías 55:8).

La mujer que trabaja al lado de su marido es una fortaleza espiritual para ambos. La mujer que provee sexo agradable y compañía divertida está proporcionando a su esposo un beneficio espiritual. La mujer que prepara alimentos saludables y poda el pasto para que él se pueda ir a pescar el sábado es una mujer espiritual, porque lo está colocando a él por encima de ella misma. No hay mayor amor que el de poner a otro en primer lugar.

La dominancia y el control siempre serán características masculinas. Es importante que una mujer entienda que ella debe ser femenina (desprovista de dominancia o control) para que su marido la vea como su contraparte correspondiente, y así responda a ella espontáneamente con protección, amor y gentileza.

La mujer que critica a su marido por ver demasiada televisión, jugar demasiado golf, o consentirse con cualquier actividad frívola está expresando deshonra. Cuando la relación está adecuadamente equilibrada, la esposa puede apelar en el momento oportuno y de la manera correcta, sin que tenga que ser un reto contra la autoridad de él. En su debido tiempo hablaremos de cómo presentar una apelación. Pero no dudes por un momento que cuando una mujer constantemente trata de hacer su propia voluntad, oponiéndose a la de su marido, mostrándole que él está equivocado, está usurpando autoridad sobre él, enseñoreándose de él, deshonrándolo. La mujer que persiste en esta conducta blasfema la Palabra de Dios y puede contar con la justa "retribución" de Dios.

Digo de nuevo: cuando la mujer actúa al margen de lo que es su naturaleza y asume el papel dominante, muy pronto estará físicamente y emocionalmente exhausta.

Un hombre no puede sentir aprecio por una mujer fuerte que expresa su desaprobación de él. ¿Piensas que *él* debe exhibir el amor de Cristo a pesar de la conducta de *ella*? ¿Eso es lo que quieres? ¿Es lo que Cristo quiere? **¿Quieres que tu marido se vea obligado a recurrir a una fuerza sobrenatural sólo para encontrar la manera de amarte?** ¿Quieres ser una más de sus pruebas—su máximo ejemplo de conquista de la adversidad? El hogar no debe ser un campo de batalla espiritual; debe ser un lugar donde el hombre se relaja y puede ser vulnerable frente a la mujer que quiere. El hombre siempre deseará recobrar aquellos tiempos cuando el amor era deleitoso y libre, sin exigencias, como cuando ella le sonreía con aquella expresión dulce de niña que comunica: "Me pareces admirable." En aquel tiempo ella era tan femenina, tan mujer. Él deseaba tomarla en sus brazos sólo porque era un encantador manojito de gozo. Haría lo que fuera por ella.

TIEMPO DE REFLEXIONAR

Dios puso al hombre en el lugar de CABEZA de la familia, no porque fuera más sabio o más capaz, sino porque esto es parte del diseño eterno de Dios.

Cuando otros piensan en tu familia, ¿ven a tu marido como el jugador principal, o piensan en ti como la protagonista? ¿Se referirían a tu familia como "la familia de Katy" o como "la familia de Juan"? ¿Has usurpado la posición de cabeza?

El primer mandamiento que Dios le dio a la mujer fue: **"Tu deseo será para tu marido, y él se enseñoreará de ti"** (Génesis 3:16). ¿Tu deseo es para tu marido? ¿Vives para agradarle a él? ¿O esperas que él cumpla con tus convicciones y caprichos? ¿Pasas tus días en airada frustración debido a que él no está dispuesto a cambiar para adaptarse a tus especificaciones? Si es así, has llegado a ser una Jezabel.

Contrastes de Perfiles Bíblicos

Perfil de Jezabel Virtuosa

1. Profetisa
2. Maestra
3. Compadecida
4. Religiosa
5. Controladora

Perfil de la Mujer

1. Ayuda Idónea
2. Silenciosa
3. Alentadora
4. Trabajadora prudente
5. Sumisa

Capítulo 12

Por Nombramiento Divino

El único lugar en el que encontrarás
verdadera realización como mujer es como
ayuda idónea de tu marido.

"**P**ero quiero que sepáis que Cristo es la cabeza de todo varón,
y <u>el varón es la cabeza de la mujer</u>, y Dios la cabeza de Cristo"
(I Corintios 11:3).

"<u>Porque el marido es cabeza de la mujer</u>, así como Cristo es cabeza de
la iglesia, la cual es su cuerpo, y él es su Salvador" (Efesios 5:23).

Tu marido, por muy inútil que "parezca", ha sido designado por Dios
para que sea tu "oficial superior" inmediato en la cadena de mando. Tu
posición debajo de él es donde Dios te ha puesto por tu propia seguridad
espiritual, emocional y física. Es el único lugar en el que encontrarás
verdadera realización como mujer. No te preocupes por la calidad de su
liderazgo, porque él a su vez está bajo la supervisión de Jesucristo. Él tiene que
dar cuentas a Dios de su manera de dirigir a sus "tropas." Tú tienes que dar
cuentas a Dios por tu manera de obedecer al que Él puso sobre ti. Se requiere
fe en Dios para confiar en él cuando lo único que tú alcanzas a ver es un
hombre carnal que te guía —"sólo Dios sabe a dónde."

En todo este asunto de someterte a tu autoridad, recuerda esto: **Dios está
enfocando nuestra atención sobre el modelo celestial.** El énfasis no es sobre
la sujeción de la mujer al hombre, sino más bien en que la mujer manifieste,
aquí sobre la tierra, el patrón celestial del Hijo que se somete al Padre.

Objetarás: "¡Pero él no es salvo!" La Palabra de Dios sigue siendo la máxima autoridad. Tu marido es tu caballero en la armadura protectora de Dios. Aun cuando su armadura parezca un poco oxidada y sin brillo, no deja de ser la armadura de Dios, tu cubierta segura en todo.

Dios nos dice que nosotras debemos ser **ayudas idóneas**: Debemos someternos, obedecer y aun reverenciar a nuestros maridos. También nos dice POR QUÉ se nos asigna el papel de ayudante.

1. Vinimos *de* la costilla del hombre, y fuimos creadas *para* él. Somos parte de él.

   "Porque el varón no debe cubrirse la cabeza, pues él es imagen y gloria de Dios; pero <u>la mujer es gloria del varón</u>. Porque el varón no procede de la mujer, sino la mujer del varón, y tampoco el varón fue creado por causa de la mujer, sino <u>la mujer por causa del varón</u>" (I Corintios 11:7-9).

2. Nuestra posición en relación con la de nuestros maridos es una imagen del Gran Misterio, que es Cristo y la Iglesia. Nosotros como cuerpo de Cristo, somos *para* Él, nuestra Cabeza viviente. ¡No podía ser de otra manera!

   "Pero quiero que sepáis que Cristo es la cabeza de todo varón, y el varón es la cabeza de la mujer, y Dios la cabeza de Cristo" (I Corintios 11:3).

   "Grande es este misterio; mas yo digo esto respecto de Cristo y de la iglesia. Por lo demás, cada uno de vosotros ame también a su mujer como a sí mismo; y <u>la mujer respete a su marido</u>" (Efesios 5:32-33).

Dios nos dice POR QUÉ el marido es el que ha de gobernar el hogar. Dios explica por qué nunca es su voluntad que la mujer gobierne.

1. La caída en el pecado se debió a la inherente vulnerabilidad de la mujer.

   "Porque Adán fue formado primero, después Eva; y Adán no fue engañado, sino que la mujer, siendo engañada, incurrió en transgresión" (I Timoteo 2:13-14).

   "Porque el varón…es imagen y gloria de Dios; <u>pero la mujer es gloria del varón</u>" (I Corintios 11:7).

2. En la caída se pronunciaron maldiciones sobre los culpables.

   "A la mujer dijo: Multiplicaré en gran manera los dolores en tus preñeces; con dolor darás a luz los hijos; y tu deseo será para tu marido, <u>y él se enseñoreará de ti</u>" (Génesis 3:16).

   El diseño de Dios, **antes de la caída,** era que el deseo de la mujer fuera para su marido y que él la gobernara. Esta relación no era un castigo, pero después de la caída se convertiría en una fuente de sufrimiento para la mujer. Dios creó a la mujer para que fuera ayudante para el hombre—un hombre perfecto. Ahora que ella lo ha conducido al pecado, sigue siendo su ayuda, sus deseos siguen concentrados sobre él y sus metas, y él seguirá enseñoreándose de ella como antes—**pero ahora él es pecaminoso, egoísta y carnal.**

Limitantes Establecidas por Dios

Dios expresa un mandato claro y firme cuando nos dice: **"Porque no permito a la mujer enseñar, ni ejercer dominio <u>sobre el hombre</u>,** [eso incluye a tu pastor] **sino estar en silencio"** (I Timoteo 2:12).

Les recuerdo el argumento presentado en la carta que leímos en el capítulo 5.

He sido profundamente bendecida por mujeres que hablan desde el púlpito. No entiendo cómo podría Dios moverse tan profundamente por medio de mujeres que no estuvieran en conformidad con su voluntad.

La presuposición del argumento de esta mujer es que la única razón por la que Dios le prohibiría a la mujer que predicara es porque no lo hacen muy bien. Ella ha sido bendecida por mujeres predicadoras; por tanto, según el razonamiento de ella, las palabras de la Biblia no pueden ser palabras de Dios, o posiblemente la Biblia no es aplicable a nosotros hoy o posiblemente no esté traducida correctamente. Lo que ella no entiende es que se debe precisamente a que las mujeres *sí pueden* ser muy efectivas como predicadoras en público, que Dios ordena que no lo hagan. No es asunto de estar calificada para hacerlo; es asunto de contar con autorización. Dios ha establecido un orden para el hogar, una cadena de mando que concuerda con la naturaleza misma del hombre y de la mujer. Es un orden que procede directamente del trono Celestial, el que resulta más sano y mejor para la crianza de los hijos y para las buenas relaciones matrimoniales. Colocar a la mujer en la posición de ser conducto de bendición espiritual es colocarla en una posición no muy apropiada para la naturaleza de su ser. Si ella es efectiva como *sustituto* para el liderazgo ineficaz de su marido, ¡por eso mismo será tanto más incorrecto que lo haga! Porque entonces estará "usurpando autoridad sobre el hombre"—usurpando gloria…usurpando honra…usurpando control…usurpando liderazgo. Es decir, estaría haciendo lo que el hombre debe estar haciendo, consiguiendo así el reconocimiento que el hombre debe recibir. Es una inversión del diseño de Dios para el varón y la hembra.

"Vuestras mujeres callen en las congregaciones; [Pablo presenta como mandato para el Nuevo Testamento] **porque no les es permitido hablar, sino**

> "La vergüenza es la incómoda reflexión de la mente sobre un hecho indecente cometido." ¿Qué será más indecente que el que una mujer abandone su grado?

que estén sujetas, como también la ley lo dice" (I Corintios 14:34).

Pablo prevé que algunos dirán que sus instrucciones respecto a las mujeres se limitan a una cultura específica y que no son universalmente aplicables. Señala que este mandamiento no tiene nada de nuevo ni de singular, porque la ley de los judíos establecía esta distinción desde hacía siglos.

Dios ocupó espacio valioso en su Santa Palabra para tratar de ayudarnos a entender este punto de extrema importancia, respecto al cual hemos sido tan istemente engañados. El cristianismo moderno ha encaminado a la mujer hacia una perversión de su naturaleza, permitiendo, e incluso fomentando el ejercicio de autoridad sobre el hombre. El fruto de esta doctrina falsa se hace evidente en las mujeres infelices y los hombres insatisfechos de las últimas generaciones. Es un vergonzoso asunto de estadísticas el hecho de que el hogar cristiano fundamentalista no es tan permanente como el de la población general.

"Y si quieren aprender algo, pregunten en casa a sus maridos; porque es indecoroso que una mujer hable en la congregación" (I Corintios 14:35).

Vergüenza—vergüenza—vergüenza—Sí, es una vergüenza. El *Comentario Bíblico de Matthew Henry* dice: "La vergüenza es la incómoda reflexión de la mente sobre un hecho indecente cometido." ¿Qué será más indecente que el que una mujer abandone su grado?

¿Qué Hay Con Débora?

Lo que la Biblia dice es muy claro, aun cuando éste, y otros pasajes parecidos, relativos a la posición de la mujer en la cadena de autoridad, hayan sido descartados por los eruditos *Escribas, Fariseos e hipócritas* de hoy.

Muchas veces he escuchado o leído la objeción: "Pero, ¿qué de Débora, que fue juez en Israel?" Si leyeras el relato, sabrías que la Escritura recalca el hecho de que los hombres fueron avergonzados por haber permitido que una mujer ocupara el lugar de prominencia. No hay duda de que Débora realizó la tarea muy bien, que salvó a Israel, que Dios la usó; ése es precisamente el asunto. Cuando los hombres permitieron que una mujer hiciera el papel de ellos y lo desempeñara exitosamente, trajo vergüenza sobre la nación de Israel. Débora estaba consciente de esto, y advirtió a los hombres sobre las consecuencias. Pero si construimos una doctrina sobre este relato mientras hacemos caso omiso de la mayoría de los pasajes doctrinales sobre el liderazgo de la mujer, es una necedad tan grande como la de permitir que Débora dirigiera los ejércitos de Israel en lugar de que lo hiciera un hombre.

El argumento que suele ofrecerse para ignorar la Palabra de Dios respecto a nuestro papel como mujeres es que "nosotras podemos hacerlo tan bien como los hombres, quizá aún mejor." La regla divina de que la mujer no asuma liderazgo no es una declaración acerca de nuestra inferioridad o que seamos menos capaces que los hombres. **Es una declaración de Dios** en el sentido de que no está dentro de nuestra esfera de autoridad y naturaleza asumir liderazgo sobre los hombres, enseñarles u ocupar un lugar prominente entre ellos. Sí, somos capaces de enseñar, y de enseñar bien. Yo te estoy enseñando a ti, pero este libro no está dirigido a los hombres. Lo escribe una mujer "anciana" para enseñar a las jóvenes a obedecer a Dios y a sus maridos— precisamente lo que Dios ordenó que yo hiciera (Tito 2:3-4).

¿Qué Hay Con Priscila y Aquila?

Los que contradicen también señalan el ministerio de Priscila y Aquila, como si la inclusión de la mujer junto con su marido de alguna manera anulara los cien o más versículos doctrinales que enseñan acerca del papel de la mujer como ayuda de su marido. Al contrario, aunque se mencionan cinco veces en la Biblia, Priscila jamás se menciona sola. Siempre está con su marido, como yo con el mío. Cuando mi marido va a hablar en un seminario sobre asuntos de la familia y la crianza de los hijos, suelen anunciarnos como "Michael y Debi Pearl." Él pasa al frente y da la enseñanza mientras yo me quedo entre el público y lo apoyo. En ocasiones él me pide que conteste públicamente alguna pregunta acerca de la disciplina de los hijos o la educación en el hogar, pero nunca enseño doctrina públicamente a nadie, ni a mujeres ni a hombres. Aconsejo a las mujeres y aseguro que mi esposo descanse bastante, coma bien y recuerde dónde está y qué es lo que tiene que hacer después. Frecuentemente me pide mi opinión sobre asuntos y yo le ayudo a formular ideas mientras comentamos puntos de interés para el seminario. **Mi papel es de apoyo,** como estoy segura lo era el de Priscila.

Matrimonio Hecho en el Cielo

Así que, ¿la mujer es ciudadana de segunda categoría en el reino? ¿Debe ser una sirvienta callada, intimidada del género masculino? ¡Definitivamente que no! Lo que enseña la Biblia no devuelve a la mujer a la Edad de Piedra, ni nos convertirá en mujeres al estilo musulmán, permanentemente cubiertas con burkas negras, sudorosas. Si me conocieras (y para cuando termines este libro, me conocerás), sabrías que lo que menos soy es una esposa tímida, cohibida. Pero sé lo que Dios enseña acerca de la mujer, y sé que para que seas feliz—realmente feliz—como yo he sido feliz, es *indispensable* que sigas y permanezcas en el papel que Dios diseñó para la mujer.

Clave **Dios ha hablado francamente acerca del por qué nos hizo como somos y cuál ha de ser nuestro papel.**

Sin embargo, supuestos maestros de Biblia en la actualidad atacan lo que Dios ha dicho, haciendo que la esposa joven que lee estos pasajes bíblicos sienta que lo que Dios le ha dicho es un insulto. Yo también soy mujer. He pasado mi vida aconsejando a mujeres. Después de casi 35 años como esposa, aconsejando a las damas, leyendo miles y miles de cartas y acumulando mis propias experiencias en la vida, he llegado a la conclusión de que lo que la Biblia dice sobre este tema es verdad firme y sólida, ¡y funciona! También he visto los resultados tristes de las enseñanzas que rechazan la verdad sencilla de las Escrituras.

Se puede decir que mis conclusiones son científicamente acertadas. **Es decir, las "evidencias" que conducen a mi conclusión se pueden reproducir: Cualquiera puede ponerlas a prueba, obteniendo los mismos resultados. El Creador sabe mejor, y lo que *Él* ordena sí funciona. Él espera que tomemos su Palabra literalmente.** Y cuando cualquier mujer hace lo que yo he hecho, ¡las bendiciones son increíbles! He recibido miles de cartas de mujeres que se han hecho partícipes del maravilloso y bendito plan de Dios, sólo con creer y obedecer su Palabra respecto a nuestro lugar como mujeres. He visto lesbianas que han sido libradas y convertidas en esposas aptas para el reino. He visto rameras destruidas, drogadictas y mujeres rebeldes instruidas en la iglesia, que han llegado a ser mujeres que honran a sus maridos y se convierten en buenas ayudas idóneas. He visto matrimonios hechos en el infierno y luego recreados en el cielo. ¿CONOCES tú siquiera a una pareja que profesa tener un matrimonio divino? Yo sé que los ángeles en el cielo se quedan asombrados de cuánto puede un hombre amar a una mujer, cómo puede romper en llanto al pensar en lo precioso que es ella para él. La razón por la que la ama tanto es porque ella ES preciosa. Se ha ganado su absoluta adoración y amor. Ella es lo que Dios pide de una mujer, y el resultado final es un hombre que la quiere a ella más allá de todo lo que este mundo pueda entender.

Cuando alguien te diga que el griego no dice *sométase*, *obedezca* o *silencio*, sólo pregúntale a esa persona: "¿Cómo anda tu matrimonio? ¿Dirías que es glorioso? ¿Usará Dios tu matrimonio como ejemplo en el cielo de lo que Él quiere que sea Cristo y la iglesia?" Los que cambian la Palabra de Dios respecto a que la mujer sea ayuda idónea, lo hacen porque no conocen la maravilla de un matrimonio hecho en el cielo. Yo sí.

Si tú quieres lo que yo y miles de mujeres tenemos, entonces debes *seguir el plan tal como Dios lo escribió en la Biblia.*

Tiempo de Reflexionar

Dios estableció una cadena de mando, primero en el cielo, y de nuevo, aquí en la tierra. Cuando no honras ese mando, deshonras a Dios, y si no te arrepientes, puedes estar segura de cosechar las consecuencias.

"Pero quiero que sepáis que Cristo es la cabeza de todo varón, y <u>el varón es la cabeza de la mujer,</u> y Dios la cabeza de Cristo" (I Corintios 11:3). No dudes de la cadena de mando de Dios, ni intentes romper ninguno de sus eslabones.

Desarrolla un nuevo hábito

Empieza a pensar y actuar como si tu marido fuera la cabeza de la empresa y tú fueras su secretaria. Busca maneras de ayudarle en su cargo administrativo.

Rasgos de una Buena Ayuda Idónea

- Teme a Dios.
- Cree la Palabra de Dios *tal como está escrita.*
- Considera que su posición como ayuda idónea es una disposición privilegiada.

Trata con Dios en Serio

Haz una lista para cada día de la semana.

Lunes: Escribe tres cosas nuevas que agregarás a tu vida que te hagan más preciosa para tu marido.

Martes: Enumera tres cosas que puedes hacer que le ayudarán a él.

Miércoles: Anota tres cosas que puedas hacer para alentarle.

Jueves: Enumera tres cosas que puedes cambiar en tu apariencia, que es seguro que le gustarán.

Viernes: Enumera tres cosas que le puedes hacer a tu casa que le gustará.

Sábado: Anota tres cosas que puedes hacer (por ejemplo, tiempo íntimo juntos) que le harán sentir que él es EL HOMBRE.

Domingo: Planea tres maneras en que puedes responder a él frente a otros, que mostrará un corazón de respeto y honra para con él.

Capítulo 13

El Gran Misterio

La mujer sabia entiende que la necesidad de su marido de recibir honra no se basa en su desempeño, sino en su naturaleza y su posición asignada por Dios. Ella aprende rápidamente a ceder con entusiasmo a sus ideas o planes. Busca maneras de reverenciarlo. Sabe que esta es la voluntad de Dios para su vida.

"**G**rande es este misterio; mas yo digo esto respecto de Cristo y de la iglesia. Por lo demás, cada uno de vosotros ame también a su mujer como a sí mismo; y la <u>mujer respete a su marido</u>**"** (Efesios 5:32-33). Existen **doce misterios** en la Palabra de Dios, pero únicamente la séptima se describe como el **gran** misterio. Un diccionario define misterio como: *"algo oculto para el entendimiento humano y apto para inspirar asombro; especialmente algo incomprensible por estar encima de la inteligencia humana. Un enigma; todo lo que por arte se hace difícil."*

Jesucristo desea nuestra amistad. Él desea comunión, desea tener comunicación con nosotros. Desea que encontremos deleite en Él, en todas las experiencias y circunstancias de la vida. Quiere pasar tiempo con nosotros. Desea una relación de amor mutuo. Busca una ayuda idónea, alguien que disfrute con Él su obra de Creación y participe en administrarlo. Él es el esposo, y la iglesia es su esposa. Este es el gran misterio. **Él busca crear en mí y en mi relación con mi marido, un modelo funcional a escala, de su relación con la iglesia por toda la eternidad.**

Por asombroso que parezca, el matrimonio entre un hombre y una mujer fue lo que Dios escogió como el mejor ejemplo de la relación de Cristo con su esposa, la iglesia. Tú eres parte de la eternidad cuando te sometes a tu marido. La sumisión, reverencia y honra son virtudes que Dios busca establecer en la esposa de su Hijo. Tu matrimonio con tu marido te está preparando para tu matrimonio con Cristo. Quizá digas, "Pero sería fácil estar casada con Cristo." Entonces no conoces tu Biblia. ¿Qué te parecería si tu marido te pidiera que ofrecieras a tu hijo sobre un altar como sacrificio a Dios? Eso fue lo que Dios le pidió a Abraham. ¿Qué te parecería si tu marido te ejecutara por mentir? Eso fue lo que Dios hizo con Safira.

> **Mi vida ha sido moldeada por la conciencia de que mi papel como esposa tipifica la relación de la iglesia con Cristo.**

Si una mujer usurpa la autoridad del marido, afrenta a Dios Todopoderoso, como si fuera traición en el campamento. Sería como si un hombre tomara autoridad sobre Cristo, o como si la iglesia se volviera celosa del liderazgo de Jesucristo y arrebatara la autoridad para sí misma. Sería como hacer lo mismo que hizo Lucifer cuando dijo en Isaías 14:13-14, "**Subiré al cielo; en lo alto, junto a las estrellas de Dios, levantaré mi trono, y en el monte del testimonio me sentaré, a los lados del norte; sobre las alturas de las nubes subiré, y seré semejante al Altísimo.**" Lucifer, como Eva, no estaba satisfecho con el lugar que ocupaba en el programa eterno de Dios. Intentó brincarse niveles y ascender más alto en la cadena de mando. Dios lo derribó, como lo hará con hombres y mujeres que intentan vivir fuera de la posición para la cual fueron creados.

Mi vida ha sido moldeada por la conciencia de que mi papel como esposa tipifica la relación de la iglesia con Cristo. Al reverenciar a mi marido, estoy creando una imagen de la manera en que nosotros, la iglesia, debemos reverenciar a Cristo. Te has preguntado por qué nos pediría Dios que hagamos tal cosa (reverenciar a nuestros maridos). Ahora lo sabes.

"<u>Grande es este misterio</u>; **mas yo digo esto respecto de Cristo y de la iglesia...y la mujer respete a su marido**" (Efesios 5:32). **Reverenciar: respetar, venerar, honrar, acatar. Temor combinado con respeto y estima.**

1. **Obediencia** es hacer lo que sabes que la otra persona desea que hagas.
2. **Sumisión** es la entrega de tu corazón a la voluntad de la otra persona.
3. **Reverenciar** es más que hacer lo que el hombre espera o exige. Es un acto de la voluntad de la mujer de tratarlo con un alto grado de estima y admiración.

Obediencia, sumisión y reverencia son todos actos de la voluntad y no se basan en sentimientos. Mostrar deferencia para con el marido es un acto de reverencia por el Dios que te colocó en ese papel.

Reina del Día

Aquí está una carta de una mujer que humanamente tiene todas las razones del mundo para dejar a su marido. En lugar de hacerlo, hace un esfuerzo especial por mostrarle reverencia. Está mostrando deferencia por él como Papá Número Uno. Por la experiencia de años y años de consejera, les puedo decir que si alguna vez una mujer ha podido ganar el corazón de un hombre, ésta lo hará. Ella es mi Reina del Día.

Estimados Pearl,

Yo no tengo una pregunta; ¡sólo un buen informe! Gracias por decir la verdad, porque me ha hecho libre. Estoy convencida de que Dios es el autor y consumador de la fe de mi marido. Poco después de que nos casamos, mi marido empezó a visitar cabarets y prostitutas. Esto lo sé porque cuando se sentía demasiado culpable, me lo confesaba. Durante un tiempo, lo que más quería era divorciarme. No me imaginaba cómo pudiera tolerarlo más, y todos estaban de acuerdo conmigo excepto una pareja. La esposa habló conmigo el domingo por la mañana acerca del amor de Dios y esa misma mañana mi pastor enseñó sobre el amor. Dios puso en mí un amor por mi marido y estoy confiada en que estoy en la perfecta voluntad de Dios, quedándome con él.

Es un buen padre y proveedor y me apoya en la instrucción de los hijos. Ha madurado tanto. Espera hasta que nuestro hijo está en la cama antes de ver televisión. Por todo esto estoy agradecida.

Inicialmente yo lloraba y expresaba mi desilusión con él. "¿Cómo puedo confiar en ti? ¿Cómo sé qué es lo que estás haciendo?" No quería que mi hijo me viera así todo el tiempo, y sé que mi esposo pasa por muchas presiones en el trabajo. Mis quejas y cara amarga no harían muy agradable regresar a casa conmigo. Sólo quería amarlo. Él ya sabe que yo quisiera que pasara más tiempo en la casa, y no era necesario que viera mi diaria desilusión.

¡Nuestro hijo está convencido de que su padre tiene los músculos más grandes en el mundo! Hacemos cosas que hagan a mi marido sentirse amado. Grapamos dos hojas enormes de cartoncillo y escribimos: Papá No. Uno y lo llevamos a su trabajo. Esperamos en el auto hasta que saliera al estacionamiento, luego lo sostuvimos en alto para que él y todos los demás pudieran ver lo que pensamos de él. Cuando conseguimos un nuevo teléfono y yo estaba registrando números en la memoria, mi hijo dijo: "El número de Papá es el primero, porque él es el Papá No. Uno." Mi hijo no intentaba ser simpático; realmente piensa eso; de todos los hombres que conoce, su papá es número uno.

Por favor no dejen de orar por nosotros. Algunos días sigo teniendo luchas y me dan ganas de ahorcarlo, pero sí creo que Dios es capaz de ayudarme.

Amándolo,

Judy

Tengo que confesar que al capturar la carta de Judy para mi libro, lloré. Judy ha vuelto su corazón hacia Dios, pues sólo Dios pudo haber hecho tal obra de gracia en una mujer. Está reverenciando a un hombre que no lo merece, y con esto está reverenciando a Dios.

¿Ya entiendes el concepto? **Está reverenciando a Dios con reverenciar a su marido, no porque su marido sea un digno representante de Cristo, ni porque sea un sustituto digno, sino porque Dios la colocó en sujeción a su marido.** Y, cuando se vuelve humanamente ridículo obedecer a ese pésimo hombre, y cuando él le da todas las razones del mundo para no respetarlo, queda sólo un factor controlador—Dios. Esta mujer está obedeciendo y reverenciando a Dios, y a nadie más. Ese marido repulsivo es el afortunado receptor de honra que se le da a Dios. **La fe de ella mira más allá del hombre pecador para ver al Dios que nos creó a todos y que "de tal manera amó al mundo que ha dado a su Hijo Unigénito..."** (Juan 3:16).

> Dios confió al hombre y a su esposa la oportunidad, como matrimonio, de ser una imagen viviente de este gran misterio.

> **Un buen matrimonio es bueno porque uno o ambos han aprendido a pasar por alto las faltas del otro, amar al otro como es y no tratar de cambiarlo ni conducirlo al arrepentimiento.**

Si su fidelidad nunca fuera recompensada con la transformación del nuevo nacimiento en su marido, su compromiso no habrá sido desperdiciado, porque la gracia que Dios está produciendo en el corazón de ella la está **preparando de manera óptima para ser esposa de Cristo.** Es una obra eterna que se realiza en su alma. Su obediencia a Dios y su disposición para caminar más de la segunda milla, evita que el pecado de su marido dañe a su hijo. Ella ha cubierto una multitud de pecados con su amor y su perdón. (I Pedro 4:8).

"Porque el marido incrédulo es santificado en la mujer, y la mujer incrédula en el marido; pues de otra manera vuestros hijos serían inmundos, mientras que ahora son santos" (I Corintios 7:14).

Tócalo de Nuevo, Susana

En nuestras propias fuerzas las mujeres tendemos a pensar como los viejos discos LP rayados. Tomamos las faltas de nuestros maridos y las repetimos en nuestra mente vez tras vez: "es insensible…es insensible… es insensible…es insensible…" Nos agitamos por las más pequeñas ofensas hasta que nuestra molestia se convierte en amargura. A él se le olvida dar de comer al perro durante tres días seguidos. Nosotras vemos el plato vacío del perro y le atribuimos a él toda clase de motivaciones malvadas. Él nos deja esperando en el auto diez minutos, y nosotras nos convencemos de que su falta de consideración no es más que la punta del frío iceberg de su corazón. Como somos damas "cristianas", y nos están observando los niños, no armamos un escándalo; sólo le damos el tratamiento del helado silencio. Él ha de saber cuánto nos lastima, y la mejor manera de vengarse es lastimarlo a él privándolo de lo que más desea—respeto, honor y amor. Sabemos que esto hará que ponga atención, y tarde o temprano tendrá que humillarse y preguntar cuál es el problema. Para entonces nuestro rostro triste debe haberlo ablandado para un buen arrepentimiento. Y, ¡cómo haremos que lamente lo que ha hecho! Pero estamos seguras de que intentará compensar por el cumpleaños que olvidó, comprando esa clase de dulce que le dijimos que aborrecemos, y luego lo aborreceremos más aún, por no recordar que aborrecemos esa clase de dulce. Práctica. Siempre estamos practicando esos pensamientos.

¿Recuerdan esos 40,000 pensamientos al día? De la abundancia del corazón habla la boca. ¿Cuántos pensamientos negativos tienes en sólo tres o cuatro horas? Es tu *deber* delante de Dios pensar de manera diferente. Dios te dice cómo debes pensar. Cuando los sentimientos no nos dejan en libertad para pensar en lo que debemos, nuestra voluntad puede ordenar a nuestros músculos que realicen acciones, y los pensamientos vendrán después. **"Encomienda a Jehová tus obras, y <u>tus pensamientos</u> serán afirmados"** (Proverbios 16:3). ¿Recuerdas el pasaje en II Corintios 10:5? **"Derribando argumentos y toda altivez que se levanta contra el conocimiento de Dios, y llevando cautivo todo pensamiento a la obediencia a Cristo."**

En la multitud de cartas que recibo de mujeres que describen las muchas ofensas de sus maridos, 90% de las ofensas no son más que la reacción imaginativa de la esposa ante algo que fácilmente se hubiera podido pasar por alto. La diferencia entre un matrimonio bueno y uno pésimo no radica en buenos maridos y buenas esposas en contraste con malos maridos y malas esposas, porque todo matrimonio está compuesto por dos pecadores con muchas faltas. *Un buen matrimonio es bueno porque uno o ambos han aprendido a pasar por alto las faltas del otro, amar al otro como es y no tratar de cambiarlo ni conducirlo al arrepentimiento.* Un matrimonio malo no es aquel que contiene más faltas entre los dos. Es un matrimonio en el que uno o ambos se molestan por asuntos que un buen matrimonio pasan por alto y cubren con amor y perdón. Cuando una mujer se mete en la cabeza que tiene que cambiar a su marido antes de permitirle reposar en la seguridad de su honra y respeto, jamás verá un buen matrimonio, ni de lejos, excepto cuando se despida del suyo propio.

Eva Tiene Muchas Hermanas

Mientras los hombres luchan con imaginaciones carnales, nosotras la mujeres nos entregamos a imaginaciones emocionales y creamos un mundo de dolor para nosotras mismas y los que nos rodean. Satanás ataca al hombre directamente, ofreciéndole placer, poder o fama, así como lo hizo con Jesucristo durante su experiencia con la tentación en el desierto. Pero Satanás nos ataca a nosotras, las damas, como lo hizo con Eva—con sutileza. El Tentador le hizo a Eva una pregunta diseñada para despertar en su imaginación la suposición de que Dios no tenía la mejor de las intenciones para ella.

"Pero la serpiente era astuta, más que todos los animales del campo que Jehová Dios había hecho; la cual dijo a la mujer: ¿Conque Dios os ha dicho: No comáis de todo árbol del huerto?" (Génesis 3:1). Satanás estaba provocando a Eva a dudar de las motivaciones de Dios. Luego prosiguió a insinuar que Dios la estaba privando de algo: **"Sino que sabe Dios que el día que comáis de él, serán abiertos vuestros ojos, y seréis como Dios, sabiendo el bien y el mal"** (Génesis 3:5). Eva fue engañada por sus imaginaciones desbocadas. La raíz de su pecado fue dudar de la buena voluntad de Dios para con ella. En la actualidad, Eva tiene muchas hermanas. Seguimos dudando del que está en autoridad sobre nosotras e imaginamos que no tiene buenas intenciones para nosotras. Como Eva, imaginamos que podemos desobedecer la autoridad de la Palabra de Dios y de la palabra de nuestros maridos porque "imaginamos" que tenemos un propósito más elevado—ser más espirituales.

Hemos caído en la trampa de creer que nuestros maridos han cometido ofensas contra nosotras, pensando todo el tiempo que nosotras somos más espirituales por la percepción que tenemos. Todas estamos de acuerdo en que cualquier hombre que vive soñando lascivamente es un hombre impío. Y yo les digo a ustedes, lectoras, que cualquier mujer que vive tensa, esperando ser ofendida y viendo malas intenciones por todas partes, esa mujer está viviendo en vanas imaginaciones y es una mujer impía. Es tiempo de que te coloques bajo la autoridad establecida por Dios. Créele a Dios, piensa lo mejor de tu marido, tus vecinos, tu iglesia, tu familia, etc., y disfruta las bendiciones y el gozo de la vida y del matrimonio.

Judy, nuestra Reina del Día, ha dejado de ser un disco rayado y ha tocado en su mente las cosas por las que está agradecida. Dios dice en Filipenses 4:8: **"Por lo demás, hermanos, todo lo que es verdadero, todo lo honesto, todo lo justo, todo lo puro, todo lo amable, todo lo que es de buen nombre; si hay virtud alguna, si algo digno de alabanza, en esto pensad."**

En su carta, Judy demuestra haber conquistado su enfermedad de "Esposa Loca" antes de que se infectara su hijo. El niño honra a su padre porque su mamá lo honra. Algún día ese niño será un hombre. A medida que crece, descubrirá que su papá tiene fallas, y las perdonará como lo ha hecho su madre. Cuando sea grande y pueda apreciar el cuadro completo, sabrá que su madre es una de las mujeres más valiosas en el mundo. Se levantará y le llamará bienaventurada. Algún día su marido pudiera superar su tonta y lasciva necedad, y si eso sucede, él también la atesorará. Ella se habrá ganado su amor y devoción, porque lo ha reverenciado cuando había poco en él digno de honrar. Ella lo amó porque Dios la amó a ella primero.

Me imagino que el día que Judy levantó en alto la pancarta que decía: "Papá No. Uno", tanto los ángeles del cielo como los demonios sobre la tierra se quedaron atónitos ante el perdón y amor manifestado por el corazón de esta "débil" mujercita y madre. Fue la clase de milagro que demuestra que existe un Dios en el cielo. Estoy segura de que su marido también sintió un nudo en su garganta al ver, no sólo su perdón, sino la honra que rendía. No puede haber mayor amor ni mayor incentivo para el arrepentimiento.

No hay una sola de nosotras que honestamente piense que el marido de Judy *mereciera* su reverencia, ni su amor. Es un gusano de primera clase y merece dormir solo en un callejón debajo de una caja de cartón. Pero Dios nos ha llamado a un nivel más elevado. Y es en este plano más elevado que descubrimos la maravilla de la vida, el amor y el perdón. Y es el lugar donde llegaremos a ser apreciadas y amadas. Pocos hombres pueden seguir siendo iracundos, lascivos y egoístas frente a una fuerza tan potente como el ser reverenciado.

> En las iglesias de hoy, muchas mujeres han dejado de ganar a sus maridos porque han tratado de ser evangelistas en lugar de esposas.

La Promesa

En toda mi vida sólo he conocido a dos maridos que hayan sido capaces de detener el rumbo de una esposa iracunda, resentida y hacer de su matrimonio algo bendecido. En toda la Escritura no se promete al hombre que pueda salvar a su esposa y a su matrimonio portándose de determinada manera. En contraste, la Biblia contiene una maravillosa promesa de Dios para la mujer: ellas tienen el poder para ganar a sus maridos tanto para sí mismas como para Dios. La Biblia nos dice que una mujer puede ganar a su marido *sin la Biblia*. En las iglesias de hoy, muchas mujeres han dejado de ganar a sus maridos porque han tratado de ser evangelistas en lugar de esposas.

"Asimismo vosotras, mujeres, estad sujetas a vuestros maridos; para que también los que no creen a la palabra, sean ganados <u>sin palabra</u> por la conducta de sus esposas" (I Pedro 3:1).

La mujer gana a su marido exactamente como lo está haciendo Judy, por su conducta, o manera de vivir ante él. Más adelante hablaremos sobre la manera de ganar a tu marido perdido.

Zonas de Comodidad

Los hombres no son los seres indiferentes que en ocasiones aparentan ser. Atesoran en gran manera su familia y les gusta que sus hogares sean zonas de comodidad. Quieren respeto y una familia que les dé seguridad y propósito. Aun cuando la vida de hogar se vuelva aburrida, los hombres valoran altamente a su propia mujer e hijos.

Los hombres pudieran permitir que los deseos de la carne los aparte de lo que valoran, pero siempre tratarán de volver a esa zona de comodidad. Es esta necesidad natural de su propia familia que hace que un hombre siga cuidando a su esposa e hijos y cargando con la responsabilidad por ellos. Cuando una mujer no provee para su marido un nido cómodo y una actitud reverente, tiene que depender de la bondad de él para "mantenerlo" fiel. **Es una necedad esperar que él sea un buen marido cuando ella no está cumpliendo con la función de ser la ayuda idónea que Dios quiso que fuera.** Un hombre que llega para encontrar una casa tensa o desarreglada, pésimas comidas, una

esposa crítica, probablemente no tenga la "bondad" para permanecer fiel si una dulce joven en el trabajo busca apartarlo con la promesa (ilusa) de una zona de comodidad más satisfactoria.

Las mujeres dan por hecho que un hombre será fiel porque es su deber cristiano ser fiel (y lo es). **También es deber cristiano de la mujer ser ayuda idónea: honrando, obedeciendo, sirviendo y reverenciando.** La experiencia ha demostrado que la falla de parte de la mujer hará que sea mucho más fácil que el hombre falle en su responsabilidad para con la familia. Un hombre satisfecho tendrá en tan alta estima su "zona de comodidad", que resistirá a la "mala mujer" con sus promesas vacías.

Los consejeros coinciden en que en casi todos los conflictos matrimoniales, tanto el marido como la mujer comparten la culpa casi por partes iguales. Suele ser fácil ver la culpa del hombre. La culpa de la mujer es menos obvia, pero igualmente destructiva y mala. Dios ordenó que la mujer fuera ayuda idónea. Ella debe proveer un refugio seguro de reposo y satisfacción, y ser un deleite para su marido. Cuando desobedece a Dios, suelen pagarse consecuencias desastrosas en el hogar. Cuando ella obedece a Dios, generalmente cosechará resultados sublimes.

*El siguiente relato es de una esposa joven que también descubrió la manera de ganarse a su marido mediante la **reverencia**.*

Hay Que Ganar Su Confianza

No todas las mujeres son tan sabias como Judy. Hace años conocí a una dulce joven que era muy tonta. Tenía un corazón muy tierno (que ella pensaba que era el amor y la compasión de Dios en ella), y siempre tenía una debilidad por los muchachos que la "necesitaban." Su nombre era Sol, y era tan luminosa y hermosa como la luz del sol del que tomaba su nombre. Sol siempre levantaba a los que pedían "aventón" para testificarles, a pesar de que los mayores le advertían que eso no convenía. Un día levantó a un joven de ascendencia árabe, de aspecto y palabra muy romántica. Para abreviar el relato, Sol se casó con él.

> Es asombroso lo vulnerable que es un hombre cuando una mujer lo trata con honra."

Pronto estaba encinta con su primer hijo, y en cosa de semanas empezó la violencia. Durante los siguientes siete años Sol fue sometida a sus arranques y golpizas alcohólicas y soportó su descarada infidelidad. Ella y los niños pasaban días enteros y hasta semanas solos, mientras su esposo andaba con "amigos." Él regresaba a casa para ventilar su furia y tomar los pocos dólares que ella ganaba para sostener a su familia. Cuando Sol estaba embarazada con su tercer bebé, Ahmed regresó a casa ebrio e intentó matarla con un cuchillo. Sólo la milagrosa intervención de Dios Todopoderoso salvó su vida.

Cada vez que Ahmed llegaba a casa enfurecidamente ebrio, Sol salía de la casa vociferando acusaciones e iba a casa de su madre para llorar sus pesares. Tomaba el teléfono y llamaba a todas sus amigas para contarles lo que le estaba haciendo Ahmed. Pero no lo dejó.

Un día la vi en una reunión de la iglesia—una acurrucada masa de lágrimas y agotamiento. Sol confesó haber tramado el asesinato de su marido. Dijo que ya no toleraba la vida en esas condiciones, pero sus hijos la necesitaban. Así que había decidido matar a Ahmed. Su plan había sido muy bien pensado y pudo haber tenido éxito si Dios no la hubiera detenido.

Yo pasé horas en oración y consejería con Sol esa noche. Le pedí que tomara la decisión de dejar a Ahmed de una vez por todas y volver a armar los pedazos de su vida, o permanecer con él e iniciar una campaña de ganar su corazón y salvar su vida matrimonial. Yo estaba segura de que lo iba a dejar esa misma noche, pero descubrí algo asombroso de ella: Sol realmente deseaba la voluntad de Dios para su vida. Había captado una visión eterna de la vida, y ahora estaba convencida de que Dios podía salvar a su marido.

Yo sabía de la debilidad de Sol de divulgar todo. No podía guardar un secreto ni por salvar su vida. También sabía que su marido era un hombre muy discreto, y lo que ella divulgaba acerca de los pecados de él lo mantenía enfurecido, como sería el caso con cualquier hombre perdido. Le expliqué a Sol que para ganar el corazón de su marido, necesitaba reverenciarlo. Esto no quería decir que ella tuviera que ver alguna bondad o valor en él que realmente no existiera, sino que necesitaba mostrar más estima por él por el bien de los niños y de ella misma. Sol ya estaba haciendo todo lo demás bien. Era obediente, fiel, alegre, cuidadosa de su casa, y ayuda idónea. La animé a dar un paso más y buscar la oportunidad de reverenciar a su marido. No debía volver a hablar mal de él. Sus conversaciones con otros, lo mismo que con él, expresarían únicamente elogios y aprecio.

Sol tenía corazón de discípula. Aceptó mi consejo, y el cambio en su marido se dejó ver en sólo una semana. **Es asombroso lo vulnerable que es un hombre cuando una mujer lo trata con honra.** Dejó de salir con sus amigos tomadores y consiguió un empleo para ayudar a sostener a su familia. Ocasionalmente venía a la iglesia y se quedaba asombrado de algunos comentarios que escuchaba. "Sol dice que tocas el saxofón como genio." "Sol me dijo que eres un hombre muy atractivo." "Teníamos ganas de conocerte; Sol nos había dicho…" Ahmed se quedó pasmado, y Sol siguió adelante con su misión. Como una semana más tarde, ella tuvo un sueño que le levantó mucho el ánimo.

Soñó que un alto funcionario de gobierno había visitado el edificio de oficinas donde su marido trabajaba en la limpieza. El oficial se había reunido con el administrador de la empresa y le dijo: "Necesito contratar a un hombre para un puesto administrativo en mi dependencia. Las cualidades que se requieren son fidelidad, diligencia, honestidad, puntualidad e inteligencia…no se requiere ningún estudio especial. Podemos enseñarle lo que no sepa, pero no podemos inculcarle una ética de trabajo. ¿Tienes a alguien que tenga esa clase de buena ética de trabajo?" El administrador contestó: "Tengo un hombre que llena ese perfil, pero sólo es un conserje." En el sueño de Sol, el funcionario de gobierno contestó: "No me importa que un hombre no sepa leer ni escribir; si es un hombre leal, diligente en el que puedo confiar, yo lo contrato y le doblo su salario." En el sueño de Sol, su marido fue contratado por el funcionario de gobierno para ocupar un puesto administrativo.

Cuando Sol despertó, le contó el sueño a su esposo con mucha emoción. Ella estaba segura de que esto era una evidencia de que **él estaba destinado a ser grande.** ¿Recuerdas lo que aprendimos cuando estudiamos al *Sr. Visionario*—que la grandeza es una condición del alma, y no la posesión o carencia de determinados logros? Anteriormente, cuando Sol llamaba a sus amigas para contarles lo horrible que era su marido, estaba confirmando en él la convicción de que ella lo consideraba un perdedor. Lo avergonzaba en público, y él seguía siendo una vergüenza. La opinión de ella se convirtió en el marco de referencia para él. Ahora Sol empezaba a elogiarlo públicamente, con resultados milagrosos.

A Ahmed le pareció que su sueño era ridículo, pero sostuvo un poco más alta su cabeza al día siguiente al ir a su trabajo—¡a tiempo! Sol fue a casa de su mamá y tomó el teléfono. Les llamó a todas sus amigas para contarles su sueño. ¡En esta ocasión no le molestó a Ahmed que fuera una chismosa!

Según entiendo, Ahmed sigue trabajando como conserje, y el sueño de Sol no fue más que eso—un sueño. Pero expresaba lo que sentía por su esposo, y la opinión que ella tenía de él era mucho más importante para él que cualquier empleo que pudiera conseguir. Cuando ella soñaba que él era un ganador y lo platicaba por todas partes, Ahmed se esforzaba por cumplir con esa imagen. Ahmed encontraba tanto placer y vitalidad en los elogios de su esposa que empezó a sentir interés en saber acerca de su Dios. Con el tiempo, puso su confianza en el Señor Jesucristo. La última vez que vi a Ahmed y Sol, estaban creciendo juntos en el Señor. Como dice la Escritura, ella lo ganó **"sin palabras"** (la Biblia) por su **"conducta"** (I Pedro 3:1). Lo que Dios ordena funciona. ¿Quién lo hubiera podido creer? Sol lo creía— pero ella no tenía la desventaja de los "estudios culturales" y los "eruditos" modernos en griego.

Tiempo de Reflexionar

Dios nos encarga a las damas que reverenciemos a nuestros maridos.

." . . Y la mujer <u>respete a su marido</u>" (Efesios 5:23).

Desarrolla un nuevo hábito

Procura manifestar aprecio observable por tu marido por lo menos tres veces al día. Planea pequeños hábitos que puedes practicar para que te sirvan de recordatorios, hasta que la deferencia por él se vuelva natural.

Rasgos de una Buena Ayuda Idónea

- Reconoce los "rasgos buenos" de su marido.
- Habla de su marido con estima.
- Muestra deferencia por él.
- Nunca le responde con menosprecio ni ridiculización.

Trata con Dios en Serio

La palabra REVERENCIA aparece 19 veces en la Palabra de Dios. Doce de las referencias tienen que ver con respeto por los hombres. Consulta y considera cada uno de estos usos de la palabra reverencia. Conforme lees, comprenderás por la Palabra de Dios lo que Él requiere de ti en cuanto a reverencia por tu marido. Haz una lista de maneras en que no has mostrado reverencia por tu marido y luego haz una lista de lo que vas a empezar a hacer para corregirte. Siempre recuerda que, cuando reverencias a tu marido, estás reverenciando a Dios. *Es la voluntad de Dios que sirvas de esta manera a tu marido.*

Capítulo 14

Reyes y Reinos

La mujer sabia siempre recibe con
deleite las propuestas de su marido, por torpe que éste sea.

Dios creó a **Adán** y lo comisionó para asumir una posición de liderazgo. Desde entonces, todo hijo de Adán ha recibido el mismo encargo. El hombre fue creado para gobernar. Es parte de su naturaleza. Pero el único lugar en que gobernarán la mayoría de los hombres es en su propio pequeño reino llamado *hogar*. Como mínimo, el destino de cada hombre es ser el líder de su propia familia. Negarle esta primogenitura es contrario a su naturaleza y a la voluntad de Dios. Cuando un hombre no está al frente de su pequeño reino ni recibe la deferencia y la reverencia que debe acompañar a ese puesto, su reino no será gobernado correctamente, y los súbditos de ese reino no experimentarán la benevolencia de un rey que realmente los ama y los quiere. Cuando no reverencias a tu marido, privas de algo precioso a tus hijos, a tu marido y a ti misma.

Cuando el presidente de la nación hace una visita oficial a algún estado, aun cuando no sea popular en ese estado, todos invierten mucho tiempo y energías haciendo preparativos para su visita. Al llegar, es tratado con respeto.

La gente no está reconociendo al hombre ni sus políticas, sino el cargo que ocupa y todo lo que representa. Dios constituyó a tu marido como "presidente" de tu familia. Tu marido no está allí para mostrar deferencia por ti ni para ser tu ayudante. NO ES la voluntad de Dios que tu marido te reverencie a ti. No es el plan de Dios que tú permanezcas sentada a la mesa o en tu sillón esperando que él se sirva solo. Nuestra sociedad moderna nos ha condicionado para esperar que él nos sirva a nosotras.

Lastima nuestros sentimientos si él no hace cosas que sentimos que nos debe, pero ése no es el plan que Dios estableció. Nuestra falta de conocimiento y confianza en las palabras escritas de Dios nos han llevado a aceptar una mentira cultural. Nuestra cultura está diametralmente opuesta a Dios a cada paso. Es tiempo de reconocer que las doctrinas feministas han contaminado casi todas las escuelas públicas e incluso a algunos de los mejores maestros cristianos. Dios dice en Oseas 4:6: **"Mi pueblo fue destruido, porque le faltó conocimiento. Por cuanto desechaste el conocimiento, yo te echaré del sacerdocio; y porque olvidaste la ley de tu Dios, también yo me olvidaré de tus hijos."**

> **Deferencia por tu marido es la cumbre de la femineidad. Hace que una mujer sea bella, amable y hermosa para todos.**

Las mujeres temen perder algo de su propia dignidad si se rinden ante un hombre que es menos que maravilloso. La rendición de tu autonomía a otra persona no es cosa de cobardes. La gente dice de una mujer obediente: "Ah, ella simplemente es de carácter apocado y tímido. Necesita hacer su propia vida." No saben lo que dicen. No se trata de doctrina abstracta, compleja; es práctico y pragmático. Entre más reverencia muestro hacia mi marido, más me atesora y me trata como su reina. Dios hizo al hombre de tal manera que nuestra deferencia y respeto alimentan su tendencia a mostrarnos ternura y protegernos.

La reverencia no es únicamente tu manera de actuar; es tu manera de sentir y de responder con palabras y tu lenguaje corporal. No basta que te levantes para servirle; tu mirada y el movimiento rápido y libre de tu cuerpo debe expresar el deleite que encuentras en servir a tu marido. No puedes engañar a un hombre. **Él puede ver tu corazón tan bien o mejor que tú misma.** No pierdas de vista su plato para que puedas adelantarte a sus necesidades.

Deferencia es una taza de té caliente mientras le quitas los zapatos después de un día de trabajo pesado. Es una cara alegre cuando él regresa después de estar fuera por un tiempo corto. Es gratitud por su atención y afecto. Deferencia por tu marido es la cumbre de la feminidad. Hace que una mujer sea bella, amable y hermosa para todos, pero especialmente para él.

El siguiente relato es un ejemplo de lo opuesto a la reverencia.

No Me Despeines

Hace algunos años asistí con mi marido a una reunión en la que un grupo de hombres líderes estaban comentando asuntos muy serios, tratando de llegar a una conclusión respecto a qué acción debían tomar. Los hombres estaban sentados en un círculo, con sus esposas sentadas a su lado o inmediatamente atrás de ellos. Frente a mí estaba un hombre joven, serio y sobrio al que llamaré Carlos. Estaba allí con su atractiva esposa. En uno de los momentos más intensos de la conversación, Carlos se reclinó y le pasó el brazo sobre los hombros de su esposa. Ella inmediatamente reaccionó con obvia irritación, quitando su brazo de sus hombros, e inclinándose hacia adelante como para escapar a su abrazo. Luego acomodó cuidadosamente su cabello donde él la había despeinado con su brazo. La mente de él se apartó súbitamente del problema serio que trataban, para concentrarse en ella—mientras casi todos los presentes también se fijaron en ella. Para ella, sacudírselo no había sido nada, pero para todos los presentes (incluyendo a su marido) era un acto humillante, como si fuera un insensato niño inepto. Todos sintieron su humillación. Después de eso, Carlos no volvió aportar nada al diálogo. Durante el resto de la reunión, estuvo cabizbajo, regañado, con sus manos en su regazo. Yo sentía ganas de levantarme y darle una sacudida a esa mujer hasta que le cascabelearan los dientes. A ella le hubiera sorprendido saber que todos los presentes sintieron un rechazo extremo hacia ella por su reacción tan egoísta. Ella siguió arreglándose el cabello, inconsciente de que acababa de mostrar una total falta de honor y reverencia hacia su marido, e inconsciente de que estaba perdiendo el tiempo tratando de verse bonita, porque acababa de perder todo lo que es hermoso y femenino en ese solo acto de rechazo.

Cargando con esa clase de rechazo diariamente, Carlos jamás podrá realmente atesorar a su esposa, y nunca contará con lo necesario para ser un ministro o líder eficaz. Sí, ella es su esposa, e indudablemente que la seguirá amando. Pero su amor siempre será más bien un intento por ganársela. Mientras no se arrepienta, él no podrá amarla con gozosa despreocupación. El ego de un hombre es una cosa frágil. ¿Cómo puede un hombre atesorar a alguien que tiene en tan poca estima la reputación de él?

Su acción fue un testimonio de la condición de su corazón. Le interesaba más su peinado que el honor de su marido. Se estaba rebelando contra Dios al no reverenciar a su marido. *Reverenciar* es un verbo activo. Es algo que haces. No es primordialmente un sentimiento. Es un acto voluntario. A medida que reverenciamos y honramos a nuestros maridos, ellos serán libres para madurar delante de Dios y ministrar a otros. Carlos no era libre; estaba turbado y atado interiormente.

A pesar de lo que una mujer pudiera sentir respecto a su marido, puede decidir honrar y obedecerlo. Se le ordena al marido amar a su esposa. Tiene que ver con lo que siente por ella. Puedes *decidir* hacer lo que debes hacer mucho más fácilmente que lo que puedes ser motivada a actuar por tus sentimientos. Como dijimos antes, cuando decides hacer lo correcto, pronto se agregarán los sentimientos.

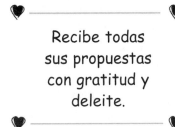

Recibe todas sus propuestas con gratitud y deleite.

"La mujer insensata es alborotadora; es simple e ignorante" (Proverbios 9:13).

"La mujer sabia edifica su casa; mas la necia con sus manos la derriba" (Proverbios 14:1).

No es Justo

No parece justo que se espere que la esposa honre y obedezca a su marido aun cuando él no se haya ganado el derecho; sin embargo, ella también debe ganarse el derecho de ser amada. Si ella tiene que honrarlo sin importar cómo actúe él, ¿por qué no debe él amarla sin importar cómo actúe ella? Si mi marido estuviera hablando con los señores, les diría que amaran a sus esposas, sin importar cómo se porten. Pero recuerda, ésta soy yo, la mujer anciana, enseñando a las mujeres jóvenes lo que pueden hacer para que su matrimonio sea divino. No puedes obligar a tu marido a amarte, y no tienes derecho de esperar que te ame cuando no eres amable. Pero Dios ha provisto una manera para que la mujer *haga* que su marido la ame y la atesore. Dios nos dio a las mujeres algunas llaves para llegar a los caminos del corazón del hombre. Dios ha dispuesto las cosas de tal manera que podemos *manipularlo* para que cumpla con el deber que Dios le ha dado. Su misma naturaleza es tal que responderá a nosotras si tan sólo lo tratamos con reverencia. El hombre no cuenta con semejante poder para influir sobre su esposa. La mujer no está hecha con los mismos mecanismos de respuesta. Dios no dio a los varones la misma promesa maravillosa que dio a las mujeres, para que puedan ganar a sus esposas con la conducta correcta. Pero la mujer tiene una hermosa esperanza basada en las promesas de Dios.

El Cuento de la Muchacha de las Píyamas Moradas

La semana pasada, mientras estaba en mi camioneta en el estacionamiento de Wal Mart, esperando a mi hija, observaba a la gente que entraba a la tienda. Era un estudio interesante en relaciones humanas. De unas 25 parejas que entraron a la tienda, sólo tres se estaban tocando, y esas tres mujeres eran las únicas sonrientes de las 25 que observé. En una escala de 1-10, siendo 10 las más bonita, estas tres calificarían con 1 ó 2. Una de las mujeres aparentaba varios (difíciles) años más que su joven, alto y guapo marido. Él lucía una gran sonrisa de felicidad mientras observaba cada movimiento de ella, llevándola posesivamente del brazo. Era obvio que ella disfrutaba contándole su historia. Era evidente que era un buen cuento, porque él soltó la carcajada al momento de entrar en la tienda. Estaba disfrutando a su mujer.

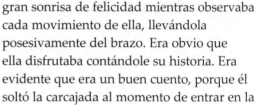

La esencia de la reverencia es un extremo aprecio y profunda gratitud porque este hombre, tal como es, ha querido amarme, tal como soy.

Otra pareja pasó en silencio, rozándose deliberadamente, sin decir nada, pero la sonrisa de la mujer lo decía todo. La tercera pareja sonriente se llevó el premio del día. Él era un musculoso machote magnífico, y ella era casi indescriptible. Llevaba un pantalón de piyama de franela, cortado arriba de la rodilla. El pantalón recortado tenía flores moradas de 10 cms. regadas sobre un fondo blanco de material casi transparente. Ella era baja de estatura, con un sobrepeso de por lo menos 25 kilos, y la mayor parte del exceso de peso rebotaba dentro del ajustado pantalón recortado de piyama. Su pelo parecía haber sido cortado a hachazos y estaba terriblemente grasoso. Ella reía y le picaba las costillas mientras gritaba que la soltara. Por la sonrisa de él hubieras pensado que estaba abrazando a Miss América. **Estaba disfrutando de lo lindo a su amorcito de las flores moradas.** Le miré a los ojos y él me echó una sonrisa, sin una pizca de pena. Esa mujer se había ganado por completo el corazón de él y el respeto mío. Él se sentía orgulloso de ser marido de ella. De todas esas atractivas muchachas que habían entrado a WalMart mientras yo esperaba, ésta era la que era públicamente adorada y apreciada. Sospecho que ella nunca se ha sacudido el brazo de su esposo cuando él la abraza, mucho menos para proteger su peinado. Ella ha aceptado todas sus expresiones de cariño con gratitud y deleite.

En las siguientes páginas, hablaremos de cómo debemos cocinar, limpiar, cuidar a los hijos, etc. Estas cosas son importantes y necesarias, pero la esencia siempre será el verbo de acción *reverenciar*. **Un hombre le tolerará a su mujer muchas, muchas faltas, mientras sepa que ella considera que él es lo máximo.** Si tan sólo ella lo mira a los ojos con adoración, si agradece que él la quiera, él la adorará. Puede vestir terriblemente, estar muy excedida de peso, tener un pelo horrible, no cocinar muy bien, ser un poco floja y tonta, y no ser nada bonita, pero si sólo piensa y demuestra que él es maravilloso, él la amará. Suena muy simplista, pero así es el rastro del hombre en la doncella.

Por otra parte, la mujer quiere que su marido se distinga. Espera que sea espiritual, trabajador, diligente, sensible y atento como padre. De lo contrario se siente personalmente ofendida y emprende una campaña para cambiarlo a la imagen "de ella." Me parece increíble que una mujer se case con un HOMBRE y luego se enoje porque sigue portándose como lo que es.

Elizabeth Elliot, en su libro, *Dejadme Ser Mujer*, escribió a su hija: "Yo tenía trece años de viuda cuando el hombre que llegaría a ser tu nuevo padre me propuso matrimonio. A mí me parecía que éste era el milagro que no podía suceder. Para mí ya era asombroso que un hombre me hubiera querido la primera vez. Cuando era estudiante muy pocos muchachos se me habían acercado. Pero que alguien me quisiera de nuevo era casi imposible de imaginar. Le dije a este hombre que yo sabía que había mujeres esperándolo que le podrían ofrecer muchas cosas que yo no podía ofrecer—cosas como dinero y belleza. Pero le dije: 'Hay una cosa que yo te puedo dar, en la que ninguna otra mujer del mundo me puede superar, y es aprecio.' La perspectiva de la viudez me ha enseñado eso."

Al buscar en mi mente y corazón una manera de definir para mis lectoras lo que significa reverenciar a un hombre, vino a mi mente la carta de Elizabeth Elliot a su hija.

La esencia de la reverencia es un extremo aprecio y profunda gratitud porque este hombre, tal como es, ha querido amarme, tal como soy.

Elizabeth Elliot es una mujer hermosa, talentosa y exitosa, sin embargo decide honrar con gratitud al hombre que la ama. Es la condición de su corazón.

Mi marido les dice a los jóvenes que buscan esposa que realmente sólo hay una característica absolutamente necesaria que debe poseer la muchacha con la que se casen—un corazón agradecido. Les dice que la muchacha que escojan debe estar feliz y agradecida de que la ames. "Entre más convencida esté de que ella es afortunada de que la hayas escogido a ella antes que a otra, mejor será el cimiento para una verdadera unión de dos almas. Si ella siente que TÚ tuviste la fortuna de conseguirla a ELLA, más vale que corras, porque esa mujer está buscando su *propia* ayuda idónea, y ella cree que tú eres el indicado para ocupar ese puesto. Ella se pasará el resto de su vida tratando de cambiarte."

Reverenciar al marido es estar feliz y agradecida, como la mujer de las piyamas con flores moradas. Significa que debes ser lo opuesto a la mujer "no me despeines", y que confías en él suficientemente como para soñar cosas buenas acerca de él. Lo reverencias enseñando a tus hijos que su papá es el hombre #1, y luego ayudándoles a hacer una pancarta y sostenerla en alto, para que todos puedan ver lo que piensas y sientes por él. En resumen, es creer que *tú* eres bienaventurada de ser amada por este hombre maravilloso.

Tiempo de Reflexionar

Haz una lista de cosas que debes hacer para que tu marido sienta tu honor, respeto y reverencia. Deben ser cosas sencillas, como encontrarlo en la puerta cuando llegue del trabajo o extender tu brazo para tocarlo cuando van juntos en el auto. Practica lo que has aprendido y comprométete a hacer estas cosas, llueva o truene.

¿Qué Hemos Aprendido?

• Dios nos creó para que fuéramos ayudas idóneas. Encontraremos la voluntad perfecta de Dios para nuestras vidas cuando procuramos ser la ayuda idónea que Él quiso que fuéramos.

• Una ayuda idónea es una persona que ayuda a otra.

- El gozo viene de la abundancia de un corazón agradecido.

- Gratitud es resultado de estar contentos con la voluntad de Dios.

- Control y dominancia son rasgos masculinos. La vocación de la mujer es ser sumisa y ceder a su marido; no hacerlo es pecado.

- Para conocer las bendiciones de Dios debemos reconocer, apreciar y honrar la cadena de mando que Él ha establecido.

- Las esposas somos una imagen de la Esposa de Cristo. Se llama el Gran Misterio. Este elevado llamamiento debe facilitar la conformación de nuestras vidas a esta imagen.

- Nuestra obediencia en el papel de ayuda idónea no depende de la obediencia de nuestros maridos a Dios.

- Dios nos ha llamado a reverenciar a nuestros maridos. La mujer que no se somete ni honra a su marido en este ministerio de reverenciarlo, es una creación de Dios que está fuera de lugar, descompuesta y fuera de control.Dios definió tu papel cuando dijo: **"El varón es la cabeza de la mujer."** Se le entregó el mando al hombre aún antes de que fuera creada la mujer. Dios explicó su plan claramente cuando dijo, "**le haré <u>ayuda idónea</u> para él.**" Dios estableció con absoluta claridad que el hombre nunca ha de ser ayuda idónea de su esposa cuando dijo, "**Porque <u>el varón no debe cubrirse la cabeza, pues él es imagen y gloria de Dios</u>; pero la <u>mujer es gloria del varón</u>.**"

Dios nos dijo incluso *por qué* la mujer nunca debe estar en autoridad sobre el hombre ni considerarse a sí misma más capaz espiritualmente que el hombre, "**Porque Adán fue formado primero, después Eva; y <u>Adán no fue engañado, sino que la mujer, siendo engañada, incurrió en transgresión</u>.**"

Cuando entendemos bien nuestro papel como ayuda idónea, empezamos a practicar gozo y gratitud en la realización de ese papel, y dedicamos nuestros corazones a reverenciar a nuestros maridos, sólo entonces podremos esperar la experiencia de un matrimonio divino.

Segunda Parte

Tito 2

"Las ancianas asimismo sean reverentes en su porte; no calumniadoras, no esclavas del vino, maestras del bien; que enseñen a las mujeres jóvenes a ser prudentes, a amar a sus maridos y a sus hijos, a ser discretas, castas, cuidadosas de su casa, buenas, sujetas a sus maridos, para que la palabra de Dios no sea blasfemada" (Tito 2:3-5).

En los últimos años he preguntando a cientos de mujeres: "¿Puedes mencionarme las ocho cosas que Dios requiere de una mujer, que si ella no las hace será culpable de blasfemar la Palabra de Dios?" La mayoría de las mujeres responden con una mirada vacía. No tienen ni una pista de la respuesta.

Dios ordenó que las mujeres ancianas enseñaran sólo un mensaje. Se encuentra en Tito 2. La siguiente sección de este libro desarrolla estas ocho cosas importantes.

NOTA DEL TRADUCTOR: Los títulos de los capítulos de esta sección corresponden a las áreas enumeradas en Tito 2:4-5 en la Versión King James de la Biblia en inglés. Por tanto, hemos traducido el versículo y los capítulos para corresponder a la versión en inglés.

Ocho Reglas Prácticas del Juego

Cuando yo era niña, la palabra *blasfemia* infundía terror a mi corazón. Mis padres eran creyentes nuevos y no sabían mucho acerca de la Biblia, pero por allí, alguno de nuestros predicadores pudo meter en mi cabecita el versículo sobre la blasfemia contra el Espíriut Santo. Hasta donde yo sabía en ese tiempo, había sólo un versículo que contenía esa temida palabra, y dice así, **"pero cualquiera que blasfeme contra el Espíritu Santo, no tiene jamás perdón, sino que es reo de juicio eterno"** (Marcos 3:29).

Actualmente, a una edad mucho más madura, la palabra *blasfemia* aún me causa escalofrío—y así debe ser. En alguna medida, blasfemia es colocarse por arriba de Dios, por lo que dices o por lo que haces. Cuando los fariseos oyeron hablar a Jesús, y como buscaban un pretexto para matarlo, lo acusaron de blasfemia, **"haciéndose igual a Dios"** (Juan 5:18).

Este es un libro de mujeres, que trata con esposas y madres, así que te has de estar preguntando qué tiene que ver la blasfemia con nuestro tema. ¡Mucho! Cuando me puse en serio a escribir este libro, mi mente estaba constantemente llena de las Escrituras. Desperté una noche con el pasaje de Tito 2:3-5 dándome vueltas constantes en la cabeza. Allí acostada, intenté recordar la lista de las ocho cosas que las mujeres ancianas deben enseñar a las mujeres jóvenes. Se me ocurrió en ese mismo momento, que Dios me había dado el bosquejo perfecto en esas ocho simples instrucciones.

"Las ancianas asimismo sean reverentes en su porte; no calumniadoras, no esclavas del vino, maestras del bien; que enseñen a las mujeres jóvenes [1] a ser prudentes, [2] a amar a sus maridos y [3] a sus hijos, [4] a ser discretas, [5] castas, [6] cuidadosas de su casa, [7] buenas, [8] sujetas a sus maridos, para <u>que la palabra de Dios no sea blasfemada</u>" (Tito 2:3-5).

La palabra *blasfemada* cautivó mi atención, **"...para que la palabra de Dios no sea blasfemada."** Las mujeres ancianas (de esas soy yo) deben enseñar a las mujeres jóvenes, ¡para que no blasfemen la Palabra de Dios! ¿Las madres jóvenes están en peligro de blasfemar? El pasaje dice que sí—no de blasfemar contra el Espíritu Santo, que es el pecado imperdonable—sino de **blasfemar contra la Palabra de Dios.** Aun cuando no sea el pecado imperdonable, es algo espantoso que Pablo diga eso acerca de esposas jóvenes.

Esta palabra *blasfemar* en este pasaje siempre me había parecido una exageración—una exageración enfática. ¿Cómo es posible que una mujer esté ocasionando blasfemia contra la Palabra de Dios por no ser discreta? ¿Será cierto que una mujer hace que la Palabra de Dios sea blasfemada por no obedecer a su marido? ¿Qué sucede si él está equivocado? ¿Qué sucede si ella viste un poco provocativa y no tan casta como debe ser? ¿Eso debe ser juzgado como blasfemia? ¿Qué significa ser cuidadosas de su casa? **¿Por qué son tan críticas estas ocho cosas para las esposas jóvenes, como para que el no hacerlas sea llamado *blasfemia*?**

Mientras estaba en mi cama aquella noche meditando estas cosas, le pedí a Dios que me permitiera vislumbrar un poco de la mente y el corazón de Él respecto a este pasaje para que yo supiera cómo enseñar a las mujeres jóvenes a proteger la Palabra de Dios de ser blasfemada. Él lo hizo. Y su respuesta me quebrantó el corazón. Jamás pudiera haber imaginado el triste horror que me enseñaría precisamente por qué la palabra *blasfemia* es la palabra más indicada. Pero primero examinaremos las ocho características, una por una, que Dios ordena que las mujeres ancianas enseñen a las mujeres jóvenes.

Capítulo 15

1. Ser Prudente

Tito 2:4: "Que enseñen a las mujeres jóvenes
<u>a ser prudentes</u>…"

Ser prudente: Cumplir con el deber, ser moderada,
con dominio propio, considerada, y aprender a
tomar decisiones y hacer juicios sabios.

**"Y reinarán en tus tiempos la sabiduría y la
ciencia, y abundancia de salvación; el temor de
Jehová será su tesoro"** (Isaías 33:6).

Sentido Común

Una esposa prudente es aquella que afronta el hecho de que ya no es una persona independiente y libre, con tiempo para hacer lo que le plazca. Sabe que el matrimonio es una responsabilidad gozosa pero también seria. No puede ser caprichosa y frívola. Se compromete a ser la mejor esposa, madre y administradora del hogar posible. Se convierte en directora general de una gran empresa, de la cual su marido es dueño.

Su responsabilidad primordial es lograr que el hogar de su marido funcione armoniosamente. Asume el papel de coordinadora de todos los asuntos. Si el hogar no funciona de manera ordenada, el matrimonio no será gozoso y realizado, como tampoco lo será la crianza de los hijos. **Cuando una mujer considera prudentemente las necesidades, el horario, los recursos de su hogar, entonces será una ayuda idónea más eficiente.** Esta planeación eliminará la tensión y ayudará a establecer un ambiente pacífico. Son las cosas sencillas de la vida las que pueden destruir un matrimonio y conducir a un amargo divorcio. Pero del lado positivo, es la planeación sencilla de las actividades de la vida la que puede conducir a la salud, prosperidad, paz y felicidad en un matrimonio sano que produce relaciones familiares agradables. Los hombres (y los hijos) aprecian las buenas comidas, la casa limpia y un ambiente de paz—un refugio en medio de las tensiones de la vida.

Imbécil, Insensible y Descortés

Estimada Debi,

> *Estaba totalmente exhausta ayer cuando mi marido llegó del trabajo. Los niños estaban enfermos. Tengo una niña recién nacida, y ella empezaba con fiebre. Él llegó y jamás preguntó cómo me sentía yo ni cómo había estado mi día. Empezó por preguntar por qué la casa estaba tan tirada y "cuándo va a estar lista la cena", porque era noche de ensayo de coro y él quería llegar temprano. Fue descortés, insensible e indiferente a mi agotamiento, la enfermedad de los niños y todo lo demás. Fue tan egoísta y me lastimó tanto. ¿Qué se supone que debí haber hecho? ¿Premiar a este imbécil egoísta con servicio amoroso?*
>
> *Jill*

Estimada Jill, Servir a tu marido es tu deber, tu trabajo y lo que más te conviene.

- Debi

Nadie podría negar que el marido de Jill es insensible, pero dos males no hacen un buen matrimonio. Un "bien" puede hacer un GRAN impacto en un matrimonio y cambiar a ese viejo egoísta. Nunca olvides que tu trabajo es servirle bien, así que la **planeación anticipada es indispensable**. Si Jill hubiera hecho mejor su trabajo, su marido no hubiera sido tan majadero. Tu marido espera que hagas planes por adelantado. Él hace planes anticipados en su lugar de trabajo , o perdería su empleo. Si haces planes anticipados, se pueden evitar conflictos como éste, y tu marido se sentirá orgulloso de saber que él tiene una mejor esposa que sus compañeros de trabajo. Si consientes a tu marido, con el tiempo llegará a ser más sensible a tu carga, pero tienes que ser un buen soldado y mostrarte fuerte.

Yo he tenido muchos bebés enfermos y sé que en ocasiones no era muy fácil, pero **sí puedes** poner en orden la casa, preparar comidas y mantener todo funcionando tan armoniosamente como siempre. Como madres frecuentemente nos sentiremos angustiadas por algún niño enfermo, pero ese no es motivo para descuidar nuestras demás obligaciones. La esposa prudente se pone a la altura de cada circunstancia.

La Tarea

Aprende a usar la "herramienta maravilla" de la cocina—la olla eléctrica de cocción lenta. En el momento de escribir esto, es domingo. Esta mañana, a las 8 a.m., coloqué varias pechugas de pollo congeladas y algo de arroz en la olla eléctrica. Agregué agua, apio, chile morrón y condimentos y lo puse a fuego lento. Cuando entramos a la casa a mediodía, la casa estaba llena de un delicioso aroma, y la comida estaba lista excepto por una sencilla ensalada que sólo tomó unos minutos prepararla. Después de comer, agregué algunos condimentos y más agua a la olla eléctrica, que ahora tenía sólo un poco de arroz y un poco de pollo con caldo. Este sencillo caldo hirvió a fuego lento toda la tarde y era el platillo principal para nuestra cena esa noche.

Cuando estábamos en la iglesia le pregunté a una de las niñas de once años respecto a la preparación de alimentos para su familia de doce miembros, "Si tu mamá te pidiera que pusieras un pollo en una olla eléctrica (o tres pollos en tres ollas eléctricas) con arroz y condimentos cada domingo por la mañana, ¿podrías hacerlo? Su hermana de doce años se rió y contestó, "No sería ningún problema."

> Nadie podría negar que el marido de Jill es insensible, pero dos males no hacen un buen matrimonio.

Simplifica, Simplifica, Simplifica

Nunca les ofrezcas a tus hijos más de una alternativa para el desayuno. El tener varias opciones sólo confundirá el espíritu del niño. Las opciones también dejan lugar para discusiones o descontento. Cuando se desayuna el mismo platillo sencillo todas las mañanas (excepto quizá el sábado) el niño espera con más entusiasmo la oportunidad de desayunar cereal esa mañana especial. Puede ayudar a que tus hijos desarrollen más gratitud y hará que la mañana sea más armoniosa. Un alimento sencillo pero llenador para el desayuno diario de los niños es pan tostado con crema de cacahuate, que se puede servir en una servilleta. La limpieza será sencilla.

Si Papá no está en casa para la comida a mediodía, el plan sería preparar el mismo platillo nutritivo para la comida todos los días. Podrías tener una olla eléctrica de frijoles calientes para preparar burritos sencillos todos los días, agregando alguna verdura para variar. Esta comida también se puede servir en un plato de cartón o en una servilleta.

Sólo una Idea para una Comida

> La esposa prudente es la que considera sus opciones, hace sus planes y les da seguimiento para evitar la confusión de la mala administración.

✓ El domingo por la noche, pon frijoles y agua en la olla eléctrica para remojar. El lunes por la mañana, enciende el calor bajo. El lunes por la noche, asa bistec y hornea camotes para comer con los frijoles.

✓ Agrega agua a las sobras de frijoles y déjalos cocer a fuego lento toda la noche para usar con ensalada como frijoles refritos. Una hora antes de la comida, lava y parte algo de lechuga, pica una cebolla, un chile morrón, y dos tomates para hacer una ensalada. Dora un kilo de carne molida y deja la mitad de la carne ya cocida en una bolsa de plástico en el refrigerador para espagueti el miércoles. Sazona la otra mitad de la carne con sazonador para taco, y consérvalo caliente. Prepara la mesa, poniendo crema agria, queso rallado, salsa picante, totopos, verduras picadas, frijoles y carne.

✓ El miércoles a mediodía, echa a la olla eléctrica la carne molida precocida sobrante, cebolla, morrones y apio picados y sofritos, con tomate molido y una lata de pasta de tomate con sazonador para espagueti. Una hora antes de la comida, prepara una ensalada y calienta agua para echar tallarines diez minutos antes de la comida. El miércoles por la noche, lava la olla eléctrica de cocción lenta, y pon a remojar en ella frijol negro.

✓ El jueves por la mañana, enciende la olla a fuego lento con el frijol. Dos horas antes de la comida, agrega a los frijoles salchichas ahumadas. Coce suficiente arroz para dos comidas, y sirve los frijoles negros sobre arroz con crema agria, cebolla y tomate picado y queso rallado. Agrega agua a las sobras de los frijoles negros en la olla, con un puño de arroz para cocer a fuego lento toda la noche, para la comida tuya y de los niños el viernes a mediodía, Pon el arroz sobrante en el refrigerador para cenar arroz refrito el viernes.

✓ El viernes, usa el arroz y frijol negro sobrantes en la olla, para la comida de mediodía de los niños. Toma las sobras de arroz del refrigerador para preparar arroz refrito. Pica cebollas, pedazos de carne (pollo, jamón, tocino o res), sofríe, mezcla con arroz, luego agrega huevo revuelto y salsa de soya al arroz. Sazona con sal y pimienta. Prepara una ensalada.

✓ El sábado, hagan una comida al aire libre con hamburguesas, latas de frijol cocido, y postre de galletas.

✓ El domingo debes tener listo tu pollo para la olla de cocción lenta. En la mañana, pon un pollo, un tallo de apio, y una lata de sopa de crema de pollo en la olla, y sazona. Antes de salir a la iglesia, corta diez tortillas de harina en tiras de 5 cms. y échalas a la olla con el pollo. Disfruten delicioso pollo con tortilla al llegar de la iglesia.

No es un marido renegado ni un mal día lo que ocasiona problemas de cocina y limpieza para las esposas jóvenes, es la falta de simple planeación. Cuando yo era niña, siempre comíamos los mismos platillos para determinados días. La cena estaba lista a las 5 p.m.

> ♥ **Tu relación con tu marido es el papel más importante que tendrás en la vida. Si fallas en esto, has fallado en tu vocación y te has perdido el plan perfecto de Dios.** ♥

♦ Siempre cenábamos chícharos, papas y bistec los lunes,

♦ Pastel de carne con camote y ensalada de col los martes,

♦ La cena de los miércoles era pierna con puré de papas y ejotes,

♦ Espagueti y ensalada los jueves, y

♦ Pescado, papitas y ensalada los viernes (la comida que Jesús preparó para sus huéspedes).

Una cena fija para cada día de la semana hacía que fuera más fácil que Mamá planeara y comprara la despensa de cada semana. Mi Papá contaba con la cena, y sabía que estaría lista, caliente y esperándolo cuando llegara del trabajo. La clave es la planeación. Una lista de compras con las cenas de la semana bien definidas, es una herramienta muy útil.

Como esposas, nuestra misión en la vida debe ser perfeccionar nuestra manera de agradar a nuestros maridos.

En ocasiones, la conservación de una buena relación con tu marido no requiere mas que la realización de tareas sencillas, como tener preparada una buena comida a tiempo y una casa limpia, aun cuando no sea fácil o conveniente hacerlo.

Rasgos de una Buena Ayuda Idónea

- Una buena *ayuda idónea* provee un oásis para su marido.
- Prepara alimentos que le agraden; no cocina para su propio gusto.
- Planea y prepara con mucha anticipación.
- Practica el dominio propio.

Fresas y Dulce Amor

Conservo dulces recuerdos de mi infancia, del tiempo que pasábamos recogiendo fresas. El más vívido recuerdo es de mi viejo abuelito arrugado, de rodilla junto a mí, recogiendo fresas y platicando surco tras surco de cuánto amaba a mi abuelita. Aparentemente él no veía su vestido abultado, su escaso pelo canoso ni su viejo rostro arrugado. La idea de que él la amara y de que ella fuera una mujer hermosa era un concepto novedoso que mi mente joven encontraba divertido. Recuerdo que me daba tanta risa que en ratos me resultaba difícil recoger fresas. Su declaración de amor también era muy reconfortante. Mi abuelita honraba y obedecía a mi abuelito. Era ese fundamento de amor y honra entre ellos que fortalecía a la familia, incluyendo a la familia extensa. Al leer el siguiente relato, escrito por mi buena amiga y prima (ellos eran abuelos de ella también), verás cómo fuimos condicionadas para agradar a nuestros maridos. Nos enseñaron a no sentirnos ofendidas y a nunca tratar de corregirlos. Si abuelita alguna vez se ofendía, nadie lo sabría, porque se entendía bien que una mujer tiene obligaciones y debe ser prudente en el cumplimiento de ellas.

"Una mujer sabia siempre evita ser carga, y busca aportar positivamente al matrimonio. Busca maneras de ganar, ahorrar y usar el dinero sabiamente. Su marido sabe que es un hombre más rico, gracias a su esposa."

¿Qué Es una Comida Fría?

Por Freida Lansing, prima y amiga de la infancia de Debi

La vida es tan diferente a lo que era antes. Recientemente varias mujeres estábamos alrededor de una mesa, platicando algunas de nuestras primeras experiencias desastrosas en la cocina. Me trajo recuerdos vívidos de mis días de recién casada. Cuando yo me casé, realmente no sabía cocinar nada. Además, mi familia comía estrictamente "estilo ranchero"—chícharos y pan de maíz (sigue siendo mi favorito), jamón, chuletas de puerco, pollo frito, hojas de nabo, etc., mientras la familia de mi marido comía una dieta de estilo muy diferente.

> Se consideraba una ridiculez cargar con resentimientos. Ninguna mujer con dignidad se ofendía ni andaba molesta.

Nunca olvidaré aquella tarde calurosa. Vivíamos en un departamento atrás de una enorme casa colonial. Teníamos una combinación sala/cocina y un baño. No teníamos aire acondicionado, y como vivíamos en el sur, el verano era terriblemente caluroso. Un día bochornoso de verano, trabajé duro para preparar una cena casera para mi marido, y la tenía lista cuando él llegó después de un día difícil de trabajo en la construcción. Cuando entró a la casa, estaba sudoroso y acalorado. Miró la comida y dijo desilusionado: "Hoy no es día para comida caliente; en un día como este se necesita una comida fría." Mi corazón se sintió aplastado. Yo misma estaba acalorada y sudorosa, y me había matado sirviéndole de la mejor manera posible. Yo nunca había oído siquiera de una comida fría. ¿De qué estaba hablando? En esa etapa de mi vida un tomate relleno de atún o una ensalada de pollo eran totalmente desconocidos para mí. Debo decirte que mi experiencia no era tan divertida hace treinta años, pero al terminar de contarla a mis amigas, todas estábamos riendo de lo "aplastada" que me había sentido ese día.

Me sorprendió ver que a una de las mujeres más jóvenes a la mesa no le pareció gracioso, y contestó irritada: "¿Se lo aventaste? ¡Yo se lo hubiera aventado!" Este comentario paró en seco mis "recuerdos." ¿Me enojé? ¿Sentí ganas de aventarle la comida en la cara? Sinceramente no recuerdo que se me haya ocurrido eso. Sí recuerdo haberme sentido lastimada y triste. Pero mi pensamiento más apremiante era que tenía que aprender a preparar comidas frías. Cuando yo me casé mi nombre cambió a SRA. Lansing. La vida de él, su programa y sus deseos llegaron a ser las mías. Yo consideraba que mi matrimonio era mi carrera por el resto de mi vida, y tenía intenciones de triunfar en ello. Si a él no le gustaba la comida que yo preparaba, en lugar de negarme a volver a cocinar, quejándome de que era imposible darle gusto, ¡aprendí a cocinar alimento que a él le gustaba! Yo sólo QUERÍA y ESTABA DECIDIDA a agradarle. Y descubrí que en realidad no era tan difícil darle gusto. A la mayoría de los hombres es fácil darles gusto. Recientemente oí que alguien dijo que lo único que necesita un hombre es alimento, sexo y respeto, y estará bastante contento. Definitivamente que ésa es una simplificación excesiva, pero por experiencia sé que esas cosas son las necesidades básicas, rudimentarias de todo marido. Así que he trabajado desde esa perspectiva durante casi 33 años. Mi META sigue siendo agradar a mi marido. Me complace decirte que él se deleita conmigo. Yo estaba decidida a ganarme su deleite.

Más madura, más sabia y aún muy enamorada,
Freida

> "La mujer sabia no deja que su espíritu
> se agite por pequeñeces. Con un espíritu
> callado y apacible, busca mejorar todas las
> cosas."

Reflexionando sobre...

1. ¿Fue agradable al Señor que Freida procurara preparar alimentos que le gustaran a su marido?

2. ¿Hubiera sido pecado responder con enojo o resentimientos?

3. ¿Tú hubieras buscado agradar a tu marido si él hubiera manifestado ingratitud tan insensible?

4. ¿Crees que su marido sólo estaba tratando de ser cruel?

5. Cuando te casaste, ¿veías tu matrimonio como una carrera de agradar a tu marido?

"La mujer virtuosa es corona de su marido; mas la mala, como carcoma en sus huesos" (Proverbios 12:4).

Desarrolla un nuevo hábito. La mayoría de las esposas que lean este libro fueron formadas para <u>no</u> honrar a su marido. Lo más probable es que hayas sido formada por el ejemplo de tu madre para no respetar y para tener resentimientos contra tu padre. Fuiste formada observando que tu mamá mostraba desaprobación de los malos hábitos de tu padre, y no ha cambiado nada en tu manera de relacionarte con tu marido. Parece normal enojarte en lugar de buscar cambiar para bien. No es fácil romper con una tradición bien arraigada, pero bien que valdrá la pena el esfuerzo.

Liberadas para Su Pesar

Empezando con el movimiento de la "liberación" de la mujer en la década de 1960, se espera de las mujeres, y han sido enseñadas a sentir rechazo por hombres en autoridad. Los medios de comunicación, revistas, películas y libros populares han fomentado la erradicación de la distinción entre lo masculino y lo femenino. Las iglesias tradicionales, como siempre, sólo llevan como una década de rezago en relación con el mundo, de modo que los libros cristianos y los ministros han seguido con su propia teología de liberación femenina. Ministros y teólogos han inventado maneras de descartar la autoridad de las palabras de Dios encontradas en la Escritura, cuando hablan acerca de la naturaleza y los deberes de hombres y mujeres. Ha llegado a tal extremo que las iglesias ahora están convencidas de que la Biblia apoya la mentalidad moderna.

Cuando yo era niña, nadie en nuestra gran familia extensa podía recordar un divorcio en ninguno de los dos lados de la familia, incluyendo muchos tíos, tías, primos y abuelos. Tampoco había un caso de violencia doméstica. En los últimos 50 años, todo eso ha cambiado de manera dramática.

Es difícil creerlo, pero la siguiente tarea fue tomada de un libro de texto de administración del hogar utilizado en la escuela pública en la década de 1950. ¡Esto es lo que se le estaba enseñando al público en general cuando yo era estudiante! ¿Puedes imaginar el escándalo que ocasionaría si alguien incluyera esto en un libro de texto de escuela pública en la actualidad?

Cómo Ser Buena Esposa Hoy

(tomado textualmente de un libro escolar de administración del hogar en 1950)

* *Ten la cena lista.* Planea con anticipación, incluso desde la noche anterior, para tener una deliciosa cena a tiempo. Ésta es una manera de comunicarle que has estado pensando en él y te interesan sus necesidades. La mayoría de los hombres llegan a casa con mucha hambre, y la perspectiva de una buena cena es parte de la cálida bienvenida que se necesita.

* *Arréglate.* Toma 15 minutos de descanso para que estés fresca cuando él llegue. Retoca tu maquillaje, pon un listón en tu cabello para lucir fresca. Él acaba de estar con mucha gente fatigada por el trabajo. Sé un poco alegre y más interesante. Su día aburrido pudiera necesitar un estímulo.

* *Recoge el tiradero.* Haz un último recorrido por la casa antes de que llegue tu marido, recogiendo libros, juguetes y papeles. Luego, pasa un sacudidor por las mesas. Tu marido sentirá que ha llegado a un refugio de descanso y orden, y te levantará el ánimo a ti también.

* *Prepara a los niños.* Toma unos minutos para lavarles las manos y la cara a los niños (si son pequeños). Péinalos, y si es necesario, cámbiales la ropa. Son pequeños tesoros, y a él le gustaría verlos haciendo ese papel.

* *Elimina ruidos.* A la hora de su llegada, elimina ruido de la lavadora, secadora o aspiradora. Anima a los niños a guardar silencio. Muestra gusto de verlo. Salúdalo con una cálida sonrisa.

Cosas a evitar:

* *No lo recibas con problemas* ni quejas.

* *No te quejes si ha llegado tarde* a cenar. Considéralo una pequeñez en comparación con lo que él pudiera haber pasado ese día. Ponlo cómodo. Haz que se recline en un sillón cómodo o sugiere que se acueste en la recámara. Tenle preparada una bebida fría o caliente. Arréglale la almohada y ofrece quitarle los zapatos. Háblale con voz baja, tierna, tranquilizadora y agradable. Permite que descanse y se relaje.

* *Escúchalo.* Quizá tengas una docena de cosas que quisieras decirle, pero el momento de su llegada no es el indicado. Deja que él hable primero.

Haz que tu hogar sea refugio de descanso y paz

* *Haz que la tarde sea de él.* Nunca te quejes si no te saca a cenar o a otros lugares de distracción. Mas bien trata de entender su mundo de tensión y presión, su necesidad de estar en casa y relajarse.

> *"La meta: trata de hacer de tu hogar un lugar de paz y orden; que tu marido pueda renovarse en cuerpo y en espíritu."*

¿Te das cuenta de lo que ha sucedido en los últimos 50 años? Toda estudiante adolescente aprendía una cosmovisión conservadora que era más bíblica en su perspectiva de lo que las iglesias enseñan hoy.

> *"La mujer sabia adapta su vida a la de su marido. Los hábitos de juego, alimentación y sueño de él llegan a ser los de ella."*

Estoy al Borde de un Colapso Nervioso

Esta carta muestra que cuando las cosas no salen a nuestra manera, suelen hacer que tengamos un espíritu inquieto, nervioso en lugar del espíritu callado (prudente) que Dios quiere que tengamos. Fue bueno saber que esta mujer finalmente encontró paz. El artículo al que ella se refiere se encuentra (en inglés) en el portal de internet www.nogreaterjoy.org.

Escuché la lectura pública de su artículo llamado "Maridos Carnales, Esposas Gruñonas y Niños Cascarrabias" en un seminario en Knoxville. Por primera vez entendí que mi ansiedad controlaba a mi marido y era un reflejo de mi falta de confianza en él. Cuando salíamos del seminario y estábamos luchando con el tráfico, mi marido mencionó que necesitábamos cargar gasolina. Pasaron varios kilómetros y el tráfico seguía muy denso. De pronto estábamos libres y

♥ ———— ♥

¿Crees que Dios hubiera podido usar a María como madre de Jesús si ella hubiera permitido convertirse en un desastre emocional porque su entorno no era limpio u ordenado?

♥ ———— ♥

Piensa en el lugar donde María dio a luz

en las montañas y no había donde comprar gasolina. Y me encontraba en un estado extremo de nerviosismo. Me había agitado hasta el grado de quererle gritar que regresara a la ciudad para comprar gasolina. Yo alcanzaba a ver el indicador de la gasolina. Estaba totalmente vacío el tanque. Yo gritaba en silencio a Dios que precisamente por esto era que yo tenía que tomar el control, porque él es el hombre más irresponsable y no toma decisiones sabias. Yo sentía que debía decirle lo que hiciera. Yo estaba tan nerviosa, casi enferma, pero por primera vez guardé silencio y contemplé con admiración las montañas. Después de ascender entre las montañas unos 16 kilómetros, finalmente llegamos a una salida donde había gasolinera. Mi esposo me miró, sonrió y preguntó, "¿Qué pasa contigo? No eres un desastre de nerviosismo como de costumbre. Cuánto me alegro que hayas aprendido a relajarte. ¿No es mucho más divertida la vida cuando no estás tan llena de temor? Estoy orgulloso de ti." Tuve que detenerme y reflexionar. Aún cuando se nos hubiera acabado la gasolina, ¿hubiera sido una tragedia? Comprendí que yo había convertido muchas cosas en monstruos. Tenía lo contrario de un espíritu callado y apacible que debemos tener. He aprendido a no dejar que mis temores e irritación por circunstancias inciertas me controlen a mí, o peor aún, a mi marido. Estoy aprendiendo a apoyarme en mi marido.

Sara

"Haya, pues, en vosotros este sentir que hubo también en Cristo Jesús" (Filipenses 2:5).

Santuarios Personales

A muchas mujeres les falta la prudencia bíblica, como lo deja ver la manera en que tratan sus casas como santuarios que deben proteger, en lugar de espacios donde puedan disfrutar a sus familias. Se trastornan emocionalmente si se ensucia la alfombra o si los niños accidentalmente derraman leche sobre el sofá. Se convierten en desastres emocionales por lo que sucede en su entorno físico. Sí tú tienes ese problema, permíteme preguntarte: ¿Cómo te sentirías si tu marido no proveyera mas que un corral para el nacimiento de tu primer hijo? Así fue el caso de María, la madre de Jesús. ¿Crees que Dios hubiera podido usar a María como madre de Jesús si ella hubiera permitido convertirse en un desastre emocional porque su entorno no era limpio u ordenado? Piensa en la muchacha adolescente, María, prendida del lomo de un burro mientras las contracciones hacían que se retorciera su agotado cuerpo y su marido buscaba desesperadamente un lugar para que ella diera a luz.

Muchos han especulado respecto a qué virtudes tendría María como para que Dios la haya escogido para ser madre de nuestro Señor. Yo te puedo decir cómo era. Tenía eternidad en su corazón. Tenía dominio propio, era reflexiva y siempre estaba aprendiendo a tomar decisiones sabias. Cuando una mujer joven aprende a ser prudente, no vivirá para las satisfacciones inmediatas y temporales. Apreciará aquellas cosas que perduran por la eternidad.

Mamá y Papá del Monte
por Rebekah Pearl (edad 16 años), Abril 1991

Hay tanto quehacer,
tantos pendientes.
El trabajo nunca se acaba,
Y el quehacer no es nada divertido.
Nadie agradece tu trabajo,
No hay ningún salario,
Sólo, "¿Qué hay de cenar?"
"¿No hay elotes con arroz?"
Trapeas y barres,
Sacudes y sacas brillo,
Luego te asomas a la sala,
¿y qué es lo que ves?
Sus zapatos en el piso,
Su abrigo en la silla,
Su trasero en el sofá,
¡Y sus pies en el aire!
Así que te quitas tus zapatos,
Y avientas tu escoba.
¡Le cierras un ojo al viejo,
Para que te haga un lugarcito!

¡Por esto mi Papá y Mamá tienen un matrimonio feliz!

REFLEXIONES SOBRE

PRUDENCIA

Rasgos de una Buena Ayuda Idónea

- **Una buena ayuda idónea establece un refugio de descanso.**
- Se adapta al horario de su esposo y sus hábitos de alimentación.
- Se relajará y disfrutará a su familia en lugar de angustiarse y preocuparse.

Palabras con que Dios describe a la mujer impía

Busca los versículos en una concordancia y anótalos. Pide a Dios que te haga aborrecer toda evidencia de estas cosas en tu vida. Cree y entiende que Dios sí te hará libre.

- Fatua
- Alborotadora
- Insensata
- Ignorante
- Cerdo con joyas
- Rencillosa
- Simple
- Iracunda
- Odiada
- Chismosa
- Entremetida
- Ociosa
- Apartada de razón
- Astuta

Trata con Dios en Serio

Piensa en una ocasión en el pasado reciente en que te enojaste o te ofendiste porque tu marido respondió de una manera que consideraste incorrecta. Recuerda que el otro lado de la moneda de estar *enojada* es estar *ofendida*. Es una y la misma moneda, y compra los mismos resultados: un matrimonio malo y una relación tensa. ¿Cuánta diferencia crees que hubiera habido en el desenlace del conflicto si hubieras recordado que tu trabajo es agradar a ese hombre? Escribe tu propia historia. Primero, escribe la que terminó en un gran pleito. Luego, escribe el relato como debió haber terminado. Recuerda, él no tiene que tener la razón ni ser amable para que tú reacciones de manera piadosa. Este ejercicio te ayudará a ver de manera diferente las razones para honrar a tu marido.

Capítulo 16

2. Amar a Sus Maridos

Tito 2:4: "Que enseñen a las mujeres jóvenes a ser prudentes, <u>a amar a sus maridos</u>…"

Amarlo a él significa anteponer las necesidades de él a las tuyas. Yo soy ministra. Si tú eres esposa, tú también eres ministra. Nuestro ministerio está dirigido a nuestros maridos y luego a nuestros hijos. **Fuimos y somos creadas para ser ayudas idóneas. Cada día y cada noche debemos estar preparadas para ministrar a sus necesidades.**

Un Tipo Normal

Estimados Sres. Pearl,

Me encuentro en un dilema y necesito que ustedes le escriban a mi esposa y le digan que lo que yo digo es cierto. Mi esposa piensa que yo soy un pervertido sexual porque necesito sexo. Ella siente que yo no soy sensible a las necesidades de ella cuando yo quiero sexo y ella no, lo cual sucede la mayor parte del tiempo. Ella me da sexo, pero le ofende que yo no la ame suficiente como para considerarla a ella primero. Traté de explicarle que para el hombre el sexo es como la necesidad de comer. Cuando no he comido, vago inconscientemente por la cocina, abriendo puertas de gabinetes, asomándome al refrigerador, buscando y buscando. Le expliqué que unos días sin sexo me deja sexualmente en la misma condición. Por mucho que yo la ame y respete sus sentimientos y necesidades, sigo teniendo esta necesidad sexual abrumadora que me impulsa hasta ser satisfecha.

> **La meta suprema de Dios para ti es que suplas las necesidades de tu marido.**

Son muy pocas las ocasiones en que todo está exactamente al gusto de ella. O está agotada, o tiene dolor de espalda, o no está bien allá abajo o lo que se le ocurra. Traté de explicarle que me está exponiendo a la tentación, y eso sí que la encendió. Ahora no sólo soy un perverso, sino un infiel de corazón, así que ella se irrita cada vez que pasa una muchacha atractiva.

Por favor díganle que de plano necesito a mi mujer. Esa es la esencia del asunto; soy normal—todos los hombres necesitan a una mujer. Ella dice que pude llegar hasta los 23 años sin sexo, así que, ¿por qué tengo que tenerlo ahora? Le dije que cuando era soltero no tenía que ver que una se desvistiera ni estar en la cama sabiendo que podría si yo quisiera. Sólo quiero llegar a casa y ser hombre de familia. Quiero meterme a la cama por la noche con una mujer que se alegra de que yo sea su marido, y quiero hacer el amor cada pocos días para no tener que pensar en las muchachas en el trabajo. ¿Podrían escribirle para explicarle todo esto? Quizá si se lo dicen ustedes ella podrá entender que yo también tengo sentimientos— sentimientos físicos y sentimientos emocionales.

Miqueas

"Por esto dejará el hombre a su padre y a su madre, y se unirá a su mujer, y los dos serán una sola carne. Grande es este misterio; mas yo digo esto respecto de Cristo y de la iglesia" (Efesios 5:31-32).

▸ La meta suprema de Dios para ti es que suplas las necesidades de tu marido.

- La intención original de Dios era que una mujer pasara su vida ayudando a su marido a realizar sus sueños y sus ambiciones.

- Desde el principio, Dios quiso que fuéramos consuelo, bendición, recompensa, amiga, aliento y brazo derecho.

"¿En qué te puedo ayudar, Adán?"

"Toma el otro extremo de ese tronco, y ayúdame a moverlo hacia acá."

"¿Cuál debe ser mi siguiente proyecto, Adán?"

"Tener preparada mi cena cada noche, y cuidar bien a mis pequeños."

"Estás construyendo una cerca muy resistente, y la puerta se ve tan bonita. Estoy muy orgullosa de ti, Adán. ¿Qué quisieras que haga ahora?"

"Quítate la ropa muy lentamente para que yo pueda observar...Si, eres muy buena ayuda idónea."

> **Cuando una mujer no tiene interés en la pasión que más lo absorbe a él, él siente que ella no tiene interés en él.**

Marco de Referencia

El hombre tiene un concepto de amor y matrimonio diferente al de la mujer, especialmente después de varios días sin tener relaciones sexuales. Este libro no es un "instructivo" para el hombre. Omitiré la parte de él, y me ocuparé con la parte de la mujer. Dios describe el matrimonio diciendo, "**serán una sola carne**," o sea que se unirán sus cuerpos.

Muchos hombres sienten que el matrimonio no es exactamente lo que ellos esperaban. Algunos hombres se pasan su juventud soñando con la pasión desenfrenada que van a disfrutar con la mujer que aman más que la vida misma. Será la expresión de la unidad que tendrán únicamente con ella. Esto verdaderamente es el diseño de Dios para el hombre en el departamento del amor.

El hombre recuerda las miradas apasionadas y amorosas que le dirigía su novia antes del matrimonio. Naturalmente él suponía que ella siempre lo vería de esa manera amorosa. Durante su cortejo, ella lo hacía sentir así. **Él lo veía reflejado en el rostro de ella.** Lo único que él quería era satisfacer ese animal hambriento que él veía en ella, y por un tiempo, ella fue todo lo que él había esperado. Pero luego eso fue desapareciendo. Ella ya no tenía interés. **La indiferencia de ella por lo sexual es un reflejo de su corazón, y él lo sabe.**

Existe una multitud de excusas que usan las mujeres para explicar por qué "prefieren que no", o por qué "no pueden responder" sexualmente. Considero que las he escuchado todas. Su marido percibe en su espíritu que todas sus excusas son precisamente eso: excusas para no quererlo a él.

Cuando una mujer no tiene interés en la pasión que más lo absorbe a él, él siente que ella no tiene interés en él. Cuando una mujer sólo "permite, coopera y tolera", deja al hombre sintiéndose incompleto. Si para el hombre el sexo fuera únicamente copulación, haría su depósito y estaría satisfecho. Pero para él es intimidad, una fusión de espíritus, una manera de decir: "Te amo…Te necesito…Me gustas." Las necesidades más básicas del hombre son: cálido amor sexual, aprobación y admiración. Si su esposa está dispuesta, pero indiferente, no está expresando ni sexo ni amor.

Es una tonta la mujer que se cree sus propias excusas o que piensa que lo puede convencer a él de que lo que dice es verdad. La entrega de ella a medias hace que él se sienta incompleto y no amado. Con su desobediencia a Dios en esta área del sexo y el amor, la mujer está poniendo una terrible maldición sobre su marido. Cuando una mujer coloca en esa situación a un hombre, es equivalente a que el marido le dijera a su esposa, "Eres una pésima, tonta y fea esposa, pero de todas maneras seré buen marido y te daré un beso hoy." La esposa tiene más influencia sobre el marco de referencia de un hombre que ninguna otra cosa o persona en su vida.

El hombre es impulsado a triunfar. Las hormonas lo impulsan a ser el mejor en su trabajo, a manejar agresivamente, a construir el mejor edificio o a componer la mejor pieza musical. Pero su impulso más apremiante es el de tener éxito como amante. **Hacer que su esposa se sienta espléndida cuando la toca es la máxima prueba de su hombría—la medida misma del hombre.** No puede ver la vida de otra manera; así lo hizo Dios. Necesita una esposa, una ayuda idónea, una asistente que supla la necesidad que Dios puso en él. **Si la esposa no satisface sus necesidades de intimidad y sexo, ella será una <u>ayuda-no-idónea</u>,** una asistente *no adecuada* **para la tarea para la cual Dios la creó.**

Gran Pecado

Ninguna mujer ama realmente a su esposo si no trata de agradarle en esta área tan importante. Si no te interesa el sexo, entonces por lo menos interésate suficientemente en él como para darle a **él** buen sexo. Si no estás amando a tu marido, estás en peligro de blasfemar la Palabra de Dios.—**"que amen a sus maridos."** La Biblia dice: **"Y al que sabe hacer lo bueno, y no lo hace, le es pecado"** (Santiago 4:17). Espero que simplemente no entendías que tu falta de interés sexual en tu marido era pecado, pero ahora lo sabes.

Tu Ministerio Ordenado por Dios

Estimados Sres. Pearl,

Disfrutamos sus publicaciones y esperamos que nos puedan ayudar. Nuestra pregunta es: ¿Cómo es un matrimonio Cristo-céntrico, sexualmente realizado e íntimo? Nuestro matrimonio es excepcionalmente maravilloso excepto por nuestra intimidad en la esfera sexual. Mi marido siente que un "interruptor" se apagó en mí después del nacimiento de los niños, y que ya no disfruto de las relaciones como antes. Yo considero que tiene razón en su evaluación de esto. A veces me da vergüenza el acto sexual y siento que el sexo oral es malo, aunque anteriormente lo disfrutaba. Hemos orado al Señor pidiendo algún tipo de dirección con esto. Mi marido ha apagado su deseo de relaciones sexuales, así que vivimos como mejores amigos que hacemos todo juntos menos hacer el amor. Apreciaremos mucho cualquier ayuda o consejo que nos puedan dar. Ambos queremos resolver este asunto de raíz una vez por todas.

Sra. C

> **Matrimonio significa ser una sola carne. No significa ser los mejores amigos.**

"Pero a <u>causa de las fornicaciones</u>, cada uno tenga su propia mujer, y cada una tenga su propio marido. El marido <u>cumpla</u> [conceda] con la mujer el deber conyugal [la satisfacción sexual que le debes], y asimismo la mujer con el marido. La mujer <u>no tiene potestad</u> sobre su propio cuerpo, sino el marido; ni tampoco tiene el marido potestad sobre su propio cuerpo, sino la mujer. <u>No os neguéis</u> el uno al otro, a no ser por algún tiempo de mutuo consentimiento, para ocuparos sosegadamente en la oración; y volved a juntaros en uno, para que <u>no os tiente Satanás a causa de vuestra incontinencia</u>" (I Corintios 7:2-5).

Estimada Sra. C,

No me estarías escribiendo a menos que ambos estuvieran insatisfechos con su actual relación. Tú sabes que no es correcta. Cuando te casaste firmaste comprometiéndote a ministrar a las necesidades de él. Tu misión en la vida es ministrar a tu marido. Matrimonio significa ser una sola carne. No significa ser los mejores amigos. En la práctica, tú no estás en una relación matrimonial con tu marido. Tú y tu marido en efecto están viviendo como divorciados, habiéndose apartado el uno al otro. Dios ordena en I Corintios 7:5: **"No os neguéis el uno al otro, a no ser por algún tiempo de mutuo consentimiento, para ocuparos sosegadamente en la oración; y volved a juntaros en uno, para que no os tiente Satanás a causa de vuestra incontinencia."** Dios nos ha dicho claramente que no tener contacto sexual regular es dar oportunidad a Satanás para tentar a los matrimonios. Esposa, el ministerio que Dios ha ordenado que tengas ante tu esposo es el de ser su compañera sexual entusiasta, lista para disfrutarlo en todo momento. Hacer menos que eso es un grave error. Si amas a tu marido como Dios manda, siempre procurarás darle placer. Así cumplirás con tu papel como su ayudante adecuada.

Cuando el ángel anunció a Sara, a sus 89 años de edad, que ella y Abraham copularían y tendrían un hijo, ella respondió con risa y dijo, **"¿Después que he envejecido, tendré deleite, siendo también mi señor ya viejo?"** (Génesis 18:12). Deleite es lo que Sara recordaba y experimentaba con su marido. Se le menciona a ella en Hebreos 11 como una de las columnas de la fe.

El hijo de Sara, Isaac, encontró consuelo para su pesar después de la muerte de su madre, mediante la realización sexual con su esposa, Rebeca (Génesis 24:67).

Todo un libro de la Biblia, Cantar de los Cantares, está dedicada a cantar alabanzas a Dios por la gozosa expresión de amor en la unión sexual de un hombre con su esposa. Su descripción del placer erótico es tan gráfico que algunos sienten vergüenza al leerlo o escuchar su lectura en voz alta. Mi marido escribió un comentario sobre este libro, llamado *Sexo Santo*. - *Debi*

Sus Brazos Son Mis Brazos

Estimados Sres. Pearl,

Hace mucho tiempo que no me siento cerca de Dios. Algo faltaba, Me sentía vacía y sola. Realmente no tenía idea de lo que andaba mal. No tenía propósito como madre, y mi disciplina de los hijos era inconstante y cargada de enojo. Mi administración del hogar era deficiente. En el pasado mi marido y yo hemos tenido una excelente relación, pero aún eso se había debilitado. Solía llorar hasta quedarme dormida, sin saber qué era lo que andaba mal.

Mi marido había estado intentando tener intimidad conmigo durante "esa época del mes," y yo generalmente lo alejaba. Él sabía que había llegado de nuevo "ese tiempo", pero me aseguró que sólo quería darme placer. De hecho, desde hace años él ha intentado darme momentos de placer aun cuando no "lo hagamos todo", pero yo lo he rechazado. Supongo que soy de mente muy cerrada; para mí es todo o nada. Así que cuando yo no sentía que lo podía disfrutar "todo", era nada. Anoche, después de rechazar a mi esposo una vez más, mi corazón clamó a Dios y empecé a llorar y orar. Después de un rato se acabaron los sollozos y me calmé (mi querido esposo soñoliento me había abrazado y me había dejado agotar mi llanto). Fue en ese momento que sentí como si Dios me dijera con una voz callada y apacible: "Esos brazos que te rodean con tanta ternura son MIS brazos." Sentí el calor y la fuerza de los brazos de mi marido alrededor de mí. Comprendí que al rechazar a mi marido, había estado rechazando al Señor. ¡Con razón me sentía solitaria! Me estaba rehusando a recibir consuelo precisamente de quien Dios había puesto para ser mi salvador y guía aquí en la tierra. ¡Con cuánto entusiasmo fui a mi marido, y con cuánto entusiasmo continuaré! La vida es un continuo aprendizaje. Encajonamientos, límites, reglas auto-impuestas, todas son la misma tinta.

¡Hoy fue como un nuevo día! Mis hijos, mi casa, mis quehaceres, vi todo con otros ojos—ojos de gratitud, corazón agradecido y un alma llena de gozo y amor.

Cheryl

"La mujer sabia mide las necesidades de su marido. Busca satisfacer sus deseos aún antes de que él esté consciente de ellos. Nunca lo deja soñando despierto fuera del hogar. Suple cada uno de sus deseos."

Blasfemando la Palabra Escrita de Dios

Estimado Sr. Pearl,

Tengo una pregunta. ¿Sería pecado castrarme? Soy marido y padre, y simplemente no puedo satisfacerme con mi esposa porque ella no desea sexo con mucha frecuencia. La Biblia dice: "Cualquiera que mira a una mujer para codiciarla, ya adulteró con ella en su corazón." ¿No sería mejor en mi caso ser castrado? Hablé con mi esposa, y a ella no le importa. Estoy cansado de pecar.

Sr. Miller

Ésta es una carta auténtica de un hombre real que se llama Sr. Miller. ¡Nos quedamos pasmados! ¿Qué le decimos a este hombre que está dispuesto a perder su hombría con tal de evitar la lascivia ocasionada por su esposa indiferente? La gravedad del pecado de su esposa es aterradora. Ella no tiene NINGÚN TEMOR de Dios Todopoderoso. Ha blasfemado la Palabra de Dios con su egoísmo, pensando únicamente en sus propias necesidades, sin amor por su marido. Nunca, jamás seas culpable de tan grave pecado. Este marido necesita saber que Dios dice: "**La mujer <u>no tiene potestad</u> sobre su propio cuerpo, sino el marido... <u>No os neguéis</u> el uno al otro...<u>para que no os tiente Satanás a causa de vuestra incontinencia</u>**" (I Corintios 7:4-5). Dios le otorga al cónyuge pleno acceso al cuerpo de su pareja para satisfacción sexual. Y recuerda, indiferencia es indisposición.

> ❤ ————————————— ❤
>
> **Dios creó al hombre con necesidad regular de una mujer, y ordenó a la esposa que asegurara que su necesidad fuera satisfecha ¡por ella!**
>
> ❤ ————————————— ❤

Es Asunto de Fisiología

Dios hizo al hombre para que necesitara el sexo. Debe encontrar alivio para su deseo sexual acumulado, aun cuando eso signifique derramar su semilla en su sueño. I Corintios 11:9 dice: "**Y tampoco el varón fue creado por causa de la mujer, <u>sino la mujer por causa del varón.</u>**" Cada hombre es un poco diferente en lo que concierne a sus necesidades sexuales. Si está enfermo, cansado, estresado, asustado, se siente rechazado, o incluso si está distraído por un proyecto grande, su deseo sexual puede disminuir o incluso quedar suspendido durante una semana o dos. Una alimentación sana también afecta positivamente. Vitaminas, hierbas y ejercicio juegan un papel importante. El hombre tiene un impulso sexual incrementado después de emociones o ejercicio físico. Si está emocionado por el éxito, pudiera tener una necesidad mayor que lo habitual. Hasta el clima afecta los impulsos del hombre.

El hombre se ve afectado negativamente cuando su esposa responde sin entusiasmo. El pobre hombre nunca siente un alivio total y por tanto nunca se siente totalmente satisfecho, de modo que siente que ha de ser algún tipo de perverso sexual, porque necesita sexo con tanta frecuencia. Es como si comiera un pequeño bocado de vez en cuando, pero sin sentarse nunca a comerse un buen plato de jugoso bistec con ensalada. **Una buena esposa sabe que entre más intensa la respuesta de ella, más placentero puede ser el orgasmo de su marido, y más completa y duradera será su satisfacción.** Cuando tú respondes con poco entusiasmo le comunicas a él, "Sólo tienes la mitad de mi corazón." Una respuesta a medias de parte de la esposa puede convertir a un hombre dulce, afectuoso en un viejo perro geniudo. Puede convertir a un hombre muy inquieto en un idiota emocional en su trabajo, en la casa e incluso en la iglesia.

Dios creó al hombre con necesidad regular de una mujer, y ordenó a la esposa que asegurara que su necesidad fuera satisfecha. Hazte un favor a ti misma y a todos los demás, y dedica por lo menos 15 minutos cada pocos días a complacer *totalmente* a tu marido.

Cuando una mujer defraude a su marido en esta necesidad vital que Dios ha puesto en él, debe temblar de temor por las consecuencias. Y recuerda, todo su ego está atado a esta experiencia sexual. **Para él es la máxima expresión de su más profundo amor por ti**, la medida más plena de intimidad contigo que él puede imaginar. Todo su cuerpo, alma y espíritu son arrebatados a los lugares "celestiales" de la tierra en este sólo acto de compartir ese amor contigo, la medida misma de su persona.

> Cuando realmente amas y reverencias a tu marido, la sola idea de que él ame a alguien como tú, debe emocionar tu corazón y crear en ti el anhelo de darle placer.

Hormonas–Curso Básico

Todas las damas tenemos básicamente las mismas hormonas. En los últimos cincuenta y tantos años, mis hormonas han fluctuado un poco, pero he sido completamente mujer durante todos esos años. Es asombroso, ¿no? En la adolescencia, el matrimonio, los embarazos, partos, reglas, menopausia, lo que gusten, nuestras hormonas siempre estaban presentes, conservando nuestra feminidad. En términos generales, toda mujer tiene los mismos impulsos sexuales.

¿Amas a tu marido como él necesita que lo ames, como fuiste creada para amarlo? Si no calificas muy alto en este renglón, estás dejando la puerta abierta para que tu marido sea tentado por otras mujeres. **El deber del hombre es andar en la verdad y tener alta integridad**, pero la mujer que confía en la habilidad de su marido para soportar todas las cosas, al mismo tiempo que provee circunstancias que lo prueben al máximo, es una necia. *Tu deber* **es satisfacer sus necesidades sexuales.** Su responsabilidad de ser fiel a ti, y **la tuya de ser fiel a él** son igualmente importantes, y como esposas tendremos que dar cuentas a Dios de nuestra fidelidad en esta área. **Yo le llamo "ministrar" a mi marido. Él dice que soy una excelente ministra.**

Para una mujer, la expresión sexual comienza en su mente y en su corazón. Amor es entregar tu esencia, tu interés propio. Es optar por las necesidades de otro antes que las tuyas. Una mujer decide tener interés o no tener interés en las necesidades de su marido. Así, cuando la más alta prioridad de una mujer son sus propias necesidades y sentimientos, obligadamente verá el sexo como una experiencia estrictamente carnal, porque entonces, de hecho, tiene una perspectiva totalmente hedonista—su propia satisfacción personal. Pero si una mujer ve el sexo como un ministerio hacia su marido, entonces será un acto desinteresado de benevolencia. No es necesario que espere a ser estimulada para desear erotismo; basta que busque satisfacer las necesidades de su marido. Te diré un secreto: cuando las necesidades de tu marido sean tu prioridad, te entusiasmarás con la experiencia y los disfrutarás tú también. Así es como Dios lo diseñó. El principio es universal. Compara nuestros deberes cristianos. No ministramos a otros porque encontramos bendición—ministramos a otros porque queremos bendecirlos. Es totalmente fortuito que un resultado secundario de bendecir a otros desinteresadamente nos traiga bendición a nosotros también. Eva fue creada para ser ayudante de Adán. Ella no se siente realizada cuando busca su realización personal, sino que al cumplir su deber de bendecirlo a él, la bendición vuelve sobre ella.

Las hormonas responden a estímulos. Recuerdas la historia de Rut. Ella le entregó su bebé a la anciana Noemí para que lo amamantara. Es un hecho que una anciana que no ha tenido un bebé en veinte años o más, puede producir leche en sus pechos y amamantar a un bebé. No se requiere mas que el estímulo físico del bebé tratando de mamar para provocar que sus glándulas produzcan leche. Incluso la mujer que nunca ha estado embarazada puede amamantar a un bebé si el bebé estimula sus pechos mediante la lactancia. Pudiera llevar varios días, o incluso algunas semanas, pero si persiste el estímulo, funcionará.

Repetiré un hecho médico reconocido: **Las hormonas responden a estímulos.** La mujer cuyo corazón y mente se concentran en agradar a su marido tiene hormonas listas para ser estimuladas para responder a los deseos de su marido. Antes de que esas hormonas se activen y empiecen a funcionar, una buena mujer debe responder con gran deleite hacia su marido, por la sencilla razón de que ella encuentra gozo en el placer de él.

No me hables de la menopausia; ya conozco bien la menopausia, y es una excusa muy pobre. No me cuentes de lo incómodo o doloroso que resulta para ti. ¿Acaso crees que *tu* cuerpo es especial y tiene necesidades especiales? ¿Sabes quién te creó? y, ¿sabes que es el mismo Dios que espera que le des sexo libremente a tu marido? ¡Déjate de pretextos! Decide encontrar la manera de superar tus "pretextos," y provee el placer que tu marido desea recibir únicamente de ti. Tu Creador conoce tu corazón. **Cuando realmente amas y reverencias a tu marido, la sola idea de que él ame a alguien como tú, debe emocionar tu corazón y crear en ti el anhelo de darle placer. Si tu corazón está bien con Dios, te concentrarás en las necesidades de él y dejarás a un lado tu propia actitud egoísta y remilgosa.** Las hormonas allí están, listas para ser activadas. Acércate a tu marido con la intención de pasarla bien con él. La mujer prudente PLANEA con anticipación.

Debes leer el libro *Sexo Santo* por Michael Pearl. Búscalo en www.nogreaterjoy.org.

Despierta, Amado Mío

Estimados Sres. Pearl,

Cuando tomé su libro, Sexo Santo, tenía temor de leerlo. Creía que me dirían que lo que yo estaba sintiendo era malo—pero no fue así. En realidad me han hecho un maravilloso regalo.

Tenemos 26 años de casados, y nuestro amor mejora a medida que maduramos. El sexo siempre ha sido muy satisfactorio; cada uno busca agradar al otro. Tengo un maravilloso compañero en la cama, y me siento muy bendecida.

Nunca he tenido problemas para disfrutar a mi marido, pero he empezado a sentir un anhelo más profundo y "hambre" de él. Yo pensaba que esto era malo. Las ocasiones en que lo besaba de pies a cabeza, para mí eran sentimientos de adoración y a veces veneración por él, y yo sentía que no era correcto. Yo lo amaba tanto, y deseaba depositar en él todos mis sentimientos, pero luchaba con la sensación de que no fuera correcto hacerlo.

Hay ocasiones en que lo estoy disfrutando tanto que al terminar de hacer el amor, lloro. Él me ha preguntado por qué, y no lo puedo explicar, excepto que, con todo lo que yo soy, me siento agradecida por su amor. Me siento completamente satisfecha.

Ustedes me han ayudado a aceptar que nuestro Creador nos diseñó para que fuéramos espíritu, alma y cuerpo, y que la "unión" en la carne puede ser más que física; puede tener una esencia espiritual y emocional que es pura.

Eran las dos de la mañana hoy cuando terminé de leer su libro. Desperté a mi amado y me compartí sin reservas con él. Lloré en sus brazos después, y todo era bueno. Gracias por su libro, Sexo Santo.

Brenda

El matrimonio entre un hombre y una mujer es una figura de nuestra relación con Cristo. Es un gran misterio. La unión física entre un hombre y una mujer es tan bella, tan espiritual, que Dios usa la relación sexual para ilustrar nuestra relación con Él.

El gran misterio incluye una cercanía espiritual, transparencia emocional, intensidad de sentimientos y el acto de la amorosa copulación. El matrimonio en toda su plenitud fue lo que Dios escogió como ejemplo de Cristo y la iglesia. No fue algo inventado por Adán y Eva y transmitido a través de los siglos hasta nosotros.

"Honroso sea en todos el matrimonio, y el lecho sin mancilla" (Hebreos 13:4). La gran satisfacción de Brenda no se debe a que su marido sea tan espiritual, sensible ni dotado de algún don sexual especial. Esta pareja está experimentando lo que Dios quiere para todo matrimonio. En las relaciones marido-mujer, Dios siempre habla primeramente a la mujer, diciéndole que se **sujete**, y después al marido, diciéndole que **ame**. La relación de Brenda con su marido comenzó con su actitud de honor y gratitud hacia él. Puedes ver hasta dónde la condujo.

> **"Tres cosas me son ocultas; aun tampoco sé la cuarta: Es rastro del águila en el aire; El rastro de la culebra sobre la peña; El rastro de la nave en medio del mar; Y el rastro del hombre en la doncella"** (Proverbios 30:18-19).

> ## Cantares 3:4
> **"...Hallé luego al que ama mi alma; lo así, y no lo dejé..."**

Un Millón de Gracias

Cuando estaba terminando este libro, recibí una caja grande en el correo. Estaba llena de deliciosas manzanas envasadas en casa y harina para pan de calabaza. Las damas en la oficina que reciben la correspondencia podían oler el encantador aroma ¡aun sin abrir la caja! Como no reconocí el nombre del remitente, busqué hasta encontrar una carta que explicaba el maravilloso regalo. Aquí está la carta para que ustedes la disfruten. Comimos pay de manzana al día siguiente.

Estimados Michael y Debi Pearl,

¡Hola! Mi marido y yo estamos muy agradecidos con ustedes dos. Acabamos de ver los videos sobre el matrimonio (Maridos Amen a Sus Esposas, Esposas, Honren a Sus Maridos). Tuve que pedirle perdón a mi marido muchas veces. Vimos el mensaje para esposas primero, y una semana más tarde mi esposo dijo que era tiempo de ver el mensaje para esposos. Al encenderlo me dijo en broma, "Tengo un poco de miedo." Fue excelente.

Posteriormente leí el libro, Sexo Santo, y ¡VAYA! Muchas gracias. En ese momento decidí enviarles mi pay de manzana en un frasco y harina para pan de calabaza con especies, que son dos estupendos aromas al estar horneando.

Mi marido recientemente comentó sobre lo grande que es Dios, y dijo que hace un año él hubiera dicho que era Dios el que nos estaba separando (culpa mía por tratar de ser su conciencia), pero AHORA es Dios quien nos está uniendo más.

No puedo expresarles lo agradecida que estoy. Puedo ver la paz y el gozo hasta en nuestros hijos. Personalmente considero que toda mujer debe leer el libro, Sexo Santo, y ya se lo he pasado a varias amigas, y ellas y sus maridos también están muy agradecidos. Actualmente estoy hablando con la esposa de mi pastor para ver si ella lo quiere leer.

Mi amiga y yo bromeamos que cuando seamos mayores, ella les enseñará a las esposas cómo sujetarse, y yo les enseñaré a bailar la danza del vientre frente a sus maridos. ¡Sonrisa! ¡Qué gozosa se está tornando la vida en nuestra casa! Alabo a Dios por ser tan paciente conmigo y por las muchas bendiciones que tenemos. No deja de asombrarme lo grande y vasto del amor del Padre. Bueno, disfruten sus postres, ¡porque nosotros estamos disfrutando los nuestros! Gracias!, ¡Gracias!, ¡Gracias!

La Ayuda Idónea de Él,
Melanie

Excepción: Perversiones Sexuales

El sexo anal es un acto homosexual, y ningún hombre ni mujer normal lo desea. El uso de la pornografía ha incrementado esta abominación. Es una práctica sucia y médicamente peligrosa. Dios, el Creador maestro, hizo un **"uso natural"** de la mujer para la expresión sexual. Cualquier hombre que practica sexo anal automáticamente es sospechoso para otras actividades aberrantes. Si tu marido se ha pervertido de esta manera, debes negarte respetuosamente a participar. Explícale por qué, y luego hazle pasar un buen rato con todo lo que es natural.

> **"Por esto Dios los entregó a pasiones vergonzosas; pues aun sus mujeres cambiaron el uso natural por el que es contra naturaleza, y de igual modo también los hombres, dejando el uso natural de la mujer, se encendieron en su lascivia unos con otros, cometiendo hechos vergonzosos hombres con hombres, y recibiendo en sí mismos la retribución debida a su extravío. Y como ellos no aprobaron tener en cuenta a Dios, Dios los entregó a una mente reprobada, para hacer cosas que no convienen"** (Romanos 1:16-18).

Si tu marido alguna vez manosea sexualmente a tus hijos, avisa a las autoridades. Denúncialo en el juzgado, y pide a Dios que le den por lo menos veinte años de prisión, para que los hijos sean adultos cuando salga. Visítalo allí, y anímalo. Consíguele libros y grabaciones con buena enseñanza bíblica y permítele ver a los niños tres o cuatro veces al año en el área de visitas de la prisión. Los niños se recuperan mejor de las agresiones sexuales cuando saben que los agresores (aun sus padres) reciben castigo por sus actos. También será menos probable que sigan en sus pasos.

> **"Mejor le fuera que se le atase al cuello una piedra de molino y se le arrojase al mar, que hacer tropezar a uno de estos pequeñitos"**
> (Lucas 17:2).

Reflexiones Sobre

Amar a Sus Maridos

La unión física entre un hombre y una mujer es tan hermosa, tan espiritual que Dios usa la relación sexual para ilustrar nuestra relación con Él (Efesios 5:22-33).

"Grande es este misterio; mas yo digo esto respecto de Cristo y de la iglesia" (Efesios 5:32).

Rasgos de Una Buena Ayuda Idónea

- Una buena ayuda idónea se gloría en satisfacer las necesidades de su marido.
- Aprende a conocer sus necesidades aun antes de que él esté consciente de ellas.
- Quita de su mente los cuidados del mundo para que su cuerpo pueda responder a él con entusiasmo.

Rasgos de la Esposa que Está en Peligro de Blasfemar la Palabra de Dios

- Acusa a su marido de lascivia hacia ella porque él desea el sexo con más frecuencia que ella.
- Acusa a su marido de ser insensible cuando él necesita sexo y ella no siente el deseo.
- Justifica su falta de deseo de satisfacerlo a él sexualmente porque _____ (Tú llena el espacio. La "Lista de Excusas" pudiera ser muy larga.)

Desarrolla un Nuevo Hábito

Haz una lista de planes personales de maneras en que vas a amar a tu marido. Asegúrate de pensar en muchas ideas brillantes. Yo sugeriría por lo menos una cita especial cada semana. Planea agregar algo diferente a tu arreglo personal cada semana, como: listones, moños, pieles, joyas, encaje, mezclilla, pañuelo, plumas, camiseta deshilachada, flores silvestres ¡o lo que sea! Simplemente usa tu imaginación.

Trata con Dios en Serio

Cantar de Cantares de Salomón es el libro número 22 de la Biblia. Es una canción de amor y un drama escrito por Salomón respecto a su cortejo y boda con una muchacha pastora. Los ocho capítulos cuentan la historia (con gráfico detalle poético) de anhelo por el amado, el encuentro con el amado, y lo que hacían los enamorados cuando estaban juntos. La mayoría de los comentaristas sienten la necesidad de convertir el pasaje en una imagen espiritual del amor de Cristo por la iglesia. Sinceramente yo creo que el viejo Salomón estaba pensando en la expresión sexual de su amor por ella cuando lo escribió, y yo pienso lo mismo cuando yo lo leo. ¿Qué piensas tú? Al leer la novela "de Dios" sobre el sexo, pregúntate si tú sientes por tu marido el mismo apetito que sentía la pastora por su amante. Haz una lista de las cosas que vas a hacer para iniciar un cambio en tus acciones. Tus sentimientos seguirán como consecuencia natural.

Varias Buenas Razones para Ser Sexy para tu Marido

- Es divertido.
- Es saludable. Hay evidencias de que el sexo con regularidad hace que la persona sea más sana.
- Provoca al hombre a apreciarte.
- Hace que él se sienta satisfecho de sí mismo.
- Serena a la mujer y ayuda a conservar equilibradas sus hormonas.
- Protege a tu marido contra mujeres astutas y pecaminosas que intentarían manchar su integridad.
- Los hijos se benefician de tener Papá y Mamá que están perdidamente enamorados.
- Dios quiso que fuera un ejemplo terrenal de la adoración e intimidad divina.
- Produce bebés dulces.

Capítulo 17

3. Amar a Sus Hijos

Tito 2:4-5: "Que enseñen a las mujeres jóvenes a ser prudentes, a amar a sus maridos <u>y a sus hijos</u>…"

Los Niños los Pastorearán

Lo más importante que hará una madre por sus hijos es crear un ambiente de paz y gozo, amando profundamente a su padre y estando satisfecha con la vida. Hace varios años mi esposo dio un seminario sobre vida familiar en una iglesia muy conservadora, para familias que educan en el hogar. Antes de nuestra llegada se les habían entregado a las personas cuestionarios con preguntas adecuadas a sus edades. A cada hijo de familia (desde los que apenas podían escribir hasta los adultos solteros viviendo aún en casa), se les hicieron dos preguntas:

1. ¿Es feliz tu hogar?

2. ¿Qué cosa quisieras cambiar en tu hogar, que te haría una persona más feliz?

No esperábamos recibir respuestas muy profundas. Pensábamos que los niños dirían que querían ropa de marca, o más libertad o quizá más acceso a vídeo-juegos. Esperábamos tener algunas respuestas serias, como que algunos niños dijeran que querían pasar más tiempo con sus padres que querían que se confiara en ellos. Sus respuestas nos dejaron pasmados y entristecidos.

De unas 75 respuestas, sólo 2 ó 3 hijos consideraban que sus hogares eran felices. Casi todas las 75 respuestas a la segunda pregunta eran básicamente iguales. Desde los niños de diez años (que apenas sabían escribir) hasta los adultos solteros universitarios tenían los mismos anhelos y angustias. Todos dijeron en esencia: "Yo quisiera que Papá y Mamá se amaran." Los niños pequeños escribían respuestas como éstas: "Nuestro hogar sería más feliz si Mamá y Papá no pelearan", "Yo haría que mi Mamá y mi Papá se quisieran", "Tendríamos un hogar feliz si Mamá no hablara mal de Papá" y "Yo quisiera que Mamá no le contestara a Papá, haciendo que se enoje y grite." Los mayores escribieron por este estilo, "Nuestro hogar sería un lugar más pacífico si Mamá no anduviera siempre con una amargura congelada. Siento que vivimos en un campo de batalla."

¿Cómo amas **tú** a **tus** hijos? Permite que estos 75 hijos educados en el hogar te guíen hacia esta importante verdad: Ama a su Papá. Honra a su Papá. Obedece a su Papá. Perdona a su Papá.

No Quiero Ser Como Mamá

Estimados Pearl,

Quisiera compartir mi caso con ustedes. Es sencillo pero probablemente común, y hace falta contarlo. Cuando yo era niña, siempre estuve consciente de que mi Mamá desconfiaba de Papá. Si alguno de los hijos hacíamos algo malo, ella trataba con nosotros rápidamente, "para que Papá no les pegue demasiado fuerte." Si Papá salía a comprar algo, ella se preocupaba en voz alta de que "él fuera a gastar el dinero de una manera tonta." Cuando lo despidieron de su trabajo, recuerdo que ella repetía vez tras vez: "Supongo que debo aprender un oficio. Alguien en esta casa necesita trabajar." No puedo criticarla en ningún aspecto como madre. Nos daba de comer, nos vestía y nos calentaba. Pero cuando pienso en mi madre, recuerdo a una mujer preocupada, quejumbrosa, que siempre estaba molesta con Papá. Nuestro hogar era tenso. Tengo muy pocos recuerdos de ella sonriendo. No recuerdo ninguna ocasión en que se haya sentado en el regazo de Papá o que haya bailado por la sala jugando. Él no era un hombre cruel. Recuerdo algunas palizas duras, pero no más duras que las que recibían los niños vecinos. Recuerdo que él tenía interés en mí. Me enseñó a hacer cosas sencillas, divertidas, pero por causa de ella, yo siempre lo evitaba. Ahora todos los hijos somos adultos.

Mi hermano ha tenido éxito en la vida. Su matrimonio ha sido bueno, y sus hijos parecen estar bien adaptados. Cuando era joven se iba a trabajar con Papá todo el tiempo. Las muchachas nunca íbamos con Papá, así que estábamos en casa escuchando a Mamá hablar acerca de lo difícil que era nuestra vida.

Todas las mujeres tuvimos una juventud terrible, y todas hemos tenido problemas severos en nuestros matrimonios. Nuestros hijos no han salido bien. No hablamos mucho del asunto, pero sabemos que Mamá tuvo una parte muy importante en nuestros fracasos. Ella sigue culpando a Papá de todo, aunque todos sabemos que él era un hombre normal. Yo siempre he sabido que no quiero ser esa clase de esposa y mamá. Yo he querido que mis hijos me recuerden como enamorada de su papá y disfrutando la vida. No me importaba si vivíamos en una camioneta y comíamos comida chatarra. Yo quería que mis hijos fueran libres de tensión y que no sintieran que su padre era un necio al que teníamos que tolerar. Mi primer matrimonio terminó después de pocos meses. Me propuse que cuando me volviera a casar, lo haría correctamente. Cuando me casé la segunda vez, perdí el rumbo sin darme cuenta siquiera. Cuando comprendí que nos tendríamos que cambiar de domicilio porque la empresa de mi marido estaba despidiendo gente, y él se quedó sin empleo, empaqué con amargura, acusándolo en silencio de no ser un buen proveedor y de obligarme a dejar mi hermosa casa. Luego, un día, miré su rostro y vi la misma expresión de confusión que había visto miles de veces en el rostro de mi padre cuando Mamá "se estaba encargando de la familia." Yo era idéntica a mi madre. Algo en mi interior se derrumbó, y aborrecí la "maravillosa persona que era yo." Entonces recordé la promesa que me había hecho a mí misma de nunca ser como mi mamá desaprobadora.

Varios meses antes de que nos cambiáramos, yo había comprado los DVD de ustedes sobre "El Gozo de Entrenar" y sobre el matrimonio, pero no los habíamos visto. Yo sabía que había llegado el momento. Me acomodé en la sala entre las cajas, y muy pronto toda la familia estaba allí conmigo. Reímos a carcajadas con el viejo de la montaña y sus cómicos cuentos.

Luego mandamos a los niños a sus cuartos y terminamos el vídeo de "Esposas, Honren a Sus Maridos." Mi risa se convirtió en llanto, y mi marido me abrazó mientras yo le suplicaba que me perdonara. No se imaginan lo que ha cambiado nuestra familia. Mi marido está pensando abrir un negocio. Ha querido hacerlo desde hace años, pero mi temor al fracaso lo ha detenido. ahora ya no. Si terminamos viviendo en una camioneta, está bien. Me entristece el terreno perdido con nuestros hijos. Más que otra cosa, por el bien de mis hijas, quiero romper esta horrible cadena de femineidad crítica y amargada. Les he pedido perdón y descubrí que se alegraban de que hubiera terminado la tensión. Ellas saben que de ahora en delante van a tener una madre que opina que su padre es lo máximo, aun cuando no sea lo que yo pienso que debe ser. De verdad, sí es un hombre maravilloso. Realmente siento vergüenza al pensar en todo lo que lo he hecho sufrir. Nuestros hijos van a crecer en la seguridad del amor, NO inseguros en una casa impecable, con seguros pagados, y ropa de marca. La vida jamás había sido tan buena. Más vale tarde que nunca. De parte de todos nosotros, mil gracias,

    Shelia

Shelia está obedeciendo la Palabra de Dios. Está amando a sus hijos con amar a su padre. Esta siguiente carta es típica de tantas mujeres que buscan el <u>amor propio</u> más que amar a sus maridos y a sus hijos.

Buscando Algo Más Alto que Dios

Estimado Sr. Pearl,

    Soy una madre muy ocupada con hijos que están en una escuela cristiana. Me estoy dando cuenta de que, sin otra mujer de confianza en mi vida que pueda compartir el quehacer de la casa, me resulta más pesado de lo que debe ser. Me reúno con dos grupos de oración cada semana y les pido que oren por mí y por mi familia por nombre. Mi necesidad más grande es ayuda para atender el trabajo físico de la casa y alguien que me acompañe en adoración silenciosa. Necesito por lo menos 4 horas por semana de tiempo de meditación, tiempo de auto-realización. En este momento son las 4 de la mañana, y estoy escribiendo a mis amigas para pedir oración y ver si ellas saben de alguna mujer con cinco hijos que pudiera estar tan estresada como yo. Me siento frustrada debido a mi cultura y mi aislamiento de comunión regular e íntima con mujeres sabias. Deseo en mi corazón cambiar mi estilo de vida actual y vivir una vida plena, rica y llena de sentido, y lo que me motiva a esto es que deseo lo mejor para Dios. Confío en que me enviarán algunos buenos consejos.

    En el amor de Él,
    T.P.

Estimada Hermana T.P.

    Tu llamamiento divino es servir a tu familia. La verdadera adoración de

Dios no depende de otras personas ni circunstancias especiales, ni tampoco requiere un tiempo de meditación. El Espíritu de Dios está presente cuando lavas los platos o recoges la ropa sucia, y está allí cuando preparas alimentos para tu familia por la tarde. Dios nunca quiso que tuvieras intimidad con otra mujer, ni para la adoración ni para otra cosa. **La estimulación de tus propios sentimientos internos en el nombre de la adoración es una farsa egoísta, que se aproxima a la idolatría.** Tu búsqueda de "auto-realización" en el nombre de la espiritualidad es una mezcla de psicología tonta e inseguridad emocional.

Tú eres parte de una tendencia que invade los círculos femeniles de la iglesia—una búsqueda de intimidad y sentimientos profundos independientemente del marido. **Esta auto-estimulación interior es lo que mi marido llama "masturbación espiritual." No tiene nada que ver con Dios ni con la Biblia.** Es una espiritualidad más al estilo de la meditación mística oriental. Cuando tu espiritualidad compite con tu servicio a otros (especialmente a tu marido y tu familia), es precisamente eso—"tu espiritualidad." Jesús le dijo a Pedro, "**¿Me amas?**…entonces, "**alimenta mis corderos.**" Dios no llama a las mujeres a ser gurús en la cima de una montaña, ni a buscar uno para su propio beneficio personal. Él les ordena que sean "**cuidadosas de su casa**" y que "**obedezcan a sus maridos**", que "**cumpla con el deber conyugal** (darle buen sexo)," y "**reverenciarlo**." Recuerda que el pecado de Eva fue buscar un conocimiento más profundo y llegar a ser como los dioses. Independiente de su marido, buscó profundizar más. Su ambición era una realización espiritual personal, que es la motivación más egoísta que puede mover a una persona y la más fácil de justificar, humanamente hablando. Es la base de todo pecado y rebeldía.

> Dios ha honrado a la madre con el cargo de ser la instructora constante de sus hijos pequeños.

Aprende a leer las Escrituras en ratitos durante el día y medita en lo que lees mientras trabajas. Canta al Señor. No permitas que la mentalidad del 'club de mujeres solitarias' te aparte de tu papel como esposa y madre. Tu tiempo en la iglesia es tiempo suficiente para estar con otras mujeres. Concentra tu vida en tu hogar, tu marido y los hijos.

Existe un grave peligro de volverse emocionalmente dependiente de otras mujeres. En demasiadas ocasiones he visto que esto ha conducido a algo anormal y enfermizo. **Debes buscar intimidad y apoyo emocional en tu marido y en Dios.** Las mujeres que buscan una espiritualidad superior terminan por sentirse

Concéntrate en tu propio hogar ♥

y conducirse como si fueran espiritualmente superiores a sus maridos y a otros en la iglesia, y es un golpe mortal para una relación matrimonial sana. Pasa ese tiempo espiritual "deseado" con tu marido, donde se encuentra el verdadero crecimiento y madurez con Dios.

Procura servir a tu familia atando las correas de los zapatos de tus pequeños, leyéndole un libro al preescolar, contando una historia bíblica a toda la familia, y haciendo dulce amor con tu marido. Estas son las cosas que Dios considera importantes para conocer y amarle a Él. - *Debi*

"Una mujer sabia nunca espera que nadie le sirva, y por tanto nunca se siente defraudada. Está lista para ayudar, siempre dando. Por su ejemplo, sus hijos aprenden a servir con gozo y entusiasmo."

Criando Ganado o Hijos

"Instruye al niño en su camino, y aun cuando fuere viejo no se apartará de él" (Proverbios 22:6).

Dios ha honrado a la madre con el cargo de ser la instructora constante de sus hijos pequeños. No depositó esta responsabilidad en la abuelita ni con buenos amigos, maestros ni niñeras. Todas las que somos madres compareceremos un día delante de Dios para rendir cuentas sobre la crianza de nuestros hijos. Amar a nuestros hijos es dedicarnos por completo a su entrenamiento. Si fallamos en esto, fallamos como ayuda idónea. Los maridos se van al trabajo y dejan a sus hijos pequeños bajo nuestro cuidado. Confían en nosotras para que los instruyamos de tal manera que lleguen a ser todo lo que pueden ser. Si les fallamos a nuestros hijos le fallamos a nuestros maridos, y le fallamos a Dios.

No debemos confundir la instrucción con la disciplina. Únicamente la persona que sabe muy poco acerca de Dios y del idioma hebreo, y aún menos acerca de los niños, se confundiría en este punto. Dios dijo **"instruye"**, no **"disciplina."** La palabra hebrea que se traduce "instruye" aparece en otros cuatro pasajes, y en cada ocasión se traduce "dedicar." *Los padres instruyen a sus hijos mediante la dedicación de sí mismos, su tiempo, y sus hijos a lo que Dios quiere que ellos lleguen a ser como adultos.* Eso no es disciplina; es un encargo que Dios nos hace de instruirlos, como nuestra ocupación de tiempo completo. **Instruir** a un niño significa enseñarles cómo: hacer tortillas de maíz, pedalear un triciclo, tender una cama, guardar los juguetes, cocinar para cuarenta personas en una hora, leer, mostrar respeto por otros y otras mil cosas maravillosas. Para una madre que ama a sus hijos, la instrucción no es una carga, es una actividad apasionante de tiempo completo. Para toda madre "dedicada", los hijos valen cada minuto de tiempo y cada esfuerzo.

> La mujer que invierte en la vida del niño será a la que el niño ama y con la que establece lazos.

La Pequeña Ester

La pequeña Ester tiene sólo 5 años de edad. Es muy segura y competente para poner la mesa o doblar ropa. Sabe la diferencia entre las aplicaciones de la lechuga o del repollo, porque cuando ayuda a hacer ensaladas, su mamá comenta las razones y propósitos de todo lo que están haciendo. Cuando se le pide que lave brócoli o coliflor, ella sabe cómo hacerlo y el por qué.

Ester ayuda a doblar y guardar la ropa. Se sabe todos los colores, porque desde la más temprana edad ha ayudado a separar la ropa sucia en montones de diferente color. Cuando Ester toma un libro del librero, selecciona con cuidado, porque quiere libros que tengan palabras que ella pueda leer. Puede leer muchas palabras, no porque haya sido oficialmente instruida en la escuela, sino porque su mamá siempre ha tomado tiempo para leerle, deteniéndose ocasionalmente para señalar ciertas palabras y cómo pronunciarlas. **Todo esto ha sido divertido.** Cuando Ester "empiece la escuela", ya sabrá leer muchas palabras. Por tanto, el aprendizaje no será un ejercicio tenso, intimidante, sino una mera continuación de sus primeros cinco años de aprendizaje informal. <u>Su madre pasa todo el día estimulando su mente en desarrollo, con ideas fascinantes.</u>

La madre de Ester tiene diez hijos, sin embargo no está demasiado ocupada para dedicarle tiempo a Ester y a su hermanito menor. Muchos niños no gozan de la bendición que tiene Ester. Algunas madres tratan a sus hijos como yo trato a mis vacas. Me encargo de que coman bien, tengan agua limpia y un espacio para hacer ejercicio. Si manifiestan alguna señal de enfermedad, las atiendo inmediatamente. Esto es bueno en el caso de las vacas, pero si crías hijos de esa manera, vas a tener una prole de tontitos. A diferencia de tu cuidado de las vacas, la instrucción de tus hijos es la más profunda expresión de tu amor por ellos.

Mamá, ¿Por Qué Soy Tan Tonto?

He conocido a algunos niños muy tontos. Les pregunto, "¿Viste el eclipse anoche?" Mirada perdida. "Supe que tu padre está diseñando un nuevo programa para la escuela de aviación." Mirada perdida. "¿Tu mamá usó harina integral para hacer estas galletas?" Mirada perdida. Mamá contesta, "Ella todavía no cocina, y él no sabe que su papá trabaja en la escuela de aviación. Mi marido y yo disfrutamos el eclipse, pero hacía demasiado frío para que los niños salieran. Además, estaban viendo un vídeo."

Visitamos a otra familia, cuyo padre también trabaja en la escuela de aviación, y hablamos con un niño que tiene dos años—casi tres. "Donnie, ¿viste el eclipse anoche?" "Sip, y la Vía Láctea también. ¡Miramos por un 'teleiscropio!'" "Supe que tu padre está diseñando un nuevo programa para la escuela de aviación." "Sip. Mi papá les está enseñando a construir mejores aviones, porque él es muy listo, y yo soy muy listo, y yo puedo hacer un avión con mis Legos, pero no puede volar porque…" "¿Por qué?" Le pregunté, seguro de que me daría una respuesta inteligente. Porque cualquier niño de dos años que puede hacer un avión con legos debe ser muy brillante. No me defraudó. "No tiene motor," explicó.

Decidí investigar su conocimiento de cocina, "¿Tu mamá usó harina integral para hacer estas galletas?" Sin perder el ritmo contestó, "Sip. Son taaaaaan saludables. ¿Quieres ver mis músculos? Mamá me dejó batir las galletas porque soy muy fuerte."

> **En la vida hay algunas cosas que se deben hacer correctamente en el primer intento.**

El conocimiento es algo que se imparte poco a poco. Como dice el refrán: De grano en grano la gallina llena el buche." O, "Poco a poco se le saca el agua al coco." Solo que en este caso es: "Poco a poco entran los conocimientos al coco." La Escritura lo expresa de esta manera, "**¿A quién se enseñará ciencia, o a quién se hará entender doctrina? ¿A los destetados? ¿A los arrancados de los pechos? Porque mandamiento tras mandamiento, mandato sobre mandato, renglón tras renglón, línea sobre línea, un poquito allí, otro poquito allá**" (Isaías 28:9-10).

Por Favor, Levante la Mano la VERDADERA Mamá

El solo hecho de que hayas dado a luz a un niño no significa que seas la VERDADERA madre de ese niño. Si te levantas a prisa por la mañana y apresuradamente despachas a tu pequeño para que otros le sequen las lágrimas, le den su lonche y le lean un libro, por favor no digas que eres su *Mamá*. Ese niño se está dando en "adopción" cada día, con el insulto agregado de andar rodando de una madre adoptiva a otra. Para identificarse correctamente y crecer con estabilidad emocional, el niño pequeño debe pasar la vasta mayoría de su tiempo con su única verdadera, mamá permanente, a quien Dios ha establecido para que diariamente vierta conocimientos y amor en esa pequeña vida.

Los papás son diferentes a las mamás en muchos sentidos. Proveen seguridad que es tan vital para la salud emocional del niño, pero ningún papá puede ocupar el lugar ni suplir la necesidad que sólo puede suplir la personalidad femenina. La presencia constante de la madre—el mismo pecho reconfortante y nutriente, el mismo cuarto, la misma cobija, el mismo vaso y los mismos juguetes—hacen que el niño se sienta seguro. No se puede aventar al niño de una niñera a otra y esperar que se sienta seguro y bien balanceado a los cuatro años de edad. Pero *sí puedes contar* con que un niño criado de esa manera *no quiera* a su mamá posteriormente cuando tenga 8, 10, 15 o 25 años de edad, justamente cuando ella empieza a necesitar afecto y cuidado. Si tu hijo te ha de querer más adelante, tú debes quererlo todos los días, cada hora de su desarrollo. No existen momentos neutrales en la vida de un niño. Cada momento es un tiempo de continua necesidad y desarrollo

Por un momento, si nos adelantamos en la lista de mandamientos en Tito 2:5, leemos que las mujeres deben **"amar a sus hijos"** y ser **"cuidadosas de su casa."** Hay un contexto en el que debemos amar a nuestros hijos *al máximo*, y Dios dice que es cuando somos **cuidadosas del hogar.** Consta que has sido advertida. No puedes mejorar el diseño de Dios. En la vida hay algunas cosas que se deben hacer correctamente en el primer intento.

El Pasillo

No existe ningún tratamiento curativo permanente para el herpes genital ni para muchas otras enfermedades venéreas. Sin embargo, una en cada cinco adolescentes en los Estados Unidos tiene una enfermedad de transmisión sexual. Muchas estadísticas también nos dicen que **una en cada cuatro niñas habrán sido sexualmente "manoseadas" para cuando cumplan 4 años de edad.** Uno de cada cinco niños serán víctimas de abuso por homosexuales. Nuestros hijos enfrentan peligros graves en el mundo actual, no sólo por trauma emocional, sino también por muchas de estas enfermedades.

¿Cuántas veces se irá vagando por el pasillo tu niño preescolar (mientras tú estás sentada en una sala con tus amigas, absorta viendo un vídeo) antes de que algún muchacho adolescente "de confianza" se acerque silenciosamente a él o ella para llevarla a algún cuarto de baño para una "sesión" de cuatro minutos? Después de los cuatro minutos, tu pequeño(a) saldrá permanentemente dañado(a) o enfermo(a). No puedes orar y esperar de Dios una intervención y protección sobrenatural. Dios ya ha provisto para ella por medio de ti. Tú puedes y debes orar y pedir que Dios te haga una madre más atenta y prudente, para que puedas proteger mejor a tus hijos. **Tú eres guarda de tus bebés. Por favor, cuídalos bien.**

El libro *Para Entrenar a un Niño* por Michael y Debi Pearl, es lectura obligada para toda mamá que ama a sus hijos y quiere que sean felices, obedientes, trabajadores y listos. Búscalo en la página de internet *nogreaterjoy.org*

REFLEXIONES SOBRE

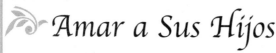

Amar a Sus Hijos

La mujer que invierte en la vida del niño será a la que el niño ama y con la que establece lazos cuando sea mayor.

"No tengo yo mayor gozo que este, el oír que mis hijos andan en la verdad" (III Juan 1:4).

Desarrolla un Nuevo Hábito

Mira a tu hijo a los ojos y sonríe *muchas veces* cada día. Toma un receso de 5 minutos cada media hora para jugar con él. Nunca trabajes sola. Siempre acompáñate de tu "compañerito" que te ayude.

Dios ha dado a tus hijos ángeles de la guarda que los cuidan desde el cielo. Tú eres su ángel de la guarda aquí en la tierra.

Rasgos de Una Buena Ayuda Idónea

- Una buena ayuda idónea considera prudentemente las necesidades de sus hijos antes que sus propios intereses.
- Invierte tiempo entrenándolos para que sepan y hagan muchas cosas.
- Se instruye a sí misma en nutrición y medicina para estar mejor preparada para cuidarlos a ellos.

Trata con Dios en Serio

Dios nos ordena que entrenemos a nuestros hijos, y cuando sea necesario, que enderecemos su camino con corrección. Como mujeres, pudiéramos sentir que amamos demasiado a nuestros hijos como para pegarles. Nuestro sentimiento es tonto y falto de amor. No puedes contar con las bendiciones personales de Dios sobre tu vida y la de ellos si no lo haces como Dios manda. Estudia estos versículos y pide a Dios que te dé un corazón de amor y el valor para caminar conforme a sus principios.

"**El que detiene el castigo, a su hijo aborrece; mas el que lo ama, desde temprano lo corrige**" (Proverbios 13:24).

"**La necedad está ligada en el corazón del muchacho; mas la vara de la corrección la alejará de él**" (Proverbios 22:15).

"**La vara y la corrección dan sabiduría; mas el muchacho consentido <u>avergonzará a su madre</u>**" (Proverbios 29:15).

Capítulo 18

4. A Ser Discretas

Tito 2:4-5: "Que enseñen a las mujeres jóvenes
a ser prudentes, a amar a sus maridos y a sus hijos,
<u>a ser discretas</u>…"

Ser discretas: Prudente; sabia para evitar el error y para elegir
el mejor medio para alcanzar un propósito; cautelosa;
cortés, atenta, honesta.

Aprendimos el lado práctico del matrimonio cuando estudiamos la palabra *prudentes*, el lado sexual al estudiar *amar a su marido,* y que nuestra tarea es estar prestas a tiempo y fuera de tiempo cuando aprendimos a *amar a nuestros hijos.* La siguiente palabra en la lista de Dios es **discretas**. Uno generalmente piensa en la discreción como la capacidad para evitar decir o hacer algo inapropiado; saber cuándo y cómo conducirse como para no ofender. Si esto es todo lo que comunica el texto, entonces una persona con intenciones de cometer fraude procuraría siempre hacerlo discretamente, pero esta palabra obviamente comunica mucho más. La palabra griega que se traduce **discretas** también se traduce *"gusto"* en varios pasajes. En otros casos se traduce *"conducta"* y *"juicio."* **Por tanto, discreción es tener buen gusto… buen juicio…sensatez…ser de buen entendimiento.** Dios dice que la mujer apartada de razón es como una joya en el hocico de un cerdo. Es ridícula, fuera de lugar, una vergüenza, un disparate. Algo que de lo contrario sería hermoso se convierte en ridículo en el contexto de indiscreción. Pudiera ser bonita, una verdadera joya de belleza, pero si la joya está en el hocico de un cerdo, ¿de qué sirve? **"Como zarcillo de oro en el hocico de un cerdo es la mujer hermosa y apartada de razón"** (Proverbios 11:22).

Mientras estudiaba la palabra *discreta*, comprendí lo fácil que es que las mujeres carezcamos de este rasgo de carácter de la discreción, y me impresionó que tantas de nosotras en tantas ocasiones hayamos sido culpables de su ausencia en nuestro carácter. Medítalo. Examinemos detenidamente la discreción en todos sus muchos aspectos.

Procura ser Cortés *(Consideración por otros)*

Los Presos Hablan

Si lees las biografías de presos que han sido rehabilitados, observarás una cosa que todos tienen en común. No importa si se trata de un hombre temeroso de Dios o no, todos escriben que el día que aprendieron a tener consideración por otros, ese día dejaron de ser la clase de hombre que los llevó a la prisión. Hombres rehabilitados refieren haber aprendido a ser considerados del derecho de otros hombres de caminar por la calle sin sufrir daño, del derecho de una dama de vivir sin temor, del derecho del anciano de manejar lentamente por la ciudad sin ser injuriado o fastidiado y del derecho del niño pequeño a crecer sin ser acosado. Consideración simplemente es otra manera de decir, *"Haz con otros como quisieras que otros hagan contigo."* El niño aprende a ser considerado cuando observa a sus padres mostrando consideración—de la misma manera que aprenden a ser "buenos" hipócritas. Si los padres muestran mucha educación hacia un visitante mientras está presente, pero hablan mal de él cuando se ha ido, esto enseña al niño a ser deshonesto e hipócrita. Ser educado y ser considerado no necesariamente es lo mismo—ni parecido. **La educación es sólo conducirse de una manera culturalmente aceptable. La motivación para ser educado puede ser muy egoísta.**

Al tratar con compañías de seguros, al devolver mercancía comprada, al pedir prestado o prestar cosas, y aun al reaccionar a otros automovilistas, hay que acordarse de tomar en cuenta el bienestar de la otra persona. Hay que estar consciente de la perspectiva y las debilidades de la otra persona.

La Vieja Camioneta Roja

Los siguientes versículos son ejemplos del uso de la palabra *discreto* en la Palabra de Dios.

"Por tanto, provéase ahora Faraón de un varón discreto y sabio, y póngalo sobre la tierra de Egipto" (Génesis 41:33).

"Y dijo Faraón a José: Pues que Dios te ha hecho saber todo esto, no hay discreto ni sabio como tú" (Génesis 41:39).

Hace casi 20 años, mi marido decidió que dejaríamos la casa en Memphis donde habíamos vivido siempre, para irnos al campo a 270 kilómetros de distancia. En nuestra nueva ubicación, muchos de los vecinos eran de crianza Amish o Menonita. No tardamos mucho en darnos cuenta de que la discreción era una cualidad de carácter altamente valorada entre esta gente sencilla. Nuestros vecinos Amish nunca se aprovechaban de nadie, y jamás engañarían ni robarían. **"Ninguno busque su propio bien, sino el del otro"** (I Corintios 10:24).

Una persona discreta es la que maneja los recursos de otro con gran cuidado y honestidad.

Nosotros teníamos una vieja camioneta roja que prácticamente era chatarra, pero todavía funcionaba. Uno de los jóvenes Amish, que no tenía vehículo, necesitaba una camioneta para un pequeño proyecto de acarreo, y le dijimos que podía usar la vieja camioneta roja. Desde hacía años el piso extremadamente oxidado estaba a punto de desbaratarse. Cuando él devolvió la camioneta, nos quedamos pasmados, porque había arreglado el piso, y observamos que el motor funcionaba mejor que antes de que se lo prestáramos. Además, para colmo de todas las sorpresas, ¡el muchacho había llenado el tanque de gasolina! Calculamos que la gasolina que ahora tenía iba a durar más que la camioneta. Hemos prestado muchas cosas a muchas personas en nuestra vida, nadie nunca trató nuestra vieja camioneta mejor de lo que hubieran hecho con la suya propia. Después de eso, estábamos dispuestos a prestarle cualquier cosa que tuviéramos. Como José en la antigüedad, este joven manifestó ser discreto y sabio. Era cuidadoso, considerado y meticuloso con nuestra propiedad.

Cuando eres discreta, sabia y amable en tu trato con otras personas, segarás los beneficios por el resto de tu vida. Si tratas a alguien con descuido o injusticia, aun cuando exista un buen pretexto, nunca lo olvidarán. Otros comentarán en secreto tus injusticias, agregando su conocimiento de tu falta de trato honesto con ellos. Es imposible escapar a semejante reputación. La persona indiscreta tiene que mudarse con frecuencia, dejando atrás su manchada reputación. La honestidad, la amabilidad, la integridad y la discreción nunca dejan de pagar utilidades.

PROCURA SER HONESTA *(Discreción es buen juicio)*

La Puerca Elegante

Una persona sin discreción es una persona sin honor. ¿Recuerdas la joya en el hocico del cerdo? **"Como zarcillo de oro en el hocico de un cerdo es la mujer hermosa y <u>apartada de razón</u>"** [sin discreción] (Proverbios 11:22). Si una mujer se aprovecha de sus amigas, pidiendo favores innecesarios o pidiendo prestado y no regresando las cosas, está manifestando una falta de cortesía básica, lo cual es un elemento importante de la discreción. Cuando una mujer manipula a las personas o las situaciones, haciendo que otros se sientan usados, mientras sonríe victoriosamente por haberse salido con la suya, ella es la que en realidad pierde.

Mujeres que quieren el mejor alimento, ropa, silla, joyas, auto, etc., son presas para Satanás. **"...Al necio lo mata la ira, y al codicioso lo consume la envidia"** (Job 5:2). (Necio: tonto, simple, que menosprecia el carácter.) Es tan fácil engañar a una mujer necia, haciéndole creer la mentira. Satanás se encargará de brindarle abundantes oportunidades de usar a la gente. Él quiere hacer de todas nosotras unas necias, pero la mujer sin discreción es presa fácil, de modo que a él le resulta sencillo hacer que se extravíe.

La mujer sin discreción sale al restaurante y toma diez sobres de azúcar para endulzar su café, usando sólo uno y llevándose a casa los demás. Usa los recursos de otros y se considera muy "lista" por lograrlo, luego presume con sus "amigas" lo que ha hecho. Las que la escuchan pudieran reír, y ella lo interpreta como admiración, pero se retiran conscientes de que su "amiga" tiene cualidades repugnantes. No es considerada, cortés ni atenta. Usa a los demás sin reparar en el dolor que pudiera causar. Puedes ver por qué Dios le llama "joya" en el hocico de un cerdo.

Los hombres están conscientes de que algunas mujeres son espiritualmente perspicaces y sensibles, así que tienden a tenerles una especie de reverencia, a menos que la mujer haya demostrado lo contrario. Les gusta creer que sus mujeres son buenas, íntegras, y limpias y que sus conciencias son puras. Se han librado muchos pleitos en defensa del honor de una mujer. En la prisión donde mi marido visita cada semana para predicar, todos los hombres tienen a sus mamás en alta estima, pero a muy pocos les interesan sus papás. Si un hombre íntegro tiene la desgracia de tener una mujer que tiene cualquier atisbo de deshonestidad, ese hombre se sentirá avergonzado, pero será una vergüenza silenciosa, y carcomerá su alma y su honor. "**...El incorruptible ornato de un espíritu afable y apacible, que es de grande estima delante de Dios...Finalmente, sed todos de un mismo sentir, compasivos, amándoos fraternalmente, misericordiosos, amigables**" (I Pedro 3:4, 8).

PROCURA SER AGRACIADA (*Discreción es buen gusto*)

La Estufa

Estimada Sra. Pearl,

Yo sé que el gozo procede de una completa sujeción a Dios y a mi marido. ¿Eso significa que no debo sentirme frustrada y simplemente agotada? Tengo una pregunta: ¿Debes callar cuando sabes que tu marido está tomando una mala decisión? ¿Ser ayuda idónea no significa que necesito ayudarle a tomar mejores decisiones?

La semana pasada mi esposo fue a comprar una nueva estufa que nos hacía mucha falta. Escogió una estufa de primera calidad y estuvo dispuesto a pagar demasiado dinero para conseguir lo mejor. Llamó para pedirme que yo la fuera a ver y le diera mi opinión. Le compartí mi gran preocupación por el hecho de que simplemente era demasiado cara. Sí tenemos el dinero, pero yo no veía razón para comprar lo mejor, cuando la siguiente calidad nos serviría igualmente bien. Él me llamó para decirme que había cancelado el pedido y había comprado la que yo le había recomendado. Ambos nos sentíamos mejor con lo que yo había elegido. ¿Debí haber callado? No le dije que NO la comprara. Sólo que yo creía que no era prudente gastar el dinero innecesariamente. ¿Las esposas se tienen que someter en todo? Por ejemplo, la elección del color de la pintura o el tipo de muebles que compramos. ¿Debemos ser robots sin razonamiento?

Él envió a mis dos hijos mayores a la escuela pública en contra de mi recomendación, y ya empiezo a ver efectos negativos. Supongo que tendré que vivir con eso. Creo que yo lo libro a él, a mí misma y a nuestra descuidada hija menor de muchas luchas. Realmente deseo hacer lo correcto. Lucho con esto todo el tiempo.

Deseo gozo genuino, pero simplemente no lo encuentro.

Rut

Valora lo que él valora ♥

Estimada Hermana Rut,

Escribiste acerca de una estufa, pero lo que realmente te motivó a escribirme era tu falta de gozo. El vacío inquietante que sientes es tu conciencia que te da testimonio de tu culpa en muchos asuntos de la vida. Tú quieres cambiar, para ser la clase de persona que no trata de controlar, que tiene paz y puede soltar asuntos de este tipo. Pero, hay otra parte de ti que desea aferrarse y justificar las mismas acciones que te traen tanto dolor de conciencia.

La elección de estufa que hizo tu marido es una declaración de que él está tratando de expresar su gran aprecio por ti y desea complacerte y deleitarte. Tu contradicción de su elección, aún cuando sea mejor opción, le comunica a él lo poco que lo valoras a él, más de lo que le comunica cómo valoras el dinero. En efecto, tus acciones le comunicaron que, como en tantas ocasiones, él no ha sido capaz de tomar una decisión tan sencilla como la de comprar una estufa. Tus antecedentes de "liderazgo cauteloso" me indica que te consideras una mujer sabia, pero lo ves a él y a tu hija "descuidada", como carentes de sentido común. Consideras que a tu marido le falta discreción en el uso del dinero, la crianza de los hijos, y otras muchas áreas. Pero no es la falta de discreción de tu marido lo que inquieta tu conciencia. Es la tuya.

> Has olvidado el placer de que un hombre haga algo especial por ti.

Tu falta de gozo delata la verdadera condición de tu alma. No te gusta como eres, pero no sabes por qué. La mayoría de las mujeres le podrían decir a su marido cuál estufa quieren o qué color de pintura prefieren, y hasta discutir el asunto con él, y no tendría importancia. Tiene importancia para ti porque no es nada más la estufa, es el hecho de que ves a tu marido como un inepto. Él sabe que esto es lo que piensas. Por eso la vida es una lucha constante, no eres feliz, tu hija es "descuidada" y por eso (estoy adivinando) no tienes una vida sexual satisfactoria. Todo está ligado. Cualquiera que sea el tema del momento, tus acciones delatan que consideras que tú eres un poco más sabia y él más tonto. Tu conciencia habla más fuerte que la cosmovisión que has adoptado—más fuerte que tu lógica, más fuerte que tu "sabiduría" para "salvar" a la familia de la necedad. **Tu conciencia al menos está diciendo la verdad, y por eso me has escrito.**

Has olvidado el placer de que un hombre haga algo especial por ti. Has abandonado las cosas importantes de la vida. **"La mujer agraciada tendrá**

honra" (Proverbios 11:16).

Si hubieras sido sabia, agraciada y amorosa cuando tu marido llamó para informarte de la estufa que tenía pensado comprar, hubieras reído y te hubieras deleitado con la estufa que eligió tu marido. **Si hubieras visto el costo adicional como uno vería un regalo de un ramo de flores—un hermosamente bello desperdicio de dinero, y un extravagante gesto de amor y devoción de tu marido—tu vida especialmente, pero también la de él, hubiera sido más rica y plena como resultado.** Después de todo, sólo era dinero, y tú misma dijiste que tenían los recursos para comprar la estufa que él escogió. Él se hubiera sentido tan feliz de que te hubiera gustado lo que él te escogió. Algo tan sencillo como eso pudiera haber cambiado tu relación en algo maravilloso. Cada vez que estuvieras frente a la estufa cocinando, te hubiera recordado el amor de tu marido. Y cada vez que él te viera cocinando, imagina la satisfacción profunda que él siempre sentiría por haberse expresado con tanta esplendidez para contigo. Pero ahora, cada vez que cocines en la estufa que tú escogiste, sentirás tu propia sabiduría y economía; él recordará tu rechazo y su propia simpleza, y la comida jamás tendrá tan buen sabor. La estufa que tú tendrás que usar será un recordatorio constante de lo necio que es tu marido.

¿Recuerdas en un capítulo anterior de este libro, a la esposa que se sacudió el brazo de su marido cuando él la puso sobre sus hombros, para que no la despeinara? En efecto, eso es lo que tú hiciste al rechazar la estufa que él eligió. Con razón te sientes frustrada y "simplemente agotada." Yo me siento simplemente agotada al pensar en el daño que has ocasionado y lo que te has estado perdiendo. Tu marido ha de estar cansado también; cansado de este matrimonio.

Tú piensas en términos de esta estufa o aquella estufa, esta elección o aquella, si quedarte callada o echarte tu recitación. **Lo que realmente importa es la perspectiva de tu corazón.** Si tu actitud fuera la correcta en cada área, podrías comentar con él sin problema lo de "cuál estufa" y nadie se sentiría rechazado. Sucede que asuntos como los de la estufa se convierten en el punto en que reconoces el problema que existe en tu mente y en tu corazón en cuanto a tu relación con tu marido. No bastará que te impongas un silencio obligado y empieces a sacrificar tu propia voluntad. Es tiempo de que empieces a practicar la reverencia por tu esposo. Regresa y lee el relato en un capítulo anterior acerca de una muchacha llamada Sol, y pide que Dios haga una obra en tu corazón como la que hizo en ella. Sé que estás buscando a Dios. A medida que buscas hacer las cosas como Dios manda, Él te ayudará a establecer un matrimonio divino. Lee de nuevo la historia de Jezabel que se encuentra en la primera sección, y haz una lista de las respuestas que vas a cambiar en tu vida. Lee la sección sobre gozo y aprende a practicar gozo y gratitud. Luego, lee la sección sobre el amor al marido y **quizá ambos puedan cocinar algo realmente agradable sin necesidad de usar estufa alguna**.

- *Debi*

La Puerca Flaca
Falta de Juicio

"La mujer sabia edifica su casa; mas la necia con sus manos la derriba" (Proverbios 14:1).

"La mujer sabia no intenta instruir a su marido con preguntas fingidas. Sus preguntas serán sinceras interrogantes respecto a la voluntad de él."

La mujer flaca que fue la inspiración para la siguiente lista de preguntas indudablemente se veía a sí misma como una persona amable, una madre maravillosa, una esposa de primera categoría, sin embargo estaba destruyendo su casa, pregunta por pregunta.

Doce Preguntas que Puede Hacer la Esposa, Que Destruirán Su Casa

1. ¿Te sientes tranquilo de gastar tanto dinero para comprar ese _____?

   Él empieza a dudar de su propia capacidad para tomar decisiones sabias.

2. ¿Estás seguro que Dios quiere que estés en ese trabajo y separado de nosotros todo el tiempo?

   Él duda respecto a sus razones para trabajar allí, aunque es un buen empleo. Recuerda que ha tenido oportunidad de testificar. ¿Sin embargo? Se vuelve incierto respecto a su rumbo.

3. Amor, necesito preguntarte algo muy importante que me tiene destrozada interiormente. ¿Esta actividad en la que participas no contrista tu espíritu?

   El Espíritu de Dios le ha estado inquietando respecto a esto, pero él trataba de no oír; él estuvo a punto de mencionar el tema anoche, pero ahora ella se siente desilusionada de él. Él sospecha que no es espiritual, pero por algún motivo todo este asunto lo hace enojar. Se siente empujado. Ahora se resiste a ella, sólo para retener el control.

4. ¿Por qué nunca quieres ir conmigo a _____?

   No se siente cómodo con esa gente; parecen tan artificiales, y sus hijos son tan chillones. El señor habla con voz tan callada, humilde, y eso lo irrita; parece tan "artificial", pero su esposa no lo ve de esa manera. Él supone que él ha de ser carnal. Por algún motivo, ya no le importa.

5. **Antes de casarnos leías tu Biblia, o decías leerla. ¿Por qué nunca lees ni nos enseñas a los niños y a mí?**

Vagamente recuerda haber disfrutado la lectura y se identificaba con el temor que sentía Moisés frente a la tarea que Dios le daba, pero en algún momento simplemente perdió el interés. Él supone que es un apóstata—al menos eso parece pensar su esposa.

6. **¿Por qué no pasas más tiempo con nuestros hijos?**

La emoción de tener muchachos se ha marchitado. Las pocas ocasiones en que los ha disciplinado, su esposa después habló con él por ser tan áspero. Quizá lo fue. Él prefiere estar con los señores. Al fin, son muchachos de mamá. No es que sean afeminados, pero tienen una relación tan estrecha y platicadora con mamá. Él se siente separado de ellos. Es que él no es así. Percibe la acusación en la mirada de los muchachos. Es un reflejo de los ojos de su mamá. El ve las mismas miradas de duda, que provocan en él los mismos sentimientos de desaprobación que tiene al estar cerca de ella. Él piensa, "Soy un vil perdedor. Me pregunto si seré salvo siquiera."

7. **¿Nunca piensas en amarme de manera espiritual en lugar de siempre la carnal? Estoy tan hambrienta de comunicación y alimento espiritual profundo.**

Algo en lo más profundo de él se siente tan insatisfecho, tan frustrado de que ella responda íntimamente sólo cuando tiene ganas. No halaga nada a su hombría. Su alma está enfermiza hasta su centro. Se queda dormido fantaseando con la mujer que vio en la tienda hoy. Dios, ayuda a esta alma tan sucia.

8. **Querido, ¿por qué no tienes devocional con nosotros? Queremos que nos dirijas en oración y nos ayudes a crecer espiritualmente. La Biblia dice que tú eres nuestro líder espiritual; ¿por qué, por qué te niegas a guiarnos?**

Él se ríe en su interior. "¿Bromeas? Yo no puedo hacer eso. Me sentiría como todo un hipócrita. No puedo enseñarles algo que no sé. Yo me retiro." Se va, o trabaja, o se sienta a ver televisión, lo mismo da. Es su escapatoria.

9. **¿Por qué piensas que el pastor dijo eso de Carlos? ¿No te pareció cruel? A veces me pregunto si debemos asistir a otra iglesia.**

Le hierve la bilis mientras escucha el relato de ella por cuarta vez. Reflexiona en silencio: "El pastor es un hipócrita. No es mejor que los demás. No entiendo por qué se siente tan justo."

10. Pobre Carlos, es tan triste ver lo que le han hecho a esa familia las palabras crueles del predicador. ¿No crees que debemos hacer algo, como llamarle para decirles que les amamos y que no estamos de acuerdo con el pastor? Además, yo también estoy muy resentida con el pastor.

Frustrado por sus propios fracasos y lleno de amargura ajena, sus sentimientos han madurado y ahora llevan fruto al concluir silenciosamente, "Toda esa gente farisáica me enferma. No me importa lo que hagan ellos, pero no me lo harán a mí."

11. Amor, es hora del culto. Debes cambiarte. ¿Qué?! ¿No vas a ir? Pero siempre vas a la iglesia. ¿Crees que debes permitir que una necedad como la del asunto de Carlos te aparte de la adoración? Además, te diré que el Pastor tenía razón en que Carlos siempre anduvo mal. Debes ir a la iglesia. ¿Qué dirán los muchachos? Serás mala influencia para ellos. ¿No te importa?

12. Juanita, quiero que sepas que sin tu amistad estrecha y amorosa, en la que me apoyo todos los días, jamás podría soportar este matrimonio carente de amor. Él es tan frío y distante. No le importan los hijos. No sé cómo pude estar tan engañada pensando que era un buen hombre cristiano cuando me casé con él. ¿Les podrías pedir a las niñas que oraran por él esta semana en nuestra reunión de mujeres?

REFLEXIONES SOBRE
Ser Discreta

"Mas el fruto del Espíritu es amor, gozo, paz, paciencia, benignidad, bondad, fe, mansedumbre, templanza; contra tales cosas no hay ley" (Gálatas 5:22-23).

Templanza es un fruto del Espíritu.

Rasgos de Una Buena Ayuda Idónea

* Una buena ayuda idónea crece en gracia y en conocimiento.
* Es agraciada y honesta.
* Está libre de engaño ante su marido.

Trata con Dios en Serio

No te engañes. Si habitualmente usas a la gente como niñeras, andas de visita con demasiada frecuencia, y pides que te llevan acá y allá o frecuentemente pides prestadas las cosas ajenas, pudieran tolerar tu egoísmo, pero realmente no les caerás bien. Hablarán de ti en secreto como una lata y no como una amiga.

A nadie le caen bien realmente las aprovechadas. La mujer sabia siempre da más de lo que recibe.

"La mujer sabia entiende de qué manera sus palabras pueden influir sobre la perspectiva de su marido. Ella puede moverlo sutilmente hacia lo negativo o hacia lo positivo."

Palabras con que Dios describe a la mujer piadosa

Localiza en una concordancia cada vez que se mencionan las siguientes palabras. Señala las palabras que te describen a ti. Pon una "X" al lado de las palabras en las que sabes que tienes carencia. Escribe junto a cada palabra lo que vas a empezar a hacer para acercarte más a lo que Dios desea.

- Casta
- Sobria
- Modesta
- Pudor
- Mansedumbre

- Espíritu callado
- Sujetas
- Obediente
- Amable
- Virtuosa

- Prudente
- Buena
- Discreta
- Cuidadosa de casa
- Agraciada

Tu Marido es Tu Cubierta

1 Echarán mano de un hombre siete mujeres en aquel tiempo, diciendo: Nosotras comeremos de nuestro pan, y nos vestiremos de nuestras ropas; **solamente permítenos llevar tu nombre, quita nuestro oprobio.**

2 En aquel tiempo el renuevo de Jehová será para hermosura y gloria, y el fruto de la tierra para grandeza y honra, a los sobrevivientes de Israel.

3 Y acontecerá que el que quedare en Sion, y el que fuere dejado en Jerusalén, será llamado santo; todos los que en Jerusalén estén registrados entre los vivientes,

4 cuando el Señor lave las inmundicias de las hijas de Sion, y limpie la sangre de Jerusalén de en medio de ella, con espíritu de juicio y con espíritu de devastación.

5 Y creará Jehová sobre toda la morada del monte de Sion, y sobre los lugares de sus convocaciones, nube y oscuridad de día, y de noche resplandor de fuego que eche llamas; porque sobre toda gloria habrá un dosel,

6 y habrá un abrigo para sombra contra el calor del día, para refugio y escondedero contra el turbión y contra el aguacero.

Capítulo 19

5. Ser Castas

Tito 2:4-5: "Que enseñen a las mujeres jóvenes
a ser prudentes, a amar a sus maridos y a sus hijos,
a ser discretas, <u>castas</u>…"

Las mujeres ancianas debemos enseñar a las jóvenes a ser **castas:** *puras* en pensamiento, palabra y hechos, <u>y</u> a ser modestas y honorables en todo.

"Asimismo vosotras, mujeres, estad sujetas a vuestros maridos; para que también los que no creen a la palabra, sean ganados sin palabra por la conducta de sus esposas, considerando vuestra <u>conducta casta</u> y respetuosa. Vuestro atavío <u>no sea el externo de peinados ostentosos</u>, de adornos de oro o de vestidos lujosos, sino el interno, el del corazón, en el incorruptible <u>ornato de un espíritu afable y apacible, que es de grande estima delante de Dios</u>. Porque así también se ataviaban en otro tiempo aquellas santas mujeres que esperaban en Dios, estando sujetas a sus maridos; como Sara obedecía a Abraham, llamándole señor; de la cual vosotras habéis venido a ser hijas, si hacéis el bien, sin temer ninguna amenaza." (I Pedro 3:1-6).

En español la palabra *casta* aparece 2 veces en la Biblia. La palabra griega que se traduce *casta* también se traduce *puro (a)* en cinco versículos, y en una ocasión se traduce *limpios*. Léase Filipenses 4:8 y Santiago 3:17 para tener una definición más completa.

La Búsqueda de un Tesoro Escondido

Estimado Sr. Pearl,

Soy un varón de 24 años y estoy buscando esposa. Encontrar una muchacha decente no es tan fácil como parece. Quiero una que no solamente diga ser decente, sino que tenga APARIENCIA de serlo. Un amigo mío se casó con una de las muchachas de la iglesia. No era la más casta para vestir, pero él estaba seguro de que ya que estuvieran casados ella sería más seria. Ella dice que no se siente redargüida por su manera de vestir y él sólo puede exigirle que cambie hasta cierto límite. Yo lo evito a él desde que se casó, porque me sentía excitado todo el tiempo que estaba con ellos por la manera de vestir de su esposa. Me deja indignado, frustrado y enojado el hecho de que una muchacha tonta y necia pueda ocasionar tantas molestias. A veces siento que mi propio cuerpo me traiciona, pero sé que soy un hombre normal con una necesidad normal, y el problema radica en que las mujeres visten de manera tan impía. ¡Qué deshonra para un hombre! Pero las demás jóvenes en la iglesia visten igualmente mal o peor. Yo preferiría no casarme, a terminar por conseguir una mujer tonta como ella. A los demás jóvenes solteros nos espanta cuando observamos cómo la esposa avergüenza a Jacob, porque, con todo lo que deseamos casarnos, definitivamente no queremos pasar por la deshonra que ha pasado él. Yo quiero una muchacha que no haya provocado o otros mil hombres a cometer adulterio visual con ella por su manera de vestir. Yo quiero una mujer de la que me pueda sentir orgulloso de llamar MI PROPIO tesorito oculto. ¿Cómo es posible que un hombre confíe en una mujer que, antes de casarse, "lo exhibe todo" a la vista de todos? Supongo que para mí la gran interrogación es: ¿Cómo encontramos los solteros muchachas castas para matrimonio, muchachas que no estén buscando vestir lo más sexy posible?

James G.

Estimado James,

La Biblia pregunta: Mujer virtuosa, ¿quién la hallará?" La pregunta implica: "No es fácil encontrarla." La búsqueda valdrá la pena si encuentras una muchacha casta y virtuosa. Mientras tanto, aquí hemos incluido tu carta, publicando tu preocupación. Mi oración es que las mujeres casadas y las mamás que están criando muchachas, al leer tu carta, sepan y se interesen en lo que están pensando los varones piadosos. Quisiera tener espacio para incluir otras 25 cartas como ésta, pero tendremos que conformarnos con una.

La que tenga oídos para oír…¡OIGA! - *Debi*

Modestía

Una mujer casta es una mujer modesta. Dios hace referencia a que una mujer conserva su castidad y pureza por su vestimenta. **"Asimismo que las mujeres se atavíen de ropa decorosa, con pudor y modestia; no con peinado ostentoso, ni oro, ni perlas, ni vestidos costosos, sino con buenas obras,**

> ♥ ──────── ♥
> **¡Nuestro Padre Celestial tiene normas para la vestimenta!**
> ♥ ──────── ♥

como corresponde a mujeres que profesan piedad" (I Timoteo 2:9-10). Dios dice que la vestimenta de la mujer debe profesar piedad. Su ropa, peinado y adornos—no sólo su boca—profesan en alta voz a todos los que la ven que es modesta y piadosa, o que es inmodesta e impía. ¡Nuestro Padre celestial tiene normas para la vestimenta! ¿Emplearás el argumento común, tildando a Dios de "legalista" cuando nos dice que *existe una manea correcta de vestir y una manera incorrecta*? La vestimenta comunica algo a todo el que nos observa. La ropa proclama una profesión constante. Es decir, declaran en voz alta—ahogando nuestras palabras—la verdadera condición de nuestro corazón y nuestra actitud hacia nosotras mismas y hacia los que nos observan. Cuando quiero provocar o seducir a mi marido, un ligero cambio en mi vestimenta, peinado o mi porte es todo lo que se requiere para excitarlo. Los hombres son muy diferentes a las mujeres. Jesús advertía a los hombres, no a las mujeres, cuando dijo, **"Cualquiera que mira a una mujer para codiciarla, ya adulteró con ella en su corazón"** (Mateo 5:28). Luego Dios le dice al hombre lo que haga si no puede evitar mirar y codiciar. **"Por tanto, si tu ojo derecho te es ocasión de caer, sácalo, y échalo de ti; pues mejor te es que se pierda uno de tus miembros, y no que todo tu cuerpo sea echado al infierno"** (Mateo 5:29). ¡Éste es un asunto muy serio!

Es imposible que la mujer entienda el deseo visual del hombre. Sólo puede creer lo que le dice un hombre honesto y franco, pero pocos hombres están dispuestos a reconocer su debilidad. El cuerpo de una mujer, moviéndose al alcance de la vista de un hombre, a menos que esté cubierto modestamente de tal manera que le comunique que no tienes ningún interés en complacerlo con tu apariencia, puede ser tan excitante para él como si te desnudaras completamente. Quizá él sea mejor hombre que la mujer que viste provocativamente, y pudiera tener la fortaleza para negarle a su vista el estímulo que tú le ofreces, pero te convierte a ti en una fuente de tentación a pecar, en lugar de una persona con la que él pueda tener comunicación.

Si te deleita ser fuente de tentación para los hombres, entonces definitivamente eres una mujer impía y necesitas desesperadamente arrepentirte.

Jesús dijo que el hombre que codicia a una mujer comete adulterio CON ella, no contra ella, lo que indica que la mujer está incluida en el adulterio codiciado. Algunas mujeres me han dicho que no se sienten "redargüidas" respecto a su vestimenta, como si Dios tuviera que perseguirlas y atormentarlas antes de que estén dispuestas a obedecer su Palabra. Muchas se ofenden si se cuestiona su "estilo de vestir." Dicen que no quieren ser legalistas, aun cuando Dios ha declarado claramente su voluntad. El Espíritu Santo redarguye conforme a la voluntad de Dios. Si no te sientes redargüida por el Espíritu Santo respecto a tu vestimenta inmodesta, entonces no eres dirigida por Dios. **"Porque todos los que son guiados por el Espíritu de Dios, éstos son hijos de Dios"** (Romanos 8:14). Si eres hija de Dios, no sólo de nombre, entonces *sí serás* guiada por el Espíritu de Dios. Si Dios no te está guiando conforme a su Palabra, entonces debes enfrentar la terrible realidad de que no tienes al Espíritu morando en ti. **"Y si alguno no tiene el Espíritu de Cristo, no es de él"** (Romanos 8:9).

Dios nos dio a las mujeres cuerpos que los hombres desean tanto como desean la vida misma. Es un precioso regalo que nos conserva "bonitas" y deseables para ese marido, ese hombre de nuestra juventud que nos ama, mucho tiempo después de que nuestra juventud se ha ido y nuestra piel parece bota de piel de cocodrilo. Tenemos un poder que podría hacer que muchos hombres vendan sus almas y corran ciegamente por el camino al infierno. O, podemos usar ese poder para aliviar, sanar, ministrar y expresar la intimidad que existe entre Cristo y su esposa. Como dijo mi esposo en su libro, *Sexo Santo*: "El diablo no inventó el placer erótico, lo inventó Dios." Pero Dios también estableció límites al ejercicio de la sexualidad. Toda la vida es vivir entre límites. El mundo a veces provee límites que evitan que pasemos por tontos o de sufrir en nuestra búsqueda de placer, pero nunca provee límites tan estrictos o tan razonables como los de Dios. Esta mujer anciana les está diciendo a ustedes, damas, que *es la voluntad de Dios para ustedes* ser siempre modestas en público. Es su profesión de piedad.

¿Qué Diremos del Pantalón?

No podemos concluir este tema sin hablar de un asunto que se presenta vez tras vez. ¿Es admisible que la mujer use pantalón? Deuteronomio 22:5 se cita como una prohibición contra el uso del pantalón por la mujer: **"No vestirá la mujer traje de hombre, ni el hombre vestirá ropa de mujer; porque abominación es a Jehová tu Dios cualquiera que esto hace."** Si usamos este versículo como prohibición del uso del pantalón por la mujer, tenemos que presuponer varios conceptos que son dudosos. ¿El pantalón es prenda masculina? ¿Qué versículo? Según la Biblia, la prenda común para el varón es **capa**, **manto** o **falda**. La Biblia hace múltiples referencias al manto de personas como Booz, el rey Saúl y Aarón. En una ocasión la Biblia se refiere a la falda de una mujer, y en otra ocasión a las faldas de Dios. Así que, hasta Dios usa falda, como lo hacían los hombres escoceses y los romanos y griegos de la antigüedad. Los indios americanos usaban minifaldas. En tiempos bíblicos, por lo que revela la historia secular, sólo las mujeres orientales usaban pantalón.

Queremos ser guiados estrictamente por la Biblia, pero siempre existe el peligro de ver lo que no está allí con tal de satisfacer nuestro criterio personal de lo que es propio. Cualquiera que está abierto se da cuenta de que el pasaje está hablando contra el travestismo—vestir prendas del sexo opuesto. La manera de vestir difiere de una cultura a otra y de una época a otra. Dios coronó su Creación haciendo varón y hembra y declarando todo "bueno en gran manera." Quien pervierte y confunde la designación que Dios hizo de su sexualidad, atenta contra esa declaración del Creador. **Es perturbador ver que la mujer empañe la distinción de géneros con su manera de vestir, y es absolutamente repugnante ver al hombre vestir afeminadamente. Que el hombre o la mujer vista como el sexo opuesto, claramente ofende a Dios.** Por eso Él menciona el asunto en su Palabra. Es una abominación para Él, un desafío a su soberanía en la creación de la humanidad. No olvides eso al seleccionar tu ropa. **La modestia es la regla principal de la vestimenta femenina.** Si quieres vestir provocativamente, hazlo en privado con tu marido. Es más, lo recomiendo; pero cuando salgas de la alcoba para ir a la iglesia o al mercado, viste como vestirías para comparecer ante el tribunal de Cristo.

Estimados Sres. Pearl,

Estoy harto de estar viendo grasa. Las mujeres que visten con blusas cortas y pantalón o falda bajos con un rollo de manteca alrededor del centro me recuerdan esos bollos que se han reventado por la mitad. ¡Asqueroso! Yo crío puercos, y cuando veo a estas hembras "bollos", entiendo a lo que se refieren las Escrituras cuando habla de marranos con joyas en el hocico. Son tan deseables como alguna de mis puercas. ¡Fuchi! No es tanto la grasa como la manera en que la exhiben—como si fuera mercancía de alta demanda. Me siento profundamente agradecido porque mi esposa viste como una dama, una dama virtuosa. Cada vez que voy al pueblo, regreso a casa tan contento de tener una buena mujer que sabe vestir como buena mujer. Si publican mi carta, no dejen de incluir mi nombre, porque quiero quedar registrado como un marido agradecido.

Jonathan Beachy

Beto el Malo

En la siguiente anécdota, los personajes, Beto y Lidia, son amalgamas compuestos de sesiones de consejería con dos parejas diferentes. Hemos oído básicamente el mismo relato muchas veces en nuestro ministerio con infinidad de parejas casadas.

Beto se sentía mal del estómago y no tenía hambre, así que su familia lo dejó en el hotel donde se iban a quedar, y los demás fueron a buscar algo para comer. Su papá nunca los dejaba ver televisión en el hotel, pero Beto sabía que tardarían por lo menos una hora, y estaba aburrido. La primera escena que vio lo cautivó. La música era sensual. Beto miraba fijamente, atrapado en su propio silencio pasmado. Frente a él, en cámara lenta, una mujer subía unas escaleras. Todo lo que veía era el trasero de la mujer envuelta en una corta falda de piel con una abertura en la parte posterior. La cámara descendía lentamente por sus largos y esbeltos muslos, hasta llegar a sus zapatos de tacón abiertos. Luego recorrió sus largas piernas hacia arriba, concentrándose en la abertura mientras ella ascendía. Él observaba hasta que ella llegó a la cima de la escalera y entró a un cuarto. La cámara permanecía fija en sus piernas. El corazón de Beto latía con expectación. La música suave se iba incrementando a medida que la cámara ascendía. Un ruido afuera de la puerta del hotel sacudió a Beto, haciéndolo volver al presente. Oprimió el botón para apagar el televisor con tanta fuerza que cuarteó el control remoto, luego lo aventó como si fuera una araña ponzoñosa. Falsa alarma, no había nadie, pero después de sólo dos minutos de introducción a la pornografía "blanda", Beto no sería el mismo. Ése fue el primer día que Beto se masturbó. Tenía 13 años de edad.

Dos años más tarde, Beto estaba sentado en la iglesia, cuando Lidia, la esposa del pastor de jóvenes, se paró directamente adelante de él para llevar a su

♥ ──────────── ♥

Discreta: cuidadosa, considerada, vigilante.

♥ ──────────── ♥

hijo más pequeño al baño. La boca de Beto se secó terriblemente al contemplar su trasero redondo envuelto en una falda de piel con una abertura en la parte posterior. Cierto, la falda de Lidia era varias pulgadas más larga que la que ahora formaba parte de sus fantasías, pero cuando Lidia se inclinó para levantar al niño, varios de los jóvenes que estaban sentados atrás de ella se cubrieron lentamente el regazo con sus himnarios. **Beto casi odiaba a Lidia a partir de ese día.** Ella era responsable de su tormento y tentación. La fuerza de esos pocos segundos de pornografía blanda dos años antes, junto con la tela tirante, peligrosamente alta cuando Lidia se inclinó, hizo que vaciara su semen en su pantalón, allí mismo en la iglesia, ocasionando una gran mancha húmeda. Encontró un buen uso para su Biblia ese día al salir de la iglesia. Con ella cubrió su vergüenza mientras se apresuraba a llegar a la camioneta y ocupar el último asiento. Una semana más tarde, Beto abandonó el grupo de jóvenes. Su partida súbita desconcertó y entristeció al sincero pastor de jóvenes. Visitó a Beto para preguntarle si había algo de lo que Beto quisiera hablar. La boca de Beto se llenó de amarga bilis al recordar a la esposa del pastor de jóvenes subiendo lentamente la escalinata de la iglesia con su falta apretada y tacones altos, igualita a la mujer de la televisión. Lidia, con su sonrisa santurrona no lo engañaba a él; ¿cómo podía ser tan tonta como para no saber exactamente lo que le estaba haciendo a él? No, no tenía nada de qué hablar, le dijo al marido tonto de Lidia.

> Casta: pura en pensamiento, palabra y acción; modesta, honorable

Lidia jamás se enteró de que había avergonzado a su marido, dañado su ministerio y ocasionado ardiente amargura en un joven, llevándolo hasta el borde del abandono de la fe. Ella no me hubiera creído (o posiblemente se hubiera sentido secretamente satisfecha de lo que ella creía era su belleza) si yo la hubiera apartado para explicarle que los varones jóvenes de la iglesia estaban reaccionando contra ella y que por eso varios de ellos la trataban con tanto desprecio. Ella me hubiera explicado que su estilo era *su estilo*, y que *ellos* necesitaban ubicarse. Lo sé porque he hablado con muchas Lidias.

Beto no había visto pornografía desde aquella primera noche, pero su mente estaba en una lucha constante, y su lucha con la masturbación era interminable. Las blusas abiertas o escotadas eran una tortura para él. Las barrigas descubiertas también le inquietaban, pero una muchacha con piernas largas y delgadas que venía a las reuniones con pantalón o falda corta le hacían sufrir increíblemente.

Cuando Beto tenía 22 años de edad, conoció a una linda dulzura de muchacha, con mirada suave y cálida y un corazón bueno y limpio. Se casaron y Beto encontró alivio al saber que sus sufrimientos habían terminado finalmente. Durante los primeros tres años ella era sexualmente excitante, y él pudo disfrutar plenamente lo que antes le había ocasionado tanta vergüenza y frustración en su juventud. Ahora tenía grato alivio de su antiguo enemigo, la lascivia, que finalmente estaba bajo control en su relación matrimonial pura.

Parece que la vida nunca se despliega ante nosotros sin asperezas, y después de que la esposa de Beto tuvo su segundo hijo, dejó de responder a Beto de la misma manera en la alcoba. **Sus excusas eran: agotamiento, enfermedad, no quería embarazarse, no tenía ganas, le dolía porque "parece que algo anda mal adentro ahora", etc.** Ella sabía que tenía que darle sexo una vez por semana, pero lo hacía sin entusiasmo, de manera que él nunca encontraba satisfacción total. Las mujeres en el trabajo siempre vestían muy sexy, y habían tratado de provocar a Beto, pero él las veía como una bola de animales enfermos, así que, aunque lo provocaban, a él le molestaba.

La iglesia era diferente. Las damas en la iglesia parecían limpias y puras. A los 25 años de edad, Beto estaba en la flor de su edad, y necesitaba a su mujer. Dios había diseñado su cuerpo con una válvula sensible que requería de alivio por lo menos 2 ó 3 veces por semana. Él había desarrollado ciertos hábitos para evitar las tentaciones inesperadas. Su esposa no tenía idea de la razón de sus hábitos extraños, como el de escoger el lugar donde se sentarían en la iglesia, pero ella simplemente se sentaba donde él la llevaba. Lidia ya no era problema. Afortunadamente, los pocos años que habían pasado habían ocasionado estragos con su hermoso trasero y muslos. Beto sonreía y la saludaba cuando pasaba. Ella seguía poniendo esa expresión ridícula de "¿yo qué hice?", como si realmente no supiera por qué él siempre la había rechazado. Era cierto, ella todavía le caía mal, y él encontraba cierto malvado deleite en la desaparición de la belleza de ella. Verla a ella le hacía a Beto recordar cuando su marido, el director de jóvenes, estaba enseñando a un pequeño grupo de recién casados, explicándoles que todas las mujeres pasan por tiempos de total indiferencia al sexo, incluyendo a su propia esposa, y lo importante que era cuidarse de la lascivia durante esos tiempos. En el momento Beto había sentido lástima por él, pero ahora su propio amorcito había cerrado el grifo de su dulce amor.

"Vigilante, debo estar vigilante." Beto estaba revisando el auditorio de la iglesia, buscando un lugar seguro para sentarse, cuando su esposa empezó a tirar de su brazo. "Quiero sentarme allá atrás de la familia Reyes." Se disparó la alarma de Beto. La familia Reyes tenía tres hermosas muchachas adolescentes, altas, de piernas largas, que vestían faldas apretadas y cortas. Beto gimió irritado. Su esposa escuchó el gemido y se sintió ofendida. Él deseaba poder explicarle a su esposa todo este enredo complicado, pero ella sólo se pondría celosa y pasaría el resto de la vida cuidándolo para ver a quién estaba mirando. La miró a ella, a quien amaba con todo su corazón, deseando que fuera un poco más prudente y no tan sensible a las ofensas. **Deseaba que ella lo amara como él necesitaba ser amado, deseaba que fuera su *ayuda idónea* cuando él más la necesitaba. Deseaba que ella tuviera suficiente sabiduría para ser discreta y suficiente discernimiento como para velar por él en momentos como éste.** Deseaba que sólo lo obedeciera, no porque ella entendiera, sino porque le interesaba él suficientemente como para obedecerle. Deseaba que ella entendiera cuánto la necesitaba y cómo, en cierto sentido, ella tenía en sus manos el poder del cielo o del infierno para él. Él dejó que ella lo guiara hacia una banca de tentación. Si alguien hubiera podido ver su mente mientras estaba sentado atrás de las muchachas Reyes, lo hubieran mandado arrestar. Él sabía que era Beto el Malo, lleno de lascivia, ira, frustración, y derrota. Por algún motivo siempre pensaba con amargura en Lidia cuando se sentía derrotado: "Esa vaca gorda, no, no es vaca, es una puerca."

Beto, Paco, Tomás y Tu Pastor

Beto el Malo es la historia de mil Betos y Pacos y Tomases. Si piensas que Beto es alguna especie de monstruo o pervertido, no conoces a los hombres. Es tarea del consejero escuchar a estos hombres que vierten sus casos, sus luchas y sus amarguras. A nosotras nos toca "ayudarles" a tener la victoria. Desde hace años mi esposo y yo hemos deseado poder decírselo a todas las mujeres jóvenes que con su falta de modestia para vestir y su conducta tan poco femenina hacen que la lascivia en incontables hombres explote en participación en adulterio visual. El relato de Beto el Malo es para informarte y advertirte de tu complicidad. Beto el Malo es un varón cualquiera de tu iglesia. Es tu predicador y el maestro de escuela dominical de tu hija. Se sienta atrás de ti en la iglesia, o, posiblemente es el que evita sentarse atrás de ti y de tus hijas.

Sí Soy Guarda de Mí Hermano

Debido a su indiscreción, Betsabé ocasionó una gran calamidad, que condujo a muerte y sufrimiento para muchos. **Su falta de discreción** les costó la vida a su marido, a sus compañeros de milicia, a su bebé recién nacido, y costó la integridad de uno que Dios tenía en alta estima como varón conforme a su propio corazón. Por hacer simplemente lo que ella consideraba que tenía derecho a hacer, se constituyó en cómplice del acarreo de ruina sobre toda una familia, incluyendo violación, incesto, rebeldía y homicidio. David debía haber

Considera a otros primero 🖤

estado con sus hombres, pero no andaba buscando mujeres. Ella proveyó la oportunidad para que él la deseara por su falta de discreción al elegir un lugar para bañarse. Su hermoso cuerpo ganó en la lucha entre su carne y su amor por Dios. Generaciones han asociado el nombre de Betsabé con una mujer malvada, sin embargo, era esposa de un buen hombre militar. Lo único que le faltaba era modestia y discreción. Con demasiada frecuencia en la vida, se hubieran evitado muchas tragedias si tan sólo…

Tu vida no es tuya. Has sido comprada con precio, la sangre de nuestro Señor Jesucristo. Todas compareceremos delante de Dios por actos de la carne, incluyendo aquellas por las que somos responsables por nuestro descuido. Recuerda la advertencia en Mateo 5:28: la mujer es parte del adulterio cuando se coloca en un lugar que hace que el hombre la desee.

REFLEXIONES SOBRE

Ser Castas

El Aspecto de Una Buena Ayuda Idónea

Piensa conmigo por un momento en la última vez que fuiste a la iglesia. Repasa mentalmente el auditorio y recuerda como vestían las mujeres, incluida tú misma. Ahora lee lo que Dios dice:

> **"Asimismo que las mujeres se atavíen de <u>ropa decorosa</u>, con <u>pudor</u> y <u>modestia</u>; <u>no con peinado ostentoso, ni oro, ni perlas, ni vestidos costosos</u>, sino con buenas obras, como corresponde a mujeres que profesan piedad. La mujer aprenda en silencio, con toda sujeción. Porque no permito a la mujer enseñar, ni ejercer dominio sobre el hombre, sino estar en silencio. Porque Adán fue formado primero, después Eva; y Adán no fue engañado, sino que la mujer, siendo engañada, incurrió en transgresión. Pero se salvará engendrando hijos, si permaneciere en fe, amor y santificación, con modestia.**
> **"** (I Timoteo 2:9-15).

Trata con Dios en Serio

II Samuel 11 relata cómo pecó David con Betsabé. El último versículo de ese capítulo dice: **"Mas esto que David había hecho, fue desagradable ante los ojos de Jehová."** Lee la historia relatada en II Samuel 11 y 12, y el clamor de arrepentimiento de David que se encuentra en el Salmo 51. Permite que la historia de la miseria del pecado te instruya, te cambie y te haga desear vestir de una manera que jamás provocaría a un hermano en el Señor a la lascivia.

Capítulo 20

6. Cuidadosas de Su Casa

Tito 2:4-5: "Que enseñen a las mujeres jóvenes a ser prudentes, a amar a sus maridos y a sus hijos, a ser discretas, castas, <u>cuidadosas de su casa</u>…"

Cuidadosas: En guardia, velar, conservar, mantener, guardar.
Casa: Sede de la vida doméstica.

La Cuidadosa

Según las palabras de Dios, yo, una de las ancianas, debo enseñar a las mujeres jóvenes a ser **cuidadosas de su casa**. Éste es el sexto de ocho mandamientos para las mujeres jóvenes. *No es una sugerencia; es la voluntad de Dios para las esposas.*

Recordarán que escribí anteriormente acerca de cómo le pedí a Dios que me enseñara por qué Él usaba la palabra *blasfemia* para describir las consecuencias de que las mujeres jóvenes no obedezcan a Dios en estas ocho áreas. Dios me enseñó esta lección de la siguiente manera:

La mañana siguiente de que oré pidiendo que Dios me diera sabiduría respecto a la palabra *blasfemia*, entré a mi oficina y empecé a navegar entre mis correos electrónicos. Llegué a uno escrito por un hombre joven a quien conozco muy bien, porque he pasado mucho tiempo con su esposa. Rodaban lágrimas por mis mejillas al leer las palabras trágicas escritas por un joven que había estado sacrificando por llevar el evangelio a la gente de otra nación.

Contó cómo su niña de menos de un año había sufrido abuso sexual, muy probablemente por alguien con una terrible enfermedad. Fue como si Dios me hablara y me preguntara, "¿Será demasiado fuerte la palabra *blasfemar*?" Entonces pude ver claramente por qué Dios escogió la palabra *blasfemar* para las ocho cosas enumeradas. Si una madre abandona su puesto de mando, aun cuando la necesidad en otro puesto parezca más apremiante, la Palabra de Dios será blasfemada.

> **Un hogar no es hogar a menos que haya una mujer allí haciéndolo hogar.**

La tragedia de esta pareja joven fácilmente pudiera haber sido la mía. Recuerdo que cuando mi hija mayor tenía dos años, encontré a una niñera para poder hacer mis compras con más comodidad (falta de prudencia). Tengo tan presente, aun cuando hace más de 28 años, que entré a esa casa y bajé a mi bebé. Luego, levantando la mirada, vi la cara de un hombre viejo que era el marido de la niñera. Algo hizo que despertara temor en mi espíritu. Volví a tomar a mi hija y me salí. Me pregunto: Si la hubiera dejado allí ese día, cuando tenía dos años de edad, ¿hubiera tenido ella la fortaleza moral a los 22 años, para vivir sola entre las montañas de Papúa Nueva Guinea, traduciendo para una tribu primitiva (lee el diario de Rebekah en nogreaterjoy.org). En la eternidad se sabrá. Esta pareja misionera no encargó a su hija para poder ir de compras o al cine. Dejaron a su bebé encargada por menos de diez minutos cuando la esposa tenía que ayudar con "ministerio." La Palabra de Dios es la misma ayer, hoy y para siempre, y habla la misma verdad para toda familia hoy. **El lugar de una madre joven es en el hogar, cuidándolo, protegiéndolo, velando por los que le han sido encomendados.** Es seguro que de no hacerlo, la Palabra de Dios será blasfemada. Aun cuando pudieras desobedecer a Dios sin que produjera consecuencias indeseables visibles, lo único que demostrarías es que Dios es paciente, como lo fue con Israel, pero el juicio seguramente vendrá. La Palabra de Dios enseña lo que es verdad y lo que es correcto. Si ignoras lo que Dios dice, haciendo a un lado las palabras de Dios escritas en la Biblia, estás blasfemando, hablando mal de sus palabras.

¿A Quién Obedezco?

¿Qué sucede si tu marido te dice que vayas a trabajar y que dejes a tus hijos en guardería o con una niñera, en contra de la orden de Dios de que permanezcas en casa? La voluntad de Dios es que una mujer ame y obedezca a su marido, y es la voluntad de Dios que sea cuidadosa de su casa. ¿A quién obedeces? Aquí es donde se vuelve vital una firme convicción de fe en Dios. Dios puede obrar de tal manera que puedas obedecer en las dos cosas. **Lo importante es tu actitud.** Si tienes un corazón entregado a la voluntad de tu marido y un corazón entregado a la obediencia a Dios, será responsabilidad de Dios resolver tu conflicto. Posteriormente hablaremos de cómo presentar una apelación, pero por el momento debes entender que si tú estás dispuesta a obedecer en todas las áreas y no desarrollas un espíritu de rebeldía contra tu marido ni contra Dios, será más probable que tu apelación sea atendida.

Encomienda a Dios tu camino y dile a tu marido que harás lo que él ordene. Luego expresa tu preocupación por tus hijos, mostrándole el pasaje bíblico que crea tu dilema. Dile que deseas ayudar con las finanzas y también quieres proteger e instruir a los niños. Pregúntale cómo puedes hacer las dos cosas. Debes tener una actitud de confianza

> Fue como si Dios me preguntara, "¿La palabra 'blasfemia' será demasiado fuerte?"

en él, no de acusación, crítica o juicio. No debe haber ninguna insinuación de ultimátum ni de insurrección inminente. *Confianza* **es la palabra clave. Confía en la sabiduría y dirección de tu esposo.** Pregúntale si habrá manera de que permanezcas en casa mientras tú y los hijos realizan alguna actividad que produzca algún ingreso. Pregúntale si habrá manera de reducir los gastos de manera que la familia se pueda sostener con el ingreso de él únicamente. Pide un periodo de prueba. Muéstrale cómo puedes ahorrar, eliminando gastos innecesarios. Compra en tiendas de segunda. Cámbiense a una casa más económica si es necesario. Vendan un automóvil. No compren muebles nuevos. Cuando falle el refrigerador, compren uno usado. No tomen vacaciones costosas. Usen su tiempo de vacaciones para que toda la familia pinte la casa en lugar de contratar a alguien para que lo haga. Pide a una amiga mayor que te ayude a detectar en qué desperdicias dinero.

La mayoría de los hombres permitirían que sus esposas se quedaran en casa si la esposa pudiera demostrar que era su convicción de corazón y un deseo puesto por el Espíritu Santo, el de obedecer a Dios en el asunto de la instrucción de sus hijos, **y si ella pudiera aprender a ser más ahorrativa y contenta con lo que tiene.** Ora y pide a Dios que cambie el corazón de tu marido y tu situación financiera. Prepárate para un cambio extremo en tu estilo de vida. Dios rescatará al corazón que confía en Él.

Salir de Casa por Teléfono, Mail y Chat

"Quiero, pues, que las viudas jóvenes se casen, críen hijos, gobiernen su casa; que no den al adversario ninguna ocasión de maledicencia" (I Timoteo 5:14).

La voluntad de Dios para una viuda joven, según el versículo, es que **gobierne su casa** y que **no dé ocasión** para que Satanás traiga reproche a la familia. En el versículo anterior el apóstol Pablo dice lo que estaban haciendo las viudas jóvenes que permitía que Satanás trajera reproche sobre la familia. **"...Aprenden a ser ociosas, andando de casa en casa; y no solamente ociosas, sino también chismosas y entremetidas, hablando lo que no debieran."**

> **La esencia de su pecado era estar ociosas, visitar de casa en casa (teléfono a teléfono), ser chismosas (siempre hablando acerca de otros) y repitiendo lo que no debían.**

La esencia de su pecado era estar **ociosas** en lugar de ser trabajadoras, visitar de **casa en casa** (teléfono a teléfono), ser **chismosas** (siempre hablando acerca de otros) y repitiendo todo lo que habían oído, dando sus opiniones "piadosas" acerca de los asuntos de los demás. La Escritura dice a la mujer joven que permanezca en casa debido a su tendencia natural de estar ociosa, no haciendo nada sino buscar distracciones.

Los inventos modernos han provisto maneras de que una mujer permanezca en casa sin ser **cuidadosa de su casa**. Podemos permanecer físicamente en casa, mientras nos desplazamos en espíritu por medio del teléfono o la computadora. No puedes cuidar *tu* casa y las de todas las demás al mismo tiempo. Más iglesias e individuos han sido destruidos en el café, por el teléfono y ahora por la computadora, que por cualquier otro medio. **"La mujer virtuosa es corona de su marido; mas la mala, como carcoma en sus huesos"** (Proverbios 12:4).

"Cuidar la casa" es más que permanecer en casa; es tener un corazón centrado en el hogar. Una ayuda idónea estará ocupada en actividades creativas que representan un auténtico reto para los niños y los inspira. Ella cuidará al hogar de influencias externas, y siempre estará vigilando para proteger a los hijos contra las maldades inventadas por ellos mismos. *Ella no estará ociosa, ni sus hijos tampoco.* Aligerará la carga de su marido, pintando el pasillo y cortando el pasto. Será ahorrativa en todas sus actividades, y enseñará a los hijos a deleitarse sirviendo a Papá. Conservará el hogar para que cuando Papá llegue a casa, llegue a un refugio de paz, amor y orden.

Una verdadera ayuda idónea se hace útil a su marido en lugar de perder su tiempo. ☺

Es mandamiento de Dios, no una sugerencia

REFLEXIONES SOBRE

Cuidadosas de Su Casa

Rasgos de Una Buena Ayuda Idónea

- Una buena ayuda idónea puede ser encontrada *en casa*.
- Toma en serio sus responsabilidades.
- Conserva seguridad para sus hijos en el refugio donde Dios la ha puesto.
- Una ayuda idónea teme blasfemar la Palabra de Dios. Sabe que todo lo que sembrare, eso también segará.
- Una buena ayuda idónea está en casa como ángel de la guarda (en la tierra) para sus hijos.
- Una buena ayuda idónea aprovecha al máximo el uso de su tiempo en la casa, creando un refugio limpio y agradable.

Consulta la palabra blasfemar. Aparece 14 veces en la Palabra de Dios. ¡Blasfemar es cosa horrenda! Consulta estos versículos y pide que Dios te enseñe a temer ser culpable de blasfemar su Palabra por no obedecer los ocho mandamientos dados a mujeres jóvenes en Tito 2.

Hospitalidad

La hospitalidad es una manera de que la cuidadosa de su casa ministre a otros. Cuatro veces en su Palabra Dios nos exhorta a usar de hospitalidad en el servicio a otros. Consulta esos cuatro versículos, y busca maneras de mostrar hospitalidad a otros.

"Hospedaos los unos a los otros sin murmuraciones" (I Pedro 4:9).

Capítulo 21

7. Ser Buenas

Tito 2:4-5: "Que enseñen a las mujeres jóvenes a ser prudentes, a amar a sus maridos y a sus hijos, a ser discretas, castas, cuidadosas de su casa, <u>buenas</u>,…"

Una mujer buena es genuina, gozosa, <u>virtuosa</u>, valiosa, competente, lista, amable, benévola, misericordiosa, trabajadora, agradable, simpática, honorable, fiel, agraciada y sabia.

Ser Buena es Hacer el Bien

James Hamilton describió bondad de la manera siguiente: "Bondad es amor en acción, amor con la mano en el arado, amor con la carga en la espalda. Bondad es amor llevando medicamento al enfermo, alimento al hambriento. Bondad es amor leyendo la Biblia al ciego y explicando el evangelio al delincuente en su celda. Bondad es amor por el grupo de la escuela dominical o en la escuela, o en la tarea de la misión—cuando sea y donde sea, siempre el mismo amor, siguiendo en las pisadas del que anduvo (continuamente) haciendo el bien." Las palabras de Hamilton giran en torno a la exhortación en Tito 3:14: **."Y aprendan también los nuestros a ocuparse en buenas obras para los casos de necesidad, para que no sean sin fruto."** Una persona es lo que hace.

La Corona

"La mujer virtuosa es corona de su marido; mas la mala, como carcoma en sus huesos" (Proverbios 12:4).

La buena mujer es corona de su marido. Ella puede hacer que un hombre mediocre sea tan respetado como el que lleva una corona.

▶ Una buena mujer pudiera estar casada con un hombre que es perezoso o que simplemente no gana mucho dinero. Sin embargo, por ser sabia en sus compras y no desperdiciar su tiempo ni el dinero comiendo fuera o buscando diversiones caras, y permaneciendo en casa, logra que el "poco dinero" de él rinda mucho. El resultado es que él pasa por más sabio y rico de lo que realmente es, y recibe honra por ello.

▶ Una buena mujer pudiera estar casada con un hombre que no es padre atento ni paciente instructor de sus hijos. Sin embargo la buena esposa nunca lo deshonra, y enseña a los hijos a ser obedientes e ingeniosos. Cuando otros ven a sus hijos, suponen que el padre debe ser un buen hombre para tener tan buenos hijos.

▶ Una buena mujer pudiera estar casada con un hombre que es mal ejemplo como padre y marido. Pudiera ser egoísta y egocéntrico, posiblemente hasta deshonesto, sin embargo, como ella es sumisa y lo honra, él la trata con amabilidad. La gente observa su relación y piensa que él ha de ser un buen hombre, porque tiene una buena mujer y parecen ser felices juntos.

A estas alturas has de estar diciendo: "¿Por qué había ella de llevar la carga y conseguir que un hombre flojo, impaciente y egoísta se vea bien?" ¿Y por qué no había de hacerlo? **Al ser corona de su marido, está criando hijos que se levantarán para llamarla bienaventurada.** Para cuando sean adolescentes, sabrán que su padre no es todo lo que debe ser, pero lo honrarán, gracias al ejemplo de su madre. **Al ser corona de su marido, está ganando el amor y aprecio de él**, y así recibirá un trato mucho mejor que si se levantara contra él. Y, **por ser mujer prudente** en su manera de usar los escasos fondos que él provee, **está consiguiendo un lugar cómodo para criar a su familia.** En el último análisis, **ella está haciendo exactamente lo que, según Dios, conseguirá que su marido venga a Dios.** Y, sobre todo, está honrando a Dios al cumplir con su vocación como ayuda idónea. Al final, quienes la conocen sabrán la verdad.

La Mujer de Bola y Cadena

"…Mas la mala, como carcoma en sus huesos" (Proverbios 12:4).

▶ **Una mujer de bola y cadena** es aquella que gasta el modesto salario de su marido, cinco dólares por aquí, diez dólares por allá, en cosas que **no permanecen.** Al final del día está "demasiado cansada para cocinar" o "no hay nada en casa para comer" así que quiere salir a cenar. Parece que nunca hay suficiente dinero para progresar. Él parece ser un hombre pobre, y ella hace que él sienta la falta de cada centavo. Él se desalienta fácilmente, porque por mucho dinero que gane, parece que nunca alcanza. Cuando parece que pudieran estar adelantando un poco, unas vacaciones o muebles nuevos que ella compra, consume sus reservas. Otros tienden a verlo a él como un perdedor. En lugar de ser corona para él, ella le acarrea vergüenza y es carcoma para sus huesos.

▶ **Una mujer de bola y cadena** también pudiera estar casada con un hombre que es un padre atento e instructor paciente de sus hijos. Sin embargo, como **ella quiere andar en la calle durante el día** mientras él está trabajando, sus hijos se quedan encargados con niñeras. La Palabra de Dios es blasfemada porque ella, no siendo cuidadosa de su casa, permite que sea sembrada mala semilla en sus hijos, que traerá una cosecha amarga para ambos. Cuando los hijos "salgan mal", la gente dirá, "Seguramente que *él* no hizo bien alguna cosa." Esta esposa también acarrea vergüenza y gran tristeza para su marido. Bola y cadena…bola y cadena…bola y cadena…arrastrándolo hacia atrás con cada buen paso que él da hacia adelante.

▶ **Algunas mujeres de bola y cadena** están casadas con hombres honestos de mucha integridad, sin embargo, como sus esposas usan el tiempo y los recursos de otras personas de manera irresponsable, ninguno de los dos son tenidos en alta estima. El hombre es juzgado por las acciones de su esposa, sin embargo la mujer pocas veces es mal vista debido a las acciones de su marido. Él sabe que algo anda mal, y se pasa la vida reparando imágenes y relaciones dañadas, y nunca progresa. Él la ama, sin embargo, ella es como carcoma en sus huesos.

Aun cuando una **buena mujer** puede levantar a un mal marido, un buen hombre no puede compensar las deficiencias de una mala esposa para crear una familia con una buena reputación. El hombre que está casado con una esposa de este tipo, generalmente llega a ser un perdedor de por vida, por mucho que se esfuerce por ganar. Al principio conserva esperanzas, pero con el tiempo, en lo más profundo de sus huesos, siente la carcoma, y la desesperanza consume todas sus aspiraciones.

La Mujer que Pisa la Raya

▸ "Yo reconozco que compro alimentos preparados que son caros y nocivos para la salud, pero por lo menos no comemos fuera todo el tiempo."

▸ "Yo no acostumbro dejar a los niños con niñeras, pero sí los siento frente a un vídeo de vez en cuando mientras leo una novela romántica, en lugar de invertir ese tiempo enseñándoles a cocinar o coser ropa para muñecas."
"...El muchacho consentido avergonzará a su madre" (Proverbios 29:15).

▸ "Yo no me atrevería a ser deshonesta, y creo que no es correcto que otros me acusen de perder el tiempo platicando por teléfono o sentada frente a la computadora."

La Buena Mujer es Prudente

Dios nos dice en Proverbios 19:14: **"...De Jehová** [es] **la mujer prudente."**

Estimada Sra. Pearl,

Estoy tan cansada y desalentada. Siento que mi esposo simplemente no me ama ni cuida de su familia como debe. La casa se está desbaratando. El patio está lleno de basura. El colmo es que el lavabo tira tanta agua que el piso debajo del lavabo siempre está húmedo. Él está disponible al instante para ayudar a quien le pida ayuda, pero es imposible lograr que haga algo aquí. Anoche tuvimos un pleito muy grande por la puerta de tela de alambre. Tiene un gran agujero que le pedí que arreglara hace meses y aún no lo arregla. Luego alguna viejita llamó porque necesitaba ayuda para echar a andar su auto, y él pronto se fue para ayudarle a ella. ¿Qué le pasa? ¿Cómo no puede entender que su familia debe ser primero? ¿Qué debo hacer?

Vicky

Estimada Vicky,

Antes de contestar tu pregunta, quiero que tomes el siguiente examen:

Prueba Básica para Tontolonas

◆ ¿La sanidad naturista no te llama la atención?

◆ ¿No te has interesado por investigar cómo las vacunas pudieran afectar la salud de tus hijos?

◆ ¿Has considerado lo que contienen los cereales fríos preparados?

◆ ¿Los asuntos de finanzas y negocios te confunden o te aburren?

◆ ¿Te conformas con saber quién es quién en Hollywood, pero no te importa un comino quién decide el futuro de tus hijos a nivel de los eventos mundiales?

◆ ¿Te encantan las novelas románticas pero te aburren los libros que enseñan conocimientos prácticos?

◆ ¿Alguna vez has revisado el aceite de tu auto?

◆ ¿Sabes usar un martillo, serrucho, cinta métrica y destornillador?

Bueno, ¿eres una tontolona? Quizá te estés preguntando qué tiene que ver eso con tu marido "perezoso." ¡Más de lo que te imaginas!

Vicky, tú me preguntaste, "¿Qué debo hacer?" Debes levantarte de tu sillón y aprender una que otra cosa. **Cualquiera buena mujer debe poder reparar una puerta de tela de alambre.** La plomería tampoco es tan difícil. Yo he reparado varios tubos reventados en lo más frío del invierno, y he cambiado por lo menos dos tazas de baño. Existen buenos libros en la biblioteca que te serán útiles para esas cosas. Si lo puede hacer un hombre, ¿por qué no una mujer? No se requiere mucha fuerza. Tú eres la responsable de cuidar el hogar, ¿no? El jardín definitivamente no es trabajo de él. Levántate del sofá, sal con los niños, y empieza a limpiar el patio. Te sorprenderá cuánto entrenamiento útil adquirirán los niños, y él te apreciará cuando muestres un poco de iniciativa.

Además, te estás perdiendo muchas excelentes oportunidades de enseñar a los niños algunas destrezas prácticas, al mismo tiempo que les provees de experiencias que desarrollan carácter. Realiza los proyectos del hogar, uno por uno, comentando cada paso con los niños. Permite que ellos hagan lo que son capaces de hacer. ¡Diviértanse haciéndolo!

El hombre trabaja todo el día y regresa a casa a un patio tirado, casa sucia, grifos con fuga y una esposa perezosa y quejumbrosa. Él ve tanto que hay que hacer y se siente abrumado al pensar que aparentemente él está cargando con todo el trabajo solo. Se siente como si se hubiera convertido en un esclavo cuando se casó. No tiene una ayuda idónea que esté cargando con su parte del trabajo; tiene una sanguijuela exigente y malhumorada que se lo está chupando. Así que cuando llega una llamada de la viejita afligida, por supuesto que él abandona todo y corre. Ella le va a sonreír con dulzura y decirle cuánto lo aprecia. Cuando logre echar a andar su auto, será un trabajo terminado, y él se sentirá satisfecho de sí mismo. Si se quedara en casa para arreglar la puerta, seguiría la fuga del grifo y tú todavía no estarías contenta.

Él no fue creado para ser tu esclavo. Tú fuiste creada para ser su ayuda, así que, manos a la obra. Aprende a ser útil. Yo he observado que cuando hay un trabajo que es demasiado grande para mí, si al menos lo comienzo, mi marido se dará cuenta de que me he metido en aprietos y se encarga de terminar el

> ♥ ——————— ♥
> Al final, es el trabajo de una mujer lo que habla de su valor.
> ♥ ——————— ♥

trabajo. Así puedo presumir de lo listo que es él, y él ni siquiera se da cuenta de que lo acabo de manipular. (Estoy sacrificando mucho al publicar esto). - *Debi*

La Buena Mujer se Corona de Sabiduría

Una buena mujer tiene mucho qué aportar al matrimonio. Un hombre será más sabio y más exitoso en sus empresas si su mujer cuenta con una gran cantidad de fuentes de información y mucho trabajo para aportar al proyecto. Dios nos dice que la mujer prudente viene de Él.

"Los simples heredarán necedad; mas <u>los prudentes se coronarán de sabiduría</u>" (Proverbios 14:18). La prudencia es crecer en conocimiento. Es hacer un esfuerzo por aprender algo nuevo y usará esa información o destreza, sea que lo disfrutes o no.

Dios describe al prudente en Proverbios 18:15 cuando nos dice: **"El corazón del entendido adquiere sabiduría; y el oído de los sabios busca la ciencia."**

"El sabio de corazón es llamado prudente, y la dulzura de labios aumenta el saber" (Proverbios 16:21). Me gusta esa frase, "sabio de corazón." Ya hemos estudiado la <u>sabiduría</u>, y sabemos que la sabiduría comienza con temer a Dios en relación con las consecuencias de nuestras acciones. El temor nos mueve a hacer caso a lo que Dios dice, sabiendo que Él no bendice ni maldice con ligereza.

Dios se deleita con nuestro aprendizaje. Él le llama prudencia. Aprender a cocinar de manera saludable y con bajo costo es algo prudente, que definitivamente nos haría calificar como *buenas mujeres*. Sería prudente que aprendiéramos a proporcionar a nuestros hijos sanidad natural en lugar de llevarlos al médico (ocasionando altos gastos médicos, además de riesgos innecesarios), y también nos haría buenas mujeres.

La Buena Mujer es Mujer Prudente

- ◆ Una esposa prudente no es tonta.
- ◆ Una esposa prudente no es perezosa.
- ◆ Una esposa prudente no pierde su tiempo.
- ◆ Una esposa prudente siempre está aprendiendo.

Los hombres valoran a la mujer trabajadora que está deseosa de aprender cosas nuevas. Ningún hombre quiere cargar con una mujer lenta e incompetente. He oído frecuentemente a mis hijos y sus amigos hablar de lo que quieren en una esposa. Todos coincidían en que no querían casarse con una "chica de mantenimiento costoso." Ningún joven quiere casarse con una muchacha "floja, visitadora, que tiene que comer en restaurante." Todos los hombres coinciden en este punto: **Una mujer buena es una ayuda, no un estorbo.** Una ayuda idónea trabaja, aprende y ayuda con las tareas de la vida cotidiana. Cuando un hombre llega del trabajo, debe palparse una diferencia obvia, visible y tangible en su casa, sus hijos, su alimento y hasta en su ingreso, que ella ha ayudado a crear. Él sabe que su mujer logra resultados, alcanza objetivos y no sólo se limita a barrer el piso y lavar los platos. Es una verdadera emprendedora, una iniciadora.

Quizá hayas escuchado alguna vez que un hombre comente respecto a la esposa de otro, "Él tiene una buena mujer." Si le pidieras a ese hombre que describiera la mujer a la que ha calificado de *buena*, estaría describiendo la mujer de Proverbios 31. Es una descripción general de la manera en que debe moldear su vida la mujer que busca honrar a Dios. Es la clase de mujer que más admira un hombre.

La Buena Mujer es Virtuosa

Proverbios 31 es un registro de las reflexiones de un rey sobre algunas cosas importantes que le había enseñado su madre. Él le llamaba a esta sabiduría, "**La sabiduría que le enseñó su madre.**" Su madre le aconsejó que se apartara de ciertas mujeres indecentes. Le advirtió respecto al mal del uso del alcohol, y cómo podía pervertir el juicio del rey. Lo exhortó a defender al hombre que no podía defenderse a sí mismo, y que abogara por los pobres y necesitados. Luego su madre expresó su preocupación de que consiguiera una buena esposa. Comenzó por decirle que la mujer virtuosa es rara y preciosa. Y, para que supiera qué debía buscar, describió con detalles cómo usa su tiempo una mujer realmente buena, y las cosas que logra. Es como si le estuviera diciendo a su hijo, que muy pronto sería rey: "La conocerás, hijo, por lo que HACE."

La Buena Mujer es una Mujer Activa

Todas las palabras claves en Proverbios 31 son palabras de **acción**. Ella es una comerciante creativa. Es trabajadora. Casi cada versículo describe tareas cotidianas o una nueva empresa en la que está involucrada. Nadie, ni siquiera sus enemigos, llamarían perezosa o floja a esta mujer. Es diligente en su trabajo, tanto cuando es conveniente, como cuando no siente deseos de trabajar. Al final, es el trabajo de esta mujer lo que habla de su valor.

¿Cómo califica Dios a una esposa de *buena* y a otra de mala? Lo contrario de la diligencia es la pereza, y **"También el que es negligente en su trabajo es hermano del hombre disipador"** (Proverbios 18:9). El gran despilfarrador es un perdedor. La mujer perezosa es desperdiciada por no atender las cosas oportunamente, ocasionando así daños a sus bienes. La mujer perezosa desperdicia su tiempo y con frecuencia el tiempo de sus amigos. La mujer perezosa hace desidia, pensando que puede hacer el trabajo mañana. Dios quiso incluir en su Palabra escrita la descripción de una mujer virtuosa para que pudiéramos identificarla claramente cuando la encontráramos. El cuadro que se nos dibuja aquí de esta buena mujer, que según Dios vale más que piedras preciosas, superando con creces el de la esposa común, es el de una **trabajadora** diligente.

La mujer virtuosa está ocupada realizando actividades constructivas. Explora las oportunidades comerciales. Está ahorrando dinero, ganando dinero e invirtiendo dinero. Llegué a admirar grandemente a esta mujer a medida que la estudiaba en sus actividades cotidianas. Me detuve para preguntarme vez tras vez: "¿Qué podría yo empezar a hacer para ser una ayuda idónea más activa para mi marido?"

La Buena Mujer No Es Una Necia

Al leer esto, no decidas conectarte a Internet y ordenar $100,00 dólares de acciones, para demostrar que eres una buena mujer. Estarías representando la necedad, en lugar de la esposa sabia y virtuosa. No pienses que tienes que salir a comprar $40 dólares de tela para aprender a coser, o $170 dólares de productos para el cuidado de la salud para vender en tu tiempo libre. Sé sabia, prudente, y considera primero los deseos de tu marido, tus opciones y tus dones. ¿Recuerdas la carta de Vicky? Ella pudiera haber estado limpiando su patio, arreglando su puerta de tela de alambre y apretando los tubos que tenían fugas. No le hubiera costado más que su trabajo. Yo sugiero que todas empecemos a "ser buenas" con las cosas que son menos glamourosas y más prácticas.

Rasgos de una Buena Mujer (Proverbios 31:10-31)

V. 10— Una buena mujer, como la descrita aquí, es muy valiosa. No hay muchas como ella.

"Mujer virtuosa, ¿quién la hallará? Porque su estima sobrepasa largamente a la de las piedras preciosas."

Palabras claves: *sobrepasa largamente*

Raro, poco común, único, precioso, incomparable, extraordinariamente excelente.

V. 11— Una buena mujer es honorable, fiel y casta. No hace ni dice nada a escondidas de su marido.

"El corazón de su marido está en ella confiado, y no carecerá de ganancias."

Palabras claves: *confiado*

Confiable, inspira confianza, responsable, honesto, merecedor.

V. 12— Una buena mujer es confiable, genuina y sabia. No explota un día para pedir perdón al día siguiente. Es buena con él todos los días.

"Le da ella bien y no mal todos los días de su vida."

Palabras claves: *le da bien*

Constante en su amor, inconmovible, fiel, perseverante, inmutable, leal, permanente, incesante.

V. 13— Una buena mujer es una trabajadora dispuesta, entusiasta y diligente.

BUSCA tareas que beneficien a su familia.

"Busca lana y lino, y con voluntad trabaja con sus manos."

Palabras claves: *busca, trabaja con voluntad*

Afanosa, trabajadora, ocupada, diligente, paciente.

V. 14— Una buena mujer es prudente. Es compradora capaz y sabia.

"Es como nave de mercader; trae su pan de lejos."

Palabras claves: *es como, trae*

Ahorrativa, no desperdicia, economiza y administra bien.

V. 15— Una buena mujer se levanta temprano y sirve a otros.

"Se levanta aun de noche y da comida a su familia y ración a sus criadas."

Palabras claves: *se levanta, da*

Tiene iniciativa, dinámica.

V. 16— Una buena mujer es emprendedora. Compra propiedades, siembra un cultivo destinado a la venta y multiplica sus inversiones. No tiene miedo de ensuciarse las manos.

"Considera la heredad, y la compra, y planta viña del fruto de sus manos."

Palabras claves: *considera, compra, planta*

Emprendedora, audaz, pero cautelosa, ingeniosa.

V. 17— Una buena mujer hace trabajo físico, por tanto está fuerte.

"Ciñe de fuerzas sus lomos, y esfuerza sus brazos."

Palabras claves: *ciñe, esfuerza*

Físicamente fuerte, trabajadora diligente.

V. 18— Una buena mujer es competente; evalúa su trabajo y se siente satisfecha de haber hecho las cosas bien. Es confiable.

"Ve que van bien sus negocios; su lámpara no se apaga de noche."

Palabras claves: *Ve*

Dispuesta a trabajar horarios largos.

V. 19— Una buena mujer está dispuesta a hacer trabajo repetitivo, aburrido.

"Aplica su mano al huso, y sus manos a la rueca."

Palabras claves: *aplica*

Dispuesta a hacer trabajo monótono.

V. 20— Una buena mujer es benévola; da a los necesitados.

"Alarga su mano al pobre, y extiende sus manos al menesteroso."

Palabras claves: *alarga, extiende*

Compasiva, misericordiosa, generosa, fácilmente conmovida por las angustias y sufrimientos de otros.

V. 21— Una buena mujer se siente segura de la provisión que ha hecho para su familia. Están bien vestidos debido a su administración y arduo trabajo. No espera hasta el último momento para preparar la comida. Una buena mujer planea y prepara con anticipación.

"No tiene temor de la nieve por su familia, porque toda su familia está vestida de ropas dobles."

Palabras claves: *no temor*

Hacía preparativos para el futuro.

V. 22— Una buena mujer es artesana. Es obrera calificada que confecciona hermosos tapices para las camas y paredes de su casa, y ropa hermosa para ella misma.

"Ella se hace tapices; de lino fino y púrpura es su vestido."

Palabras claves: *hace*

Ha dominado destrezas de artesanía y costura, hace hermosos vestidos.

V. 23— El marido de una buena mujer disfruta del tiempo y honra para ser gobernante. Ella acarrea honor para su marido por su manera de cuidar sus dominios.

"Su marido es conocido en las puertas, cuando se sienta con los ancianos de la tierra."

Palabras claves: *es conocido, se sienta*

Su apoyo ayudó a conducirlo hasta este lugar.

V. 24— Una buena mujer es comerciante. Hace, vende y da mercancía de calidad.

"Hace telas, y vende, y da cintas al mercader."

Una buena mujer no es perezosa

Palabras claves: *hace, vende, da*

Organiza, administra, no evade el trabajo para que lo hagan otros.

V. 25— Una buena mujer es conocida por su honor y fuerza de carácter. Su arduo trabajo y buena actitud trae elevados rendimientos.

"Fuerza y honor son su vestidura; y se ríe de lo por venir."

Palabras claves: *ríe*

No se tambalea y se molesta por las circunstancias, firme, valiente.

V. 26— Una buena mujer estudia y comparte su sabiduría y conocimiento para ayudar a otros. Usa su información de una manera agradable y placentera.

"Abre su boca con sabiduría, y la ley de clemencia está en su lengua."

Palabras claves: *abre*

Discernimiento, consideración, amabilidad.

V. 27— Una buena mujer está consciente de sus responsabilidades. No desperdicia su tiempo ni el de otros.

"Considera los caminos de su casa, y no come el pan de balde."

Palabras claves: *considera, no come*

Consciente del deber, confiable, no ociosa.

V. 28— Reconocerás a una buena mujer por lo mucho que la aprecian sus hijos y su marido y porque disfrutan de su compañía.

"Se levantan sus hijos y la llaman bienaventurada; y su marido también la alaba:"

Palabras claves: *levantan, alaba*

Siega sus gratos frutos.

V. 29— Dios describe a la mujer virtuosa como aquella cuyo propio trabajo arduo demuestra su valor. Se ha ganado el derecho de estar donde está y de tener lo que ha adquirido—honor, aprecio, estima y amor.

"Muchas mujeres hicieron el bien; mas tú sobrepasas a todas."

Palabras claves: *sobrepasas*

Día tras día, a tiempo y fuera de tiempo, realiza su trabajo creativo; por ese esfuerzo, ha sido nombrada la más digna de todas.

Virtud significa "poder para actuar." Tiene el poder para afectar o mejorar lo que te rodea.

V. 30— Una buena mujer no está obsesionada con verse bien. Está consciente del temor de Dios en su vida. Ha vivido cada día dando evidencia de que está convencida de que segará lo que ha sembrado.

"Engañosa es la gracia, y vana la hermosura; la mujer que teme a Jehová, ésa será alabada."

Palabras claves: *teme*

El temor de Dios es el principio de la sabiduría.

V. 31— Una buena mujer cosecha lo que ha sembrado, y es buen fruto. Las empresas y actividades comerciales en que ha trabajado son redituables. Las artesanías, bienes y ropa que ha hecho tienen reputación de ser de excelente calidad. Su vivienda y sus servicios están bien administrados, eficientes y ordenados. Sus hijos son honorables y buscan a Dios. Su marido tiene el tiempo y el corazón para invertir en la vida de otros, gracias a que ella es una buena ayuda idónea. Una buena mujer tiene muchos buenos frutos.

"Dadle del fruto de sus manos, y alábenla en las puertas sus hechos."

Palabras claves: *dadle, alábenla*

Digna de elogio, halagada, aprobada, merecedora, admirada, aplaudida, digna.

"La mujer agraciada tendrá honra" (Proverbios 11:16).

"La mujer sabia no es lastimera, raquítica, enclenque ni quejumbrosa. Cultiva la seguridad, la capacidad, la utilidad y la gratitud."

¿El Criterio Divino de una Mujer Virtuosa?

Mujer virtuosa es una Dama Trabajadora Diligente

Proverbios 18:9: **"También el que es negligente en su trabajo es hermano del hombre disipador."**

El Perezoso es un Disipador

REFLEXIONES SOBRE

Ser Buenas

"Mas el fruto del Espíritu es amor, gozo, paz, paciencia, benignidad, bondad, fe, mansedumbre, templanza; contra tales cosas no hay ley" (Gálatas 5:22-23).

Bondad es un fruto del Espíritu. Nuestra bondad debe ser dirigida primeramente hacia nuestra familia.

Rasgos de Una Buena Ayuda Idónea

- Una ayuda idónea **ayuda**.
- Una dama buena es hacendosa. Está ocupada sirviendo a otros.
- Sirve a su marido primero, después a sus hijos, luego a otros, y a sí misma al último.
- Es genuina y con buenas inclinaciones.

"Considera los caminos de su casa, y no come el pan de balde" (Proverbios 31:27).

Desarrolla un Nuevo Hábito

Ten a la mano libros de consulta sobre salud, jardinería, cocina, crianza de hijos y otros auxiliares de la enseñanza. Por cada hora que pases viendo una película o leyendo una novela, pasa la misma cantidad de tiempo leyendo algo que te ayude a crecer como persona.

Te asombrarás al ver cuan pronto empiezas a deleitarte con lo "real" más que con lo "imaginario."

233

ABC's de ser Ayuda Idónea

A = Acurrúcalo

B = Besos y abrazos frecuentes

C = Ciérrale un ojo

D = Dale aliento

E = Escúchalo

F = Fomenta el deseo de agradarle

G = Guárdalo celosamente con tu amor

H = Haz las cosas como él prefiere

I = Ignora las irritaciones

J = Jueguen amigablemente

K = Kilos de amor cada día

L = Limpia gustosamente

M = Muestra respeto y honor

N = Nunca guardes rencor

O = Ora por él

P = Prepara su desayuno

Q = Quiérelo con sobadas de espalda

R = Reconoce tus errores

S = Sonríe al abrir tus ojos por la mañana

T = "Te amo" debe repetirse con frecuencia

U = Únete a sus proyectos

V = Vulnerabilidad es un rasgo femenino; cultívalo

W = DobleÚnete a sus proyectos

X = X es para los momentos privados

Y = Yuxtaponer es colocarte a su lado y ponerte de su lado

Z = Zurce para agradarle a él

Capítulo 22

8. Sujetas a Sus Maridos

Tito 2:4-5: "Que enseñen a las mujeres jóvenes
a ser prudentes, a amar a sus maridos y a sus hijos,
a ser discretas, castas, cuidadosas de su casa,
buenas, <u>sujetas a sus maridos</u>…"

Sujetas: Cediendo, dispuestas y deseosas de acatar instrucciones
o deseos, absteniéndose de lo que está prohibido.

A estas alturas debes estar plenamente consciente de lo que significa el pasaje cuando dice que las mujeres ancianas deben **"enseñar a las mujeres jóvenes a estar sujetas a sus maridos, para que la Palabra de Dios no sea blasfemada."** Sin embargo, sería oportuno hacer un repaso rápido de estos pasajes.

"A la mujer dijo: <u>Multiplicaré</u> en gran manera los dolores en tus <u>preñeces;</u> con dolor darás a luz los hijos; y <u>tu deseo será para tu marido, y él se enseñoreará de ti</u>" (Génesis 3:16).

Según las palabras textuales de Dios, aparte de cualquier contexto cultural, es natural que la mujer concentre toda su atención y su interés en su marido, y debe estar bajo la autoridad de su marido. Esa es la voluntad de Dios, digan lo que digan las mujeres predicadoras y los eruditos modernos de griego y hebreo para contradecir.

"Pero quiero que sepáis que Cristo es la cabeza de todo varón, y <u>el varón es la cabeza de la mujer</u>, y Dios la cabeza de Cristo" (I Corintios 11:3).

No puede existir ningún contexto cultural que pueda anular este versículo, porque establece que la base del encabezamiento por el hombre está arraigada en la esencia misma de la naturaleza creada de la mujer. Así como Dios es la cabeza de Cristo y Cristo es la cabeza del varón, también el varón es cabeza de la mujer (su esposa). Mi marido no pierde dignidad por estar sujeto a Cristo, ni yo pierdo mi dignidad por estar sujeta a mi marido. Y, así como mi marido encuentra seguridad y propósito en su sujeción a su Cabeza, yo también llego a ser la persona que Dios quiso que fuera al estar sujeta a mi cabeza—mi marido.

♥ ─────────── ♥

Yo no me sujeto a ningún otro hombre como me sujeto a mi marido. No hay pastor ni ministro por encima de mi marido.

♥ ─────────── ♥

"Las casadas estén <u>sujetas</u> a sus <u>propios maridos</u>, como al Señor; porque el <u>marido es cabeza</u> de la mujer, así como Cristo es cabeza de la iglesia, la cual es su cuerpo, y él es su Salvador. Así que, como la iglesia está sujeta a Cristo, así también las casadas lo estén a sus maridos <u>en todo</u>" (Efesios 5:22-24).

Aquí nuevamente—un segundo testigo en las Escrituras—se nos informa a las esposas que debemos ver nuestra sujeción a nuestros maridos con el mismo amor y fervor que nuestra sujeción a Cristo y amor por Él.

El pasaje dice que estemos sujetas **"como al Señor,"** como si me estuviera sujetando al Señor. Como la autoridad de mi marido ha sido delegada por Dios, cuando me sujeto a mi marido, estoy reconociendo la autoridad de Dios, y de hecho me estoy sujetando a Dios.

También dice que nuestra sujeción es a **nuestros** propios maridos. Yo no me sujeto a ningún otro hombre como me sujeto a mi marido. No hay pastor ni ministro por encima de mi marido. Mi marido es mi cabeza, así como Cristo es la cabeza de él.

Muchas mujeres me han escrito, contándome que sus pastores les dijeron que diezmaran, que fueran a la iglesia, que inscribieran a sus hijos en una escuela de la iglesia, que mandaran a sus hijos al grupo de jóvenes o cien cosas más, en contra de la voluntad de sus maridos. El pastor sostiene que él es la cabeza de la iglesia local, y como tal, es el poder religioso más elevado sobre la tierra. La respuesta de mi marido ante un hombre que pretende ser autoridad eclesiástica sobre la familia es llamarle mentiroso y engañador. La Escritura enseña claramente que la esposa debe sujetarse a **su** marido.

Cuando nuestra hija mayor estaba a sólo dos meses de casarse, le hizo a su papá una pregunta teológica. Recuerden, ella era graduada de una escuela bíblica y había pasado tres años en el campo misionero. Pero en lugar de contestarle, como lo había estado haciendo durante 26 años, le dijo, "Yo no puedo contestar tus preguntas bíblicas, porque ahora debes creer lo que cree tu marido. Él va a ser tu cabeza, y tú lo seguirás a él. Es tiempo de que te acostumbres a tu nuevo papel. Pregúntale a él lo que cree sobre el asunto."

Eso es lo que significa "**dar** a tu hija en matrimonio." Significa pasar la antorcha a una nueva unidad familiar de una sola carne.

"Por lo demás, cada uno de vosotros ame también a su mujer como a sí mismo; y la mujer respete a su marido" (Efesios 5:32-33).

Como esposas, debemos reverenciar a nuestros maridos como cabezas designadas por -Dios. I Pedro 3:6 nos dice: **"…Sara obedecía a Abraham, llamándole señor."** Si eso es una sacudida para tu sistema religioso, cobra ánimo, porque Dios sabía que nos pudiera sorprender. Enseguida nos dice a las esposas que no estemos amedrentadas con ningún temor. No te asombres de lo que Dios ordena y no temas sujetarte a tu esposo como Dios manda.

"Casadas, estad sujetas a vuestros maridos, como conviene en el Señor" (Colosenses 3:18).

El pasaje dice que la mujer que obedece a su marido debe hacerlo **como conviene, o es propio, en el Señor**—lo que es propio para una mujer cristiana. Medítalo. Esta no es otra situación cultural singular. Esto es atemporal. Desde la perspectiva que tiene Dios del matrimonio que Él instituyó aquí en la tierra, esto es propio. Así es como responde el Hijo al Padre.

"Asimismo vosotras, mujeres, estad sujetas a vuestros maridos; para que también los que no creen a la palabra, sean ganados sin palabra por la conducta de sus esposas" (I Pedro 3:1).

Esta es la tercera vez que Dios ha recalcado que nuestra sujeción a nuestros *propios* maridos no se basa en una superioridad del varón sobre la mujer. Dios no está estableciendo que un género sea superior al otro. Es únicamente en el contexto de la unión matrimonial que la mujer ha de estar en sujeción a su marido. Es el cargo que Dios le ha asignado lo que la coloca en la segunda posición de mando en la familia.

Este pasaje en I Pedro 3:1-6 aborda otro asunto que surge con frecuencia. ¿Qué sucede si mi marido es inconverso, y no reconoce a Cristo como su cabeza? ¿Aún así debo seguir a un hombre que no sigue a Cristo? La siguiente carta es típica de muchas que recibo.

Cómo Ganar a Tu Marido Perdido

Estimados Sres. Pearl,

Mi marido está perdido. Está lleno de ira. He perdido las esperanzas de algún día tener un matrimonio divino. ¿Alguien alguna vez habrá salido del abatimiento y tristeza en que yo me encuentro ahora, para lograr un matrimonio divino? ¿Tendrá Dios, en su gracia y misericordia, un plan y una promesa de una manera de ganar a mi marido impío por gracia salvadora? ¿Hasta cuándo? ¿Hasta cuándo? Quiero creer que existe esperanza. Quiero creer y obedecer a Dios, sea que mi marido se convierta algún día o no, pero me encantaría tener un poco de esperanza y orientación sobre la manera de ganar a mi marido para Cristo. He orado y he clamado a Dios. He sido fiel al estudio bíblico y a la iglesia. He dado diezmos y ofrendas, pero no he visto nada de evidencias de arrepentimiento en mi marido. No quiero dejarlo. Quiero amarlo, pero es difícil. ¿Quedará alguna esperanza?

Amy

Dios Nos Da Esperanza y un Plan en I Pedro 3

"Asimismo vosotras, mujeres, estad sujetas a vuestros maridos; para que también los que no creen a la palabra, [marido perdido] sean ganados sin palabra [no ganados por estudio bíblico ni predicación] por la conducta de sus esposas, considerando vuestra conducta casta y respetuosa. Vuestro atavío no sea el externo de peinados ostentosos, de adornos de oro o de vestidos lujosos, sino el interno, el del corazón, en el incorruptible ornato de un espíritu afable y apacible, que es de grande estima delante de Dios. Porque así también se ataviaban en otro tiempo aquellas santas mujeres que esperaban en Dios, estando sujetas a sus maridos; como Sara obedecía a Abraham, llamándole señor; de la cual vosotras habéis venido a ser hijas, si hacéis el bien, sin temer ninguna amenaza" (I Pedro 3:1).

En esos seis versículos Dios revela su plan para que una esposa gane a su marido perdido para la fe en Cristo. El siguiente relato verídico, parte de mi propia experiencia, ilustra la aplicación de este pasaje por una mujer que gana a su marido mediante su conducta casta—sin predicarle la Biblia.

Mi Amiga, La Reina

Cuando yo era una esposa joven, mi mejor amiga tenía un marido inconverso. Ella siempre me recordaba a una reina. Ella tenía una presencia singular, además de su belleza, aplomo e inteligencia. Era hija de un pastor, criada muy religiosamente, con normas elevadas. Pero cuando tenía diecisiete años de edad, se encontró con un joven encantador, el primer hombre que jamás hubiera mostrado interés en ella. Ella "se enamoró" a primera vista, y se casaron a escondidas. Ella pronto descubrió que su marido era muy trabajador *cuando* trabajaba. Pero tenía varios malos hábitos que incluían el uso de tabaco en diversas formas, maldiciones, gritarle a ella cuando se enojaba y pornografía. Para cuando yo la conocí, ella había llegado al arrepentimiento y estaba tratando de lograr

> Lo que lo ganó no fue que ella fuera a la iglesia o tuviera su devocional. Lo ganó porque respondió frente a él con honra y afecto.

que funcionara este matrimonio en yugo desigual. Mediante la gracia de Dios y su creciente temor del Señor, pudo hacer realidad el "capítulo del amor" de I Corintios 13.

"El amor es sufrido, es benigno; el amor no tiene envidia, el amor no es jactancioso, no se envanece; no hace nada indebido, no busca lo suyo, no se irrita, no guarda rencor; no se goza de la injusticia, mas se goza de la verdad. Todo lo sufre, todo lo cree, todo lo espera, todo lo soporta" (I Corintios 13:4-7).

Cuando él era descortés o insensible, ella no se **envanecía** con justa indignación. Cuando él era cruel y la maldecía, ella era **amable** y lo **soportaba**. **Toleraba** sus descuidos y **creía** que traería a casa su salario en lugar de gastarlo en el camino. La mayor parte del tiempo, pudo **soportarlo todo** con alegría y gratitud.

Cuando ella vino a pedirme consejo, oculté el asco que sentía y le dije lo que dice la Biblia (no lo que yo sentía): **"Para honrar a Dios tienes que honrar a tu marido."** Cada día yo sentía que estaba presenciando una batalla celestial, y Dios estaba ganando. Aparte de su uso de pornografía, el vicio que le causaba más repugnancia a ella era su suciedad física. Él frecuentemente le pedía "cosas" que eran repulsivas porque él no se había bañado. Yo me sentía realmente enferma cuando pensaba en ella en esa situación. Sin embargo, ella se sujetaba y respondía a sus deseos. Por supuesto, ella le decía cuánto le gustaría a ella, y lo bien que se sentiría él, si se bañara. Ella creía lo que dice I Pedro 3:1-2:

"Asimismo vosotras, mujeres, estad sujetas a vuestros maridos; para que también <u>los que no creen a la palabra</u>, sean <u>ganados sin palabra</u> por la conducta de sus esposas, considerando vuestra conducta casta y respetuosa.

Lo que lo ganó no fue que ella fuera a la iglesia o tuviera su devocional. **Lo ganó porque respondió frente a él con honra y afecto.** Jamás se le ocurrió a ella avergonzarlo ni impresionarlo con su "religión", que era auténtica. Y no honraba a su marido porque así hubiera sido enseñada durante su crianza.

♥ —————— ♥

La mujer que honra a Dios recibe poder para cambiar a su marido.

♥ —————— ♥

Era un milagro diario para ella. Ser testigo de su experiencia desarrolló fe en mí como nada lo hubiera hecho antes. Yo había visto la conversión de miles de personas durante el "movimiento Jesús" en la década de los sesenta. Había visto expulsión de demonios, y había visto que las personas fueran sanadas de enfermedades terribles. Pero ver a una muchacha embarazada de 18 años caminando delante de Dios en la pureza de la obediencia a Él, era verdaderamente milagro de milagros.

Su marido trabajaba toda la noche en una fábrica. Todos sus compañeros de trabajo eran borrachos y fornicarios. Una madrugada, cerca de la hora de la salida, algunos de los hombres empezaron a quejarse de sus esposas, contando lo perezosas, irresponsables, deshonestas, desleales, corrientes, tristes, gordas y feas que eran sus esposas. Jim, el marido de mi amiga, no decía nada. Finalmente, uno de los señores le preguntó a Jim por su esposa. Era la primera vez que se había puesto a pensar en su esposa en comparación con las esposas de sus compañeros, y de pronto se sintió profundamente agradecido. "Ah, no les voy a platicar acerca de mi esposa, porque todos ustedes se pondrían muy molestos." Los hombres insistieron, así que Jim les dijo, "Ella es hermosa, con cabello largo y rubio. Siempre es tan dulce; hará lo que sea por mí. Ella considera que yo soy el tipo más codiciable." Todos ellos estaban muy molestos, seguros de que él les contaba una gran mentira. Él les dijo, "Cuando yo llegue a casa en la mañana, ella estará muy arreglada y preparándome mi desayuno, y me recibirá en la puerta con un beso muy sensual." Como todos los señores ya habían dicho que sus mujeres se levantaban tarde y nunca les preparaban desayuno, se negaban a creerle a Jim. Después de una conversación acalorada, con muchas maldiciones y habladurías, Jim presumió, "Apuesto que yo podría llegar a casa con todos ustedes para desayunar, y ella gustosamente les prepararía el mejor desayuno de su vida—y todo con una sonrisa." "Imposible," le contestaron. Después de más presunciones, terminó por llevar a cinco de ellos a casa con él esa mañana, sin llamar a su esposa para avisarle.

Ahora, su joven esposa en casa, ignoraba por completo lo de sus conversaciones, y no tenía idea de que estuviera de por medio la reputación de su marido. La Biblia dice: **"La mujer virtuosa es corona de su marido; mas la mala, como carcoma en sus huesos"** (Proverbios 12:4).

Esta joven estaba a punto de convertirse en corona de su marido, o carcoma. Con todo lo indigno que era él, la conocía y confiaba en ella. Ella se había ganado su confianza.

"El corazón de su marido está en ella confiado, y no carecerá de ganancias" (Proverbios 31:11).

(Confiable: digno de confianza, fidedigno, honrado, fiel, honesto, leal, íntegro, merecedor)

"Le da ella bien y no mal todos los días de su vida" (Proverbios 31:12).

(Constante en su amor, inconmovible, fiel, incesante, perseverante, inmutable, leal, permanente)

Esa mañana, a las 6:30, ella lo recibió en la puerta con un rostro radiante de amor, su pelo recién peinado, y un bonito vestido. Pero en lugar de un hombre apestoso, masticador de tabaco, eran seis—cinco de ellos con expresiones de algo de pena y aprehensión. Aunque sorprendida, respondió alegremente, "¡Oh, mi amor! Veo que has invitado a tus amigos." Delante de estos hombres, este saludo ya era una gran victoria y un honor para Jim. Él paso a sus compañeros a su casa y le dijo ásperamente a su esposa, "Prepara desayuno para mis amigos." Esto era pedir mucho, porque esos hombres eran capaces de comerse todo lo que ella había comprado para los desayunos de la siguiente semana. Jim ganaba un salario de pobreza, y no era muy cuidadoso con su dinero. Lo que le sobraba era de ella para que completara como pudiera. Ella fue a la cocina y oró en silencio, "Señor, tú sabes que tengo que dar de desayunar a seis hombres esta mañana. Por favor, ayúdame." Preparó todo el tocino, todos los huevos, guisó todas las papas, horneó una enorme canasta de pan, y además preparó una salsa ranchera. Su despensa para toda la semana la sirvió amablemente en una mesa con mantel blanco como la nieve. Los hombres sucios permanecieron callados de pena mientras ella les servía. Era un momento de coronación para Jim. Todos estos hombres percibían instintivamente que nada volvería a ser igual entre ellos. La esposa de Jim *sí* lo trataba con honor. Él *sí* era diferente a ellos. Los hombres desayunaron, luego se levantaron y se salieron. Han de haber observado que Jim jamás le dio las gracias a su sonriente esposa.

Él jamás volvería a ser uno más de los compañeros. Ellos siempre sentirían que él era un poco más listo; no era el inútil que ellos se habían imaginado. La siguiente noche en el trabajo, sus compañeros todavía estaban un poco doblegados. <u>Ella lo había honrado en el momento más crítico</u>—frente a sus amigos. Ella lo honró porque le creía a Dios y decidió obedecer a Dios honrando a un hombre que no merecía su honor. Ella hizo a un lado sus sentimientos de rechazo, de resentimiento y de ser usada, y se condujo de manera casta. Ella fue corona de su marido.

¿Te das cuenta cómo su conducta casta ganaría a su marido—a cualquier marido? Gradualmente, al paso de los años, él llegó a tratarla con respeto. Su porte de reina le permitió a él verse de manera diferente. Los demás compañeros estaban casados con mujeres sucias, ruidosas, disipadas, viles, pero <u>su esposa tenía clase</u>. Él llegó a pensar en los cristianos como una clase de personas más dignas— bondadosos, pacientes amables, respetuosos, generosos, honestos y ahorrativos. ¡Qué testimonio tenía ella ante el mundo! Las cosas repugnantes y toscas fueron desapareciendo una por una, tornándose en amorosa consideración, no porque ella lo exigiera, sino porque ella se lo había ganado a él con su conducta casta y respetuosa. Todavía como hombre inconverso, él llegó a respetarla porque ella era tan agraciada. Cuando él le miraba a los ojos veía a un hombre mejor de lo que él sabía que era. El amor hizo que él deseara ser digno de su confianza en él. La moraleja de este relato es que I Pedro 3 es cierto. <u>Tratando a su marido como un rey, ella se convirtió en una reina que Dios usó para ganarlo a él para Jesucristo</u>. La **"benignidad de Dios te guía al arrepentimiento"**; la benignidad de la esposa hace lo mismo.

Años más tarde, él finalmente llegó al verdadero arrepentimiento y reconoció a Cristo como Señor de su vida. Cuando volvimos a visitarlos recientemente, sus hijos todos habían crecido, y él estaba alabando al Señor y gozándose en la bondad de Dios para con su familia.

Dignidad Propia de una Reina

Mi amiga respondió ante su marido con la dignidad propia de una reina. Él se sentía orgulloso de la belleza de ella. Estaba orgulloso de su dignidad y aplomo. Se sentía honrado de que una mujer como ella lo tratara con tanta reverencia.

Un hombre resistirá con todas sus fuerzas a quienes se enfrenten a él. La mayoría de las mujeres se pasan la totalidad de su vida de casadas en conflicto con sus maridos, tratando de cambiarlos. Es un conflicto de voluntades que ninguna mujer jamás ha ganado plenamente, porque aun cuando logre que él ceda, ella pierde el corazón de él, y él pierde su propia dignidad.

Mientras las mujeres tendemos a ver todo en términos de "quién tiene la razón y qué es lo correcto", Dios nos dirige autoritariamente hacia lo que realmente importa—"¿A quién he entregado el mando, y a quién hice para que fuera ayuda idónea?" Cuando una mujer se resiste a un hombre o intenta cambiarlo, lo vuelve más obstinado, y su propio corazón se llenará de amargura. Si la mujer obedece a Dios, no habrá nadie a quien el hombre se tenga que enfrentar, resistir, dominar, conquistar o derrotar. La fuerza más grande de la mujer radica en obedecer a Dios, obedeciendo y honrando a su marido. Cuando abandona el orden establecido por Dios, se está exponiendo a una vida tormentosa, de amargura y derrota—para ambos.

He recibido muchas cartas de mujeres que dicen, "Por tu manera de escribir, has de pensar que todos los hombres son como tu marido." No, y mi marido no siempre ha sido como es ahora. Ahora es una obra de arte, y no me refiero a su cuerpo. Dios lo ha cambiado con el paso de los años, y si algunas de ustedes estuvieran casadas con él, aún ahora, me estarían escribiendo cartas pidiendo consejo respecto a la manera de encontrar la gracia para soportarlo. Yo he llegado a apreciar lo que hay de oso en él—a veces oso de peluche, a veces oso de verdad, ¡pero siempre es mi oso!

> No puedes ser su conciencia ni su acusadora, pensando que la presión lo empujará al arrepentimiento.

He visto mujeres que han pasado por tiempos muy difíciles para llegar a un matrimonio divino. No comenzaron con un hombre justo, pero Dios es un experto en confeccionar matrimonios divinos. Conozco a una mujer joven que tenía un marido tan violento, vil e impenitente que ella pidió a la iglesia que orara, "Señor, sálvalo o mátalo lo más pronto posible." A los quince días estaba muerto. Yo no recomiendo esa clase de reunión de oración, porque si Dios matara a todos los hombres que *merecen* morir, las mujeres nos estaríamos peleando por los pocos que quedarían. Además, si Dios decidiera ser parejo y le diera por matar a todas las mujeres que lo merecen, pues…te podrás dar cuenta de que nos iría mejor si empezáramos a suplicar gracia y misericordia para nuestros maridos.

Cómo Ministrar a un Marido Iracundo

Es común que los hombres reaccionen con ira súbita cuando las cosas no salen como ellos quieren. Se pueden enojar por una podadora, un aparato doméstico descompuesto o un niño que habla demasiado. Es la testosterona no regulada que busca un conflicto. Habitualmente no es provocado por un conflicto y nos parece totalmente irracional a las mujeres que necesitamos tener una razón para enojarnos. Pensándolo bien, los hombres son algo irracionales en ocasiones—cosa de la que nos acusan regularmente a nosotras. Las emociones de las mujeres las vuelven sentimentales, mientras que los hombres son conducidos por sus emociones a ser agresivos, incluso hasta el borde de la violencia. Los hombres deben más bien estar invirtiendo sus impulsos masculinos enfrentando las vicisitudes de la vida y paseando un poco por las tardes. Es un pecado que no tengan más dominio propio que los niños de la guardería, pero ése es pecado de *ellos*, no tuyo. No hay nada que podamos hacer nosotras, las damas, para cambiar esta tendencia—su expresión, sí, pero no la tendencia. Dios le puede dar a un hombre un dominio propio total. El hombre que anda conforme al Espíritu será tan manso como Cristo, pero seamos realistas, la mayoría de los matrimonios empiezan con un hombre que no es como Cristo. Así son los hijos de Adán.

La pregunta es: ¿Cómo debemos responder nosotras, las esposas, para hacer que nuestras propias vidas sean mejores, y para proveer una oportunidad para que nuestros maridos respondan a Dios y mejoren en ésta y otras áreas. **Lección número uno**, antes que todo: No puedes ser su conciencia ni su acusadora, pensando que la presión lo empujará al arrepentimiento. El efecto será exactamente el contrario—fortaleciendo su obstinación, disparando su instinto de lucha, y luego, para él, se convierte en asunto de ganar en un enfrentamiento con una hembra que lo desafía. Además, estarías compitiendo con el Espíritu Santo para redargüirlo de su pecado.

La manera más sabia de manejar al marido agresivo es no asumir ninguna ofensa personal. Siempre evita "provocarlo", excepto, por supuesto, para provocarlo al amor y a las buenas obras. La mayoría de las mujeres saben qué es lo que hace que sus maridos pierdan el estribo. Dale tiempo de calmarse; Ya se sentirá avergonzado si le das tiempo. Aun cuando esta ira explosiva sea emocionalmente inquietante y no sea nada agradable, es una cosa de hombres, que la mujer inteligente puede aprender a manejar de manera sabia.

La clase de enojo a la que nos hemos estado refiriendo no es ocasionado directamente por la relación de la esposa con su marido. Cuando enfrenta esa clase de ira, la esposa debe tener cuidado de responder al enojo de manera impersonal, reconociendo que, aun cuando ella pudiera exacerbar el problema con una respuesta incorrecta, su enojo no es ocasionado por su relación.

Otra Clase de Ira

Sin embargo, existe otra clase de ira que es más profunda y más personal. Es ocasionada por la amargura. Está arraiga en la esencia misma del espíritu. Es la filtración constante de un alma enferma. Recordarás que comentamos el

hecho de que algunas mujeres practican para
estar enojadas (amargadas), como músicos
furiosos practicando el piano hasta que sus
mismas almas, sin pensarlo ni esforzarse, tocan
notas de discordia. Esta clase de ira amarga-
enojada no es tan común en el hombre como
en la mujer, pero es dominante en algunas

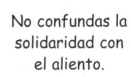

No confundas la
solidaridad con
el aliento.

relaciones, y es importante para ti como esposa que aprendas a responder
a tu marido si él llegara a mostrar tendencias hacia esto. Para responder
correctamente, debes tener presente que hay dos tipos de ira: la ira sin causa
que acabamos de comentar, y la ira que brota de una amargura nacida de
conflictos.

Es común que la esposa sea la causa del enojo amargo de su marido. Platica
y platica acerca de algún problema de la familia, la comunidad o la iglesia,
hasta que su marido finalmente se agita y se enoja mucho con ellos. Para la
esposa normal, platicadora, no era más que un tema de plática, pero de pronto
el hombre se enoja y todo el asunto llega a estar fuera de control y espantoso.
Escribo acerca de esto porque es tan común encontrar a la esposa quejándose
de la ira de su marido, en el mismo momento en que **las palabras de ella están
alimentando el fuego de su ira.**

Si tu marido se ofende fácilmente con los vecinos o la gente de la iglesia,
o si da por hecho que todos buscan perjudicarlo o que están hablando mal
de él, entonces tiene un problema de ira arraigada en la amargura. Tu primer
objetivo debe ser determinar cuál es tu parte en el problema. Sólo entonces
podrás ayudar a tu marido a pensar con claridad acerca del problema y dejar
de alimentar las llamas de su ira.

Una vez que logras identificar la causa de su enojo y la manera en que tú
has contribuido con tus palabras y actitud, podrás hacer los cambios que dejen
de estimular las llamas y permitirle calmarse. Aprende a pensar y hablar bien
de todos. Practica buscando lo bueno en las personas. Escribe Filipenses 4:8 en
una tarjeta y colócala en un lugar visible donde lo puedas leer con frecuencia.

**"Por lo demás, hermanos, todo lo que es verdadero, todo lo honesto, todo
lo justo, todo lo puro, todo lo amable, todo lo que es de buen nombre; si hay
virtud alguna, si algo digno de alabanza, en esto pensad."**

No permitas que tu mente considere lo malo en otros. El amor **"no guarda
rencor"** (I Corintios 13:5). ¿Recuerdas los 40,000 pensamientos al día? No tengas
pensamientos críticos y destructivos de otros, y nunca hables despectivamente

de otros en presencia de tu marido. Puede ser lo que dispare su ira contra ellos, contra ti, y contra los hijos. También es destructivo para la paz que debe reinar en tu hogar.

Nunca permitas que tu mente sea llevada a reaccionar con crítica cuando él te esté contando vez tras vez lo que alguien dijo de ti. Cuando veas que él se está agitando, permanece calmada y objetiva, y motívalo a ver el lado positivo. No lo sermonees. Sólo sé ejemplo de cómo responder con perdón y paz.

No confundas la solidaridad con el aliento. Si lo compadeces en sus sentimientos lastimados y lo apoyas, sólo agregarás combustible a su incendio emocional. He visto la relación de muchas parejas convertirse en algo enfermizo. Se vuelven compañeros de persecución, buscando el rechazo de otros para que puedan unirse más en su amargura, excluyendo al mundo exterior cruel e incomprensivo, hasta volverse sospechoso uno del otro y pelear hasta llegar a la muerte emocional.

En casi todas las iglesias encontrarás parejas que se apartan de tiempo en tiempo, porque la esposa alborotó a su marido por pequeñeces, hasta que su amargura e ira lo aparta de la comunión con "esos hipócritas." Se quejan del pastor o de sus hijos o de algo que dijo la esposa del diácono. La esposa corre con su marido con cada informe real (y a veces imaginado) de chismes acerca de ellos. La esposa se queja de que "Nadie se dignó saludarnos el domingo", o "Cuando estuve en el hospital, nadie vino a verme", o "Hay un grupo exclusivista en la iglesia, y no nos admiten a nosotros (o a nuestros hijos)." El marido es provocado a ira de tal manera que está dispuesto a hacer algo con tal de encontrar algo de paz.

Este camino conduce a la destrucción de los hijos. Con el tiempo la esposa se convierte en mártir, hablando en tonos callados de su sufrimiento por mano de su esposo. Se resiste a la "disciplina" que él aplica a los hijos y los protege a ellos de la ira de él. Los hijos crecen amargados y apartados de la comunión cristiana. La esposa asiste a reuniones de mujeres buscando oración por su marido, y es admirada como una mujer que ha de sufrir mucho. Ella ha tendido su cama de autocompasión y ha aprendido a disfrutar sus placeres enfermizos.

La Esposa Sí es Determinante

Conocí una vez a un joven muy respetado en la comunidad, un fuerte líder, tanto en su familia como en la iglesia. Murió su esposa joven y lo dejó con varios niños pequeños. Con el tiempo se casó con una simpática viuda. Según todas las apariencias, tenían un matrimonio feliz. Pero después de poco tiempo, el hombre empezó a manifestar un carácter débil y retraído. Se volvió defensivo y se ofendía cuando no había ninguna intención de ofenderlo. Carecía de la actitud de autoridad que había tenido en un tiempo, y jamás volvió a ser líder. Se apartaba con sus hijos más y más de la gente y posteriormente de la iglesia, aunque nunca abandonó la fe. De hecho, se consideraba más justo que otros. Creo que lo que más impacto causó en mí, fue la diferencia en su postura y su marcha. Durante su primer matrimonio, caminaba con mucha seguridad—casi con arrogancia. Después de su matrimonio con la segunda esposa, su marcha se volvió lenta e insegura. Le colgaban los hombros y nunca mostraba actitud desafiante. Parecía muy retraído. Con la primera mujer, siempre llegaba temprano a la iglesia y tomaba iniciativa; con la segunda llegaba tarde y se iba temprano.

Aliento Vs. Solidaridad

¿Una mujer podrá influir para producir tanta diferencia? Desde mi perspectiva, ambas mujeres eran unos tesoros. Era obvio que la primera mujer era una *alentadora*. Casi puedo escucharla decir, cuando él se sentía derrotado u ofendido: "Levántate, tú puedes lograrlo. No importa lo que digan. Tú eres el hombre." La segunda esposa era amable, amorosa, tierna y compadecida. Ella hubiera respondido, "Mi amor, tú sabes que te quiero, y lamento tanto que esas personas horribles te hayan tratado tan mal. Ven acá y déjame abrazarte. Sólo quiero que seas feliz."

Me recuerda cómo Acab se acostó con su rostro hacia la pared cuando estaba molesto porque no podía tener la viña que quería. **Jezabel también estaba llena de compasión.** Esta segunda esposa tenía buenas intenciones. Ella se sentía consolada y realizada al consolar. Probablemente mimó a su marido hasta desarrollar en él respuestas infantiles. Estrecharon la relación entre ellos y excluyeron al mundo cruel. Él dejó de ser "el hombre." Era un ejemplo asombroso del poder que tiene la mujer para ser la ayuda incorrecta para su marido.

Si percibes que tu marido empieza a sentirse ofendido o a sospechar de las motivaciones de quienes lo rodean, *nunca* lo compadezcas ni apoyes sus sentimientos heridos. Que el versículo lema de tu vida sea Filipenses 4:8. Y recuerda, I Pedro 3 dice que incluso podemos ganar a nuestros maridos inconversos mediante nuestra conducta casta. Una conducta casta tiene más poder sobre un hombre que la compasión.

¿Aún Habrá Esperanza?

Sí hay esperanza. Podemos esperar en la Palabra de Dios cuando las circunstancias y el consejo están todos en contra.

Oí alguna vez acerca de una dulce y piadosa mujer llamada Teresa, que estaba casada con un impío fumeta criminal que vivía del tráfico de heroína. La iglesia de ella oró incesantemente por él, sin ningún resultado. Finalmente, él fue detenido por sus delitos y sentenciado a muchos años tras las rejas. En la misma iglesia había un buen hombre de Dios que tenía una esposa sin interés alguno en las cosas de Dios, y sin mucho interés en su marido. Cuando encerraron al marido de Teresa, le aconsejaron a Ben que se divorciara de su esposa y se casara con Teresa, por quien sentía una gran admiración desde hacía muchos años. Él siguió el consejo, y la iglesia celebró una gran fiesta de bodas para esta nueva unión.

La mujer que me relataba la historia se detenía periódicamente para exclamar, "¡Mira lo que ha hecho el Señor! ¿No es maravilloso?" Al terminar de escuchar todo el relato, mi corazón estaba quebrantado, y le dije a la relatora que dejara de culpar a Dios. La gente ve únicamente el presente y lo actual; buscamos sólo lo que nos hará felices hoy. Dios ve muchísimo más, y por eso nos ha dado su Palabra para dirigir nuestros pasos cuando no alcanzamos a ver claramente.

Yo sabía que todo ese desorden deshonraba a Dios. Si la dulce Teresita hubiera creído y confiado en Dios y hubiera estado dispuesta a sufrir estando sola, pudiera haberse dedicado a visitar a su esposo en la prisión, compartiendo libros y grabaciones con él y llevándole a sus pequeños para ver a Papá. Él finalmente hubiera empezado a atesorar a su fiel esposa y familia, y hubiera llegado a entender que únicamente el poder de Dios era capaz de hacer que una mujer amara a un vil y corriente pecador como sabía que lo era él. Entonces el Sr. Fumeta hubiera estado abierto a Dios. ¿Quién sabe cuántos hombres en esa prisión hubieran oído la antigua historia acerca del Salvador que dejó la gloria sólo para salvarlos de sus pecados, todo porque una mujercita estuvo dispuesta a vivir su vida para Cristo, honrando y reverenciando al hombre que era su marido? Él era la esperanza de ella, y ella la de él. Si tan solo algún hombre o mujer sabios hubieran podido ayudar a Teresa a ver el milagro que Dios le hubiera podido dar.

"Pero a los que están unidos en matrimonio, mando, no yo, sino el Señor: Que la mujer no se separe del marido; y si se separa, quédese sin casar, o reconcíliese con su marido; y que el marido no abandone a su mujer. Y a los demás yo digo, no el Señor: Si algún hermano tiene mujer que no sea creyente, y ella consiente en vivir con él, no la abandone. Y si una mujer tiene marido que no sea creyente, y él consiente en vivir con ella, no lo abandone. Porque el marido incrédulo es santificado en la mujer, y la

mujer incrédula en el marido; pues de otra manera vuestros hijos serían inmundos, mientras que ahora son santos. Pero si el incrédulo se separa, sepárese; pues no está el hermano o la hermana sujeto a servidumbre en semejante caso, sino que a paz nos llamó Dios. Porque ¿qué sabes tú, oh mujer, si quizá harás salvo a tu marido? ¿O qué sabes tú, oh marido, si quizá harás salva a tu mujer?" (I Corintios 7:10-16).

¿Hay esperanza? ¡Claro que hay esperanza! No siempre es como pensamos que debe ser la esperanza. Dios nos ha dado un plan mediante el cual, a través de nuestra sujeción y reverencia, Él puede cambiar el corazón de cualquier hombre en alguna medida. A fin de cuentas, las Escrituras nos enseñan que hay algo mucho más grande e importante para Dios que nuestra felicidad. No se trata de nuestra felicidad; se trata de nuestra santidad. No importa cuánto duela, no importa si vemos resultados, aún cuando el marido no se convierta, Dios es digno de nuestra obediencia, que a los ojos de Él es adoración.

"He aquí el ojo de Jehová sobre los que le temen, sobre los que esperan en su misericordia" (Salmo 33:18).

Tres Asuntos Claves
(Nuevo Matrimonio, Anticoncepción y la Cubierta de la Cabeza)

1. Pero Ya Me Volví a Casar

Estimados Sres. Pearl,

Es triste saber que uno se ha perdido la voluntad de Dios para su vida. Yo deseo hacer la voluntad de Dios, y con la ayuda de mi iglesia, estoy dispuesta a poner mi vida por Cristo.

Mi primer marido me dejó. Me pidió el divorcio (por supuesto que yo nunca acepté), y ofreció darme todo, incluyendo a los niños, con la condición de que no exigiera pensión alimenticia. Si yo pedía eso, él iba a pelear los niños. Dejé que se saliera con la suya, con tal de salvar a mis hijos. Él no era cristiano y vivía una vida egoísta y egocéntrica. Cuando dos están unidos en yugo desigual, es tan difícil. Él no tenía ningún interés en la iglesia ni en leer la Biblia, y era una mala influencia para los hijos. No me dio tristeza verlo partir.

Tres años más tarde conocí a Fred y me casé con él. Ambos éramos divorciados y los dos trajimos niños al nuevo matrimonio. Durante los últimos 12 años hemos tenido altas y bajas. Yo empecé a sentir que algo no era correcto en cuanto a nuestra unión sexual, y le pedí que me concediera tiempo para analizarlo. El sexo simplemente parecía ser incorrecto, y yo no quería volver a deshonrar a Dios una vez más. Dios me condujo a una mujer que asistía a una iglesia muy conservadora a una hora de distancia. Le pedí a Fred que nos llevara a la iglesia de ella, pero él no quería dejar nuestra iglesia, además de que se negaba a manejar tan lejos "sólo para asistir a la iglesia." Yo fui, sólo para ver cómo era, y allí fue donde finalmente entendí lo que Dios trataba de decirme. Ahora sé que delante de Dios, Fred y yo realmente no estamos casados. Es terrible pensar en todos esos años que viví en adulterio. ¡Qué Dios me perdone! Como quiera, le dije a mi marido lo que yo pensaba y me cambié a una recámara de la planta alta.

En este momento de mi vida no tengo ingreso ni casa, excepto la casa que compartimos. Sé que no puedo vivir como esposa para Fred, pero él me está diciendo que sea su esposa o me salga. He orado y orado, y Dios no me ha mostrado nada. Sólo quiero ser la novia pura de Cristo. La eternidad es más importante que el momento presente. ¿Qué puedo hacer?
- Sue Ann

Estimada Sue Ann,

Dijiste que tu primer marido no era creyente y que él te dejó. Dios nos dice: **"Pero si el incrédulo se separa, sepárese; <u>pues no está el hermano o la hermana sujeto a servidumbre en semejante caso</u>, sino que a paz nos llamó Dios"** (I Corintios 7:15). También dices que tu primer marido se ha vuelto a casar, uniéndose así a otra. Mateo trata este tema en dos capítulos diferentes.

"Pero yo os digo que el que repudia a su mujer, <u>a no ser por causa de fornicación</u>, hace que ella adultere; y el que se casa con la repudiada, comete adulterio" (Mateo 5:32)**.**

"Y yo os digo que cualquiera que repudia a su mujer, <u>salvo por causa de fornicación</u>, y se casa con otra, adultera; y el que se casa con la repudiada, adultera" (Mateo 19:9).

"¿O no sabéis que el que se une con una ramera, es un cuerpo con ella? Porque dice: Los dos serán una sola carne" (I Corintios 6:16).

Expresas dudas de que tu matrimonio con Fred sea un "verdadero matrimonio", sin embargo, Jesús nos da un ejemplo claro de lo que él considera que es un "verdadero matrimonio" cuando habló con la mujer samaritana en el pozo de Sicar.

"Y estaba allí el pozo de Jacob. Entonces Jesús, cansado del camino, se sentó así junto al pozo. Era como la hora sexta. Vino una mujer de Samaria a sacar agua; y Jesús le dijo: Dame de beber. Pues sus discípulos habían ido a la ciudad a comprar de comer. La mujer samaritana le dijo: ¿Cómo tú, siendo judío, me pides a mí de beber, que soy mujer samaritana? Porque judíos y samaritanos no se tratan entre sí. Respondió Jesús y le dijo: Si conocieras el don de Dios, y quién es el que te dice: Dame de beber; tú le pedirías, y él te daría agua viva. La mujer le dijo: Señor, no tienes con qué sacarla, y el pozo es hondo. ¿De dónde, pues, tienes el agua viva? ¿Acaso eres tú mayor que nuestro padre Jacob, que nos dio este pozo, del cual bebieron él, sus hijos y sus ganados? Respondió Jesús y le dijo: Cualquiera que bebiere de esta agua, volverá a tener sed; mas el que bebiere del agua que yo le daré, no tendrá sed jamás; sino que el agua que yo le daré será en él una fuente de agua que salte para vida eterna. La mujer le dijo: Señor, dame esa agua, para que no tenga yo sed, ni venga aquí a sacarla. Jesús le dijo: Ve, llama a tu marido, y ven acá. Respondió la mujer y dijo: <u>No tengo marido</u>. Jesús le dijo: Bien has dicho: No tengo marido; <u>porque cinco maridos has tenido, y el que ahora tienes no es tu marido; esto has dicho con verdad</u>" (Juan 4:6-18).

Jesús distinguía claramente entre un compañero y un marido. Jesús reconocía el contrato legal del matrimonio. Si Jesús reconocía a sus cinco maridos como legítimos maridos, ¿crees que no reconoce tu contrato matrimonial y votos hechos a Fred?

Es importante que leas el siguiente pasaje de Deuteronomio, no sea que pienses que tienes alguna razón religiosa para regresar con tu primer marido.

"Cuando alguno tomare mujer y se casare con ella, si no le agradare por haber hallado en ella alguna cosa indecente, le escribirá carta de divorcio, y se la entregará en su mano, y la despedirá de su casa. Y salida de su casa, podrá ir y casarse con otro hombre. Pero si la aborreciere este último, y le escribiere carta de divorcio, y se la entregare en su mano, y la despidiere de su casa; o si hubiere muerto el postrer hombre que la tomó por mujer, <u>no podrá su primer marido</u>, que la despidió, <u>volverla a tomar para que sea su mujer</u>, después que fue envilecida; <u>porque es abominación delante de Jehová</u>, y no has de pervertir la tierra que Jehová tu Dios te da por heredad" (Deuteronomio 24:1-4).

La frase: **"abominación delante de Jehová,"** aparece 8 veces en las Escrituras. Abominación es una palabra muy fuerte, aplicada únicamente a pecados terribles. Esos ocho versículos enumeran lo que Dios considera abominación: hechicería, sacrificar a los hijos en el fuego como culto, homosexualidad, adoración de dioses falsos en los lugares altos, y el versículo acerca de regresar al anterior marido. Algunos señalan que éste es un pasaje del Antiguo Testamento, y que el Nuevo Testamento jamás menciona el tema, así que no es aplicable al tiempo actual. ¿Crees que algo le puede parecer tan repugnante, abominable y vil a Dios en algún momento, sólo para que algunos años más tarde esa misma abominación sucia se convierta en su perfecta voluntad? ¡Yo no lo creo!

"Jesucristo es el mismo ayer, y hoy, y por los siglos" (Hebreos 13:8).

La Conclusión del Asunto

I Corintios 7 trata con el matrimonio, la separación y el divorcio. Sus conclusiones son:

"¿Estás ligado a mujer? No procures soltarte. ¿Estás libre de mujer? No procures casarte" (I Corintios 7:27).

"Cada uno en el estado en que fue llamado, en él se quede" (I Corintios 7:20).

2. Mi Marido Dijo Que Yo Tenía que Usar Anticonceptivos

Estimados Sres. Pearl,

Nuestra familia se encuentra en un estado de desesperanza. Me he apoyado en las promesas de Dios en contra de todo consejo, y pareciera que no ha sido suficiente. Tengo seis hijos y uno en camino. Mi marido me dijo que si me volvía a embarazar me dejaría y jamás volvería a saber de él. Parece que lo decía en serio. No hemos sabido de él en tres meses, y nos dejó sin medio alguno de sostenimiento.

Mis dos hijos mayores fueron sorprendidos robando revistas malas en la tienda del barrio anoche. ¡Tienen sólo 10 y 11 años de edad! No es la primera vez que los muchachos han tenido problemas con la ley. Desde que intervino el Departamento de Defensa del Menor, los vecinos han registrado quejas de que mis otros hijos andan sueltos y sin supervisión. Se debe únicamente a que educo en el hogar. ¡Es como si el diablo no estuviera satisfecho mientras no me haya robado a todos!

Cuando nos casamos yo creía que mi esposo era un buen hombre. Trabajaba duro, asistía a la iglesia y le encantaba el coro. Tuve cuidado de casarme con un hombre que gozara de la aprobación de mis padres. Desde el principio él dijo que sólo quería dos hijos, cuando mucho. Él no es muy tolerante y no soporta el ruido ni el tiradero. Eso estaba bien conmigo hasta que el Señor me habló de la manera más dulce acerca de lo preciosos que son los niños para Él. Comprendí que yo ya no podía usar anticonceptivos cuando me enteré de cuántos métodos llamados anticonceptivos ocasionan homicidio. Le supliqué a mi marido que escuchara al Señor y considerara su descendencia, pero cada vez que yo me embarazaba él parecía alejarse y aislarse más. Pasaron meses sin que tuviera relaciones conmigo, y creo que era porque simplemente ¡ya no quería tener más hijos! ¿Cómo es posible que un hombre que dice ser salvo deje a su familia? Yo amo a todos mis dulces bebés. Sinceramente creía que mi esposo se arrepentiría.

> ♥ ♥
> **Cuando la mujer toma lo que ella considera una postura superior (como lo hizo Eva), y desobedece a su marido, está blasfemando la Palabra escrita de Dios.**
> ♥ ———— ♥

Necesito ayuda. Excepto por el estado, no tengo ingreso ni nadie que me proteja a mí ni a mis preciosos hijos. ¿Adónde me dirijo? ¿Cómo es posible que Dios nos haya abandonado? Si tienen algún consejo o algún lugar a donde podamos dirigirnos para encontrar refugio seguro, por favor escríbanme pronto.

Diana

El Asunto del Control de la Natalidad

Dios nos dice en I Timoteo 5:14, **"Quiero, pues, que las viudas jóvenes se casen, críen hijos, gobiernen su casa; que no den al adversario ninguna ocasión de maledicencia."** Es claro que la voluntad de Dios es que las mujeres jóvenes se casen y tengan hijos. No hay nada más precioso para mi esposo y para mí, que nuestros cinco hijos. Todos son adultos y están casados, y ahora están teniendo sus propios hijos. Cuando oigo pequeños piecitos corriendo por la casa y luego oigo el grito alegre: "Papá Grande… Mamá Pearl," mi corazón se derrite de gozo y alegría. Cuando veo a mis hijos instruyendo cuidadosamente a sus pequeños para enseñarles a obedecer con alegría, o cuando observo la luz en sus ojos al poner en mis brazos a su más reciente bebé, despierta en mí una profunda fuente de placer. Dios nos dice en III Juan 4: **"No tengo yo mayor gozo que éste, el oír que mis hijos andan en la verdad."** Espero que todos mis hijos tengan una casa llena de hijos. Mi esposo dice: "Me gustaría cargar cuarenta nietos en mi regazo antes de convertirme en un recuerdo ocasional enmarcado en un álbum fotográfico de tres dólares."

Hemos observado que las familias numerosas tienen más probabilidades de producir hijos que son emocionalmente estables, menos egoístas, con mejores probabilidades de llegar a ser adultos confiables y equilibrados. Las personas más egoístas que he conocido son hijos únicos, o los últimos nacidos que llegaron diez años después de los demás hijos y crecieron como hijos únicos.

Estoy consciente de que yo crecí como persona con el nacimiento y crianza de cada uno de mis hijos. La carga de cuidar de un hijo, afanarse, orar y entrenarlos, conducirá a la madurez a madres y padres jóvenes. Sin hijos, las esposas adolescentes suelen permanecer inmaduras, con poco interés por las necesidades de otros.

Maridos y esposas no siempre están de acuerdo en este asunto del tamaño de la familia. En ocasiones, como en la carta anterior, los maridos expresan a las esposas que no desean tener un gran número de hijos. La esposa toma lo que ella considera la postura superior, convencida de que el uso de métodos de control de la natalidad (alguno que no aborte un huevo fecundado), o espaciar sus partos mediante una planeación cuidadosa, equivale a no confiar en Dios. Cuando Eva pecó, Dios la maldijo con concepción múltiple—tener más bebés con mayor frecuencia—además de algunos abortos espontáneos. **"A la mujer dijo: Multiplicaré en gran manera los dolores en tus preñeces"** (Génesis 3:16).

Diana rehusó seguir el liderazgo de su marido, convirtiéndose en esencia en la cabeza del hogar en esta área. Cuando la mujer toma lo que ella considera una postura superior (como lo hizo Eva), y desobedece a su marido, **está blasfemando** (hablando mal) la Palabra escrita de Dios. No hay ningún mandamiento en la Escritura respecto al tamaño de la familia, sino únicamente la firme promesa de Dios de bendecir al "hombre" cuya aljaba está llena de hijos. Dios dice claramente que el varón es la cabeza y que la **mujer ha de sujetarse** a su marido.

No tengo ninguna respuesta para Diana, cuyo marido la dejó con una aljaba rebosante de hijos para criar sola. No hay ningún refugio seguro para todas las familias que se han dividido por este asunto—y a juzgar por la vasta cantidad de cartas que recibimos como esta, hay muchas. Sólo puedo decirle que Dios no la ha desamparado; **ella abandonó a Dios, su Palabra escrita y su plan claramente delineada para la mujer**. Esto es lo que sucede cuando la Palabra de Dios es blasfemada.

En ocasiones será la esposa la que duda respecto a tener más hijos.

Generalmente está preocupada por su salud. Este interés ocupa una prioridad muy alta en la mente de la mujer, pero realmente es una pequeñez si se compara con los valores eternos. De cualquier manera, la respuesta es la misma. El marido es la cabeza. Él decide, aunque la mujer tiene libertad de apelar (aunque no de fastidiar) a su marido para que reconsidere. La mujer tendrá que responder a Dios por su disposición para honrar a su marido; el lugar del hombre es de mucho mayor seriedad. Él rendirá cuentas a Dios por la manera en que ha guiado a su familia y por las decisiones que ha tomado. Alégrate de ser mujer, con una orden clara y sin complicaciones.

3. ¿Qué Hay de la Cubierta de la Mujer?

Estimados Sres. Pearl,

¿Podrían explicarme qué es lo que significa cuando la Escritura dice que la mujer debe cubrirse la cabeza? Una buena amiga me mandó un librito que se llama "¿Debe Ella Usar Velo?" Dios le ha traído a ella convicción respecto al uso de la cubierta, y ella quería compartir conmigo el gozo del uso de una cubierta. Mi marido considera que es una tontería y se niega siquiera a comentar el asunto. Me dijo que hiciera lo que quisiera, pero que si hacía lo que él quería, no usaría "ese ridículo trapito." Sí me pidió que les escribiera a ustedes, porque sabe que leo sus escritos sobre la crianza de los hijos. También sabe que ustedes son bien conocidos por su postura de que la mujer debe honrar a su marido, y él cree que lo apoyarán a él en relación con este asunto. Mientras escribo me estoy preguntando por qué algunas de las mujeres que he visto en su revista "No Greater Joy", llevan cubierta la cabeza y otras no. O se vive conforme a las convicciones que uno sostiene, o no las sostiene. ¿Cuál es el caso?

Darlene

Estimada Darlene,

La razón por la que ves que algunas mujeres usan cubiertas adicionales en la cabeza y otras no es que la iglesia no es la cabeza de la mujer—lo es el marido. Si un hombre quiere que su esposa lleve una cubierta adicional, ella debe usarla; pero si no, no debe usarla. Las convicciones son de cada varón, no de la mujer y no de la iglesia. La Palabra de Dios dice claramente que la iglesia **"no tiene tal costumbre"** (I Cor. 11:16).

El pasaje al que te refieres es I Corintios 11:2-16. Al leer el pasaje, observarás que el tema es la cadena de mando espiritual. Esta cadena de mando espiritual recibe el nombre de *instrucción*. Dios dice: "retenéis las instrucciones." El texto pone en claro dos cosas: la cubierta es una costumbre que no es parte de la iglesia, y el encabezamiento de la mujer por su marido es una <u>instrucción</u> que Dios manda que observemos.

"Os alabo, hermanos, porque en todo os acordáis de mí, y retenéis las instrucciones tal como os las entregué. Pero quiero que sepáis que Cristo es la cabeza de todo varón, y el varón es la cabeza de la mujer, y Dios la cabeza de Cristo" (I Corintios 11:2-3).

Estos versículos introducen el tema de este capítulo. El tema no es la cubierta de la cabeza, que en el versículo 16 se llama <u>costumbre</u>; es la cadena de mando. La mujer tiene una cabeza—su marido. El varón tiene una cabeza—Cristo, y Cristo tiene una cabeza—Dios. Esa es la cadena de mando que Dios estableció desde el principio. Esta cadena de mando es una <u>instrucción</u> que Dios manda que sigamos.

4 Todo varón que ora o profetiza con la cabeza cubierta, afrenta su cabeza.

El hombre está deshonrando a Cristo (su cabeza) si ora con su cabeza cubierta.

5 Pero toda mujer que ora o profetiza con la cabeza descubierta, afrenta su cabeza; porque lo mismo es que si se hubiese rapado.

6 Porque si la mujer no se cubre, que se corte también el cabello; y si le es vergonzoso a la mujer cortarse el cabello o raparse, que se cubra.

Una mujer deshonra a su marido (su cabeza) si ora descubierta. Es una vergüenza (desgracia) que una mujer se corte el cabello o se rape. Por tanto, cúbrela.

7 Porque el varón no debe cubrirse la cabeza, pues él es imagen y gloria de Dios; pero la mujer es gloria del varón.

Los versículos 7, 8 y 9 dan un resumen del asunto. Dios nos está recordando como Él, Dios, tomó del barro de la tierra y formó a Adán a su propia imagen (de Dios). Dios dice que hizo a Adán como Él mismo y para SI MISMO. Adán fue creado para la gloria de Dios. Dios hizo una persona como Él mismo—alguien que pudiera disfrutar las cosas que Dios disfruta. El versículo 7 termina por recordarnos que la mujer fue creada como gloria para el hombre. Dios vio a su amigo, Adán, y sabía que Adán necesitaba a alguien para su propia gloria, alguien que lo apoyara como ayuda y amiga. Así que Dios tomó una costilla del cuerpo de Adán, y de ella hizo una mujer. Hueso de sus huesos, célula de sus células, DNA de su DNA, a la imagen de aquel de quien vino.

8 Porque el varón no procede de la mujer, sino la mujer del varón,

9 y tampoco el varón fue creado por causa de la mujer, sino la mujer por causa del varón.

Dios nos está dando las bases de su plan de creación. ÉL estableció la cadena de mando. Este plan está incluido en el código genético; es parte de la misma esencia de lo que somos y de quienes somos. Volvernos a crear nosotras mismas como cabeza del hombre sería una afrenta a la creación original de Dios. Los ángeles conocen y entienden este plan de la creación—ellos estaban presentes, observando y esperando. Dios dice que es por causa de ellos (los ángeles), que la mujer debe honrar a su marido como su cabeza.

10 Por lo cual la mujer debe tener señal de autoridad sobre su cabeza, por causa de los ángeles. (La palabra griega "autoridad" es exousia, que significa facultad, potestad, derecho o jurisdicción). Esta "autoridad sobre su cabeza" se refiere a que está bajo la autoridad de su marido.

"Porque no tenemos lucha contra sangre y carne, sino contra principados, contra potestades, contra los gobernadores de las tinieblas de este siglo, contra huestes espirituales de maldad en las regiones celestes" (Efesios 6:12).

Este es un asunto espiritual establecido en el momento de la creación. La mujer que permanece bajo la autoridad de su marido con la señal externa del cabello largo, o alguna otra cubierta de la cabeza que ocupa el lugar del cabello largo que no tiene, está comunicando a los gobernadores de las tinieblas de este mundo, "Yo pertenezco a este hombre y me encuentro bajo la seguridad de su encabezamiento espiritual; ustedes no pueden meterse conmigo."

Cuando un hombre ora o profetiza con pelo largo o una tela sobre su cabeza, pudiera estar enviando mensajes extraños a las huestes espirituales de maldad en las regiones celestes.

11 Pero en el Señor, ni el varón es sin la mujer, ni la mujer sin el varón; 12 porque así como la mujer procede del varón, también el varón nace de la mujer; pero todo procede de Dios.

Pablo reconocía que si estos versículos se malinterpretaban, podrían dejar a las mujeres sintiéndose insignificantes, así que el Espíritu Santo lo mueve a insertar el hecho asegurador de que no habría hombre alguno si Dios se hubiera detenido con Adán. Se requiere de hombres **y** mujeres para el plan creador de Dios.

Pablo continúa con una apelación a nuestra misma naturaleza.

13 Juzgad vosotros mismos: ¿Es propio que la mujer ore a Dios sin cubrirse la cabeza? ¿Es propio (griego: prepo, significa correcto o adecuado) que una mujer ore descubierta?

De nuevo Pablo apela a nuestro entendimiento innato de la naturaleza humana. Dice que no es propio que una mujer ore descubierta, pero para el hombre, orar con la cabeza cubierta es una franca vergüenza. Observa que la cubierta que es una vergüenza para el hombre es su cabellera larga.

14 La <u>naturaleza misma ¿no os enseña que al varón le</u> es deshonroso dejarse crecer el cabello?

La misma cubierta que al hombre le trae vergüenza es una gloria para la mujer.

15 Por el contrario, a la mujer dejarse crecer el cabello le es honroso; porque en lugar de velo le es dado el cabello.

La cubierta que Dios le dio a la mujer es su cabello. Nunca se menciona ninguna segunda cubierta. Para la mujer Kumboi en las montañas de Nueva Guinea, un valioso pedazo de tela sería utilizado para proteger a su bebé contra el frío, no para ponérselo en la cabeza, porque Dios le dio su cabello para cubierta.

Pablo concluye su mensaje con un simple recordatorio respecto al asunto del cabello, la cubierta y la autoridad de la iglesia. Ordena a las iglesias que no contiendan por el asunto del cabello (largo o corto) y que no lo manejen como una costumbre divinamente aprobada.

16 Con todo eso, si alguno quiere ser contencioso, nosotros no tenemos tal costumbre, ni las iglesias de Dios.

Sea que lleves el cabello largo, corto o uses un pañuelo, la regla de Dios sigue siendo que todas las mujeres (casadas o solteras) guarden silencio en la iglesia, lo cual incluye orar y profetizar. No es difícil entender esto, pero a muchos les resulta muy difícil aceptarlo.

"Vuestras mujeres callen en las congregaciones; porque no les es permitido hablar, sino que estén sujetas, como también la ley lo dice. Y si quieren aprender algo, pregunten en casa a sus maridos; porque es indecoroso que una mujer hable en la congregación" (I Corintios 14:33-35).

Por supuesto, la iglesia <u>no</u> es el edificio (I Corintios 14:23a). Es la asamblea de los creyentes con el fin de adorar, predicar la Palabra y ministrar los dones. El capítulo 14 de I Corintios enseña acerca de la iglesia y sus funciones.

Para contestar tu pregunta:

Ahora, para contestar tu pregunta, Darlene: "¿Vivimos conforme a las convicciones que sostenemos, o no?" Sí, las sostenemos. La Escritura enseña claramente que el único lugar seguro para una mujer es bajo la *autoridad de su marido*.

Sentada aquí escribiendo, vienen a mi mente algunos ejemplos de "esposas realmente malas." Son mujeres "mayores-más sabias-más espirituales" que han corrido a sus maridos, o para fines prácticos les han cerrado la puerta de la recámara. La mayoría usan el pelo largo, traen velo y vestidos piadosos, y son de las mujeres más rebeldes y refunfuñonas que jamás hayan atormentado a un hombre. Las he visto en muchas partes del país; algunas denominaciones las producen más que otras. Muchas se jactan de ser "la novia de Cristo" o una profetisa, y se pasan la vida "ayudando" a otros. **Las Escrituras enseñan claramente que no serán mejores como novias de Cristo que lo que son como esposas para sus maridos**.

En la actualidad, las mujeres se rebelan contra sus maridos para poder expresar su sujeción a Dios. ¡Extraño de verdad! Pero nada nuevo.

Dios te ha dicho lo que quiere que hagan las mujeres en cuanto al cabello y ha dejado contigo la decisión de honrar su voluntad. Sin que la iglesia lo ordene, puesto que no tiene costumbres en cuanto a estas cosas, si quieres apegarte a la voluntad de Dios, tal como se revela en este pasaje, pregúntale a tu marido, "¿Puedo dejarme crecer el cabello?" Observa cómo se le iluminan los ojos. Dirá algo así, "Hace años que te he estado pidiendo que dejes tu cabello largo; me encantaría."

Sin embargo, ni el cabello largo ni un pañuelo en la cabeza son necesarios para un matrimonio divino. Conozco parejas que están bañadas de amor uno por el otro, y el cabello de la dama es más corto que el de mi marido.

Ah, pero sería negligencia de mi parte si no te informo: el cabello largo pone un hechizo sobre los hombres que no tiene paralelo. Cuando el velo de mi cabello largo cae alrededor de mi cuerpo y mis caderas, mi viejo se vuelve loco. Hemos tenido sesiones de consejería con suficientes hombres como para saber que esta es una fantasía que todos comparten.

Para las pocas damas que tienen maridos que quieren que ella use un pañuelo, pero ellas no quieren, les digo lo siguiente, "Deja de ser rebelde. Colócate bajo la autoridad de tu marido, y usa con alegría y gratitud lo que él te pida, sabiendo que con ello estás obedeciendo a Dios—y agradando a tu marido."

- Debi

Aprendiendo a Hacer una Apelación

Hubo algunas ocasiones al inicio de nuestra vida matrimonial cuando tuve diferencias con mi marido que yo sentía que debían ser resueltas. Yo sentía que tenía que hablarle, y que él <u>tenía que escuchar</u>. Al principio él tendía a hacerme a un lado, atribuyendo mis "irregularidades" a las hormonas femeninas. Si yo me molestaba por algo, lo primero que hacía era preguntarme si estaba "reglando." Generalmente sí estaba, pero me irritaba que él atribuyera *todo* lo que yo hacía a las hormonas femeninas. Me parecía que él no tomaba en serio las cosas que me incomodaban. Cuando yo llegaba a expresar mis heridas o inquietudes, lo hacía, por supuesto, con profunda emoción, y según él, con algo de irracionalidad. Mis emociones y la fría lógica masculina de él no se podían hablar. Me tardé algún tiempo, pero finalmente aprendí a hacer una apelación que él pudiera respetar, y él aprendió a dejar de preguntarme si yo estaba reglando—simplemente siguió suponiendo silenciosamente que así era.

Decidimos tempranamente en nuestro matrimonio que cuando algo era de tanta importancia para mí que yo consideraba <u>imprescindible</u> que se resolviera, él daba un paso hacia atrás, dejaba a un lado todo su ministerio y trabajo, para escuchar con profundo interés y consideración. **Yo tenía que estar dispuesta a abandonar el asunto después de que él lo considerara, aun cuando su decisión no me agradara.** Juntos hicimos un pacto de que yo no abusaría de mi "libertad" de apelar a él como una treta para controlarlo, sino que la usaría únicamente cuando él estuviera ciego a mis necesidades, y que él escucharía cuando yo apelara. Decidimos que yo levantaría mis manos y hablaría con tono serio y sin emotividad para decir, "Este es un asunto que necesito que se resuelva." Resulta que sólo he recurrido a esto unas 4 ó 5 veces en todo nuestro matrimonio.

Si conocieras a mi marido, te sorprenderías de que tan pocas veces haya tenido que recurrir a mi "apelación." Él nació con una cantidad extrema de empuje y dominancia, y lo que a algunos les parece, un déficit de amabilidad. Digo eso a manera de elogio. Él es un líder. Espera que le sirvan. Cuando entra a un lugar donde hay mucha gente, sea en una iglesia o una gasolinera, la gente toma nota de su presencia. Mientras que la mayoría de los hombres caminan kilómetros en su vida, él ha recorrido galaxias. Ha esperado que yo haga lo mismo. Mi vida nunca ha sido realmente mía; he estado de guardia cada minuto de cada día.

Lo que aprendí cuando acordamos tener esta "política de apelación" fue que la mayoría de los problemas cotidianos no eran tan abrumadores después de todo. Y una vez que yo sabía que contaba con un foro en el que podía conseguir una audiencia justa, descubrí que estaba dispuesta a tolerar mucho más. Las pocas ocasiones en que tuve necesidad de usar mi "apelación" giraban principalmente en torno a su incapacidad para ver la perspectiva de la mujer en algún asunto. Él revisó cuidadosamente el caso y dio con una solución que fuera aceptable para ambos. **La clave fue que yo nunca abusé de mi libertad; por tanto él respetaba mi voz.**

REFLEXIONES SOBRE
Sujetas a Sus Marido

Trata con Dios Muy en Serio
Declaraciones Enfáticas de Dios respecto a las Mujeres

Consulta los versículos que contienen las siguientes afirmaciones y subráyalas en tu Biblia. ¿Obedecerás a Dios? Señala las declaraciones enfáticas que indican que has estado deshonrando a Dios, y pide que Dios te ayude mientras empiezas a andar en obediencia.

- Mujeres jóvenes, críen hijos.
- Mujeres jóvenes, gobiernen su casa.
- Esposas, no den al adversario ninguna ocasión de maledicencia.
- Esposas, sujétense a sus maridos.
- Esposas, amen a sus maridos.
- Esposas, amen a sus hijos.
- Mujeres, sean discretas.
- Mujeres, sean castas.
- Mujeres, sean cuidadosas de su casa.
- Mujeres, sean prudentes.
- Mujeres, sean buenas.
- Es una vergüenza que la mujer se rape o se corte el cabello.
- El cabello largo es gloria de la mujer.
- El cabello largo de la mujer le es dado por cubierta.
- Es deshonroso que la mujer ore o profetice descubierta.
- Que la mujer aprenda en silencio.
- No permito que una mujer enseñe.
- Mujeres, no ejerzan autoridad sobre el hombre.
- Esposas, respeten a sus maridos.
- Esposas, observen conducta casta.
- Mujeres, atavíense con ropa decorosa.
- Mujeres, vistan con pudor y modestia.
- Que su adorno sea el interno, del corazón.
- Esposas, tengan un espíritu callado y apacible.
- Esposas, cumplan con el marido el deber conyugal.
- Esposas, agraden a sus maridos.
- Mujeres, callen en la congregación.
- No se permite a la mujer hablar en la iglesia.
- Esposas, no sean ociosas.
- Esposas, no anden de casa en casa.
- Esposas, no sean chismosas ni entremetidas.

Capítulo 23

¿Obedecer o No Obedecer?
(Esa es la Disyuntiva)

Lanzando Piedras

Estimados Sres. Pearl,

Hace como 6 meses, observé que cada noche mi esposo empezaba a ir a una recámara desocupada para "trabajar" en su computadora. Una de nuestras hijas menores frecuentemente lloraba cuando él estaba presente, así que él dijo que le estaba dejando más espacio a ella para tratar de no inquietarla. Además, estaba cansado y quería algo de tranquilidad después de trabajar todo el día. Para mi interior dudé, pero lo dejé pasar.

Con el paso del tiempo sus noches en el "cuarto" iniciaban cada vez más temprano y se prolongaban hasta más tarde. Yo le preguntaba qué estaba haciendo y decía que era investigación para el trabajo o que estaba tratando de construir un portal de web. En ocasiones yo trataba de abrir la puerta para hablar con él sobre algún asunto, pero la puerta tenía seguro, y mi esposo decía que era porque los niños no lo dejaban en paz, así que tenía que poner seguro a la puerta mientras estaba allí.

Un día vino una amiga y le pedí que me enseñara algo en la computadora porque yo no sabía nada de eso. Ella se sorprendió porque había sido retirado parte del cableado de manera que no se podía encender. En ese momento finalmente reconocí que mi maravilloso marido, educador en el hogar y líder en la iglesia, estaba atrapado por la pornografía.

Acomodé las persianas dejando una pequeña hendidura y moví un poco la pantalla de la computadora y el escritorio para poder ver la pantalla cuando me asomara por la ventana desde afuera. Todo el día me hirvió la sangre, más y más caliente. Estaba tan enojada que me espantaba. Mi esposo fue al cuarto de la computadora al terminar de cenar. Esperé hasta estar segura de que los niños estaban dormidos y luego salí para asomarme a su oficina. Lo que vi en su pantalla era espantoso—mientras viva jamás lo olvidaré. Me siento asqueada de que le atraigan tales cosas. Me retiré confundida y enojada, con ganas de arrojarle la ira de Dios. Luego recordé las enormes piedras alrededor del jardín en que me encontraba. Tomé una piedra del tamaño de un plato, y la arrojé por la ventana con todas mis fuerzas. Atravesó e hizo añicos esa ventana Anderson recientemente instalada. Para cuando yo entré a la casa, mi esposo iba saliendo a toda carrera para detener al malo. Me crucé con él y fui corriendo directamente a su cuarto, cargando otra piedra, y terminé con la tarea. Por supuesto, cuando él escuchó los golpes adentro, comprendió que había sido descubierto. Yo estaba gritando como una loca y sangrando de algunas heridas superficiales que me había hecho con el vidrio que voló. Despertaron los niños y vinieron llorando, así que era un escándalo de lo peor.

Mi esposo trató de aparentar que yo era una mujer histérica y que yo no había visto nada de pornografía, pero yo ya no creía sus necedades farisáicas. Le dije que mañana iba a llamar a todos nuestros conocidos, incluyendo a su madre, para contarles exactamente lo que yo había visto. Luego empezó a decir que había sido la primera vez. Esto sólo me hizo enojar más. Finalmente vio que su farsa había terminado, y empezó a desmoronarse de temor y vergüenza de ser descubierto. No lamento mis acciones por un momento. Siento que Dios estaba por lo menos tan enojado como yo de que este hombre que espera que su esposa y sus hijos ejemplifiquen a Cristo, se ocultara tras una puerta para ver imágenes sucias. No lo dije a nadie, pero él sabe que si alguna vez entra y cierra una puerta o se aísla de su familia de nuevo, yo voy a dar por hecho que se está ocupando de su malvado oficio, y lo diré a los cuatro vientos. Yo no lo considero chantaje; es rendición de cuentas. Él ha demostrado que no es confiable, y que usa su autoridad e influencia religiosa para encubrir su pecado. Así que las puertas estarán abiertas y los niños y yo tendremos acceso en todo momento a donde él esté, y él no tendrá un trabajo en el que tenga libertad para jugar en la computadora, y él no saldrá en la noche sin que lo acompañe alguno de los niños, y vendrá directamente del trabajo a la casa, sin detenerse una hora en donde sea para hacer lo que sea. Yo espero que actúe como marido y como padre. Yo lo perdonaré, lo amaré y lo honraré, pero él sabrá que hay algunas cosas que yo necesito de él, y que serán como garantía para mí de que él permanezca fiel y veraz. Su transparencia con nosotros me dará paz y hará que yo crea en él.

♥ ———— ♥

Situaciones drásticas requieren de medidas drásticas.

♥ ———— ♥

Escribo esto como testimonio para que ustedes lo compartan con otros. Yo sé que ustedes hablan en contra del control religioso de la mujer, sin embargo, por algún motivo, creo que comprenderán y aprobarán lo que hice. Situaciones drásticas requieren de medidas drásticas. Considero que si yo hubiera acumulado mis sospechas y hubiera tratado de razonar con mi marido, él nunca hubiera confesado su pecado, y yo me hubiera hecho vieja y amargada sabiendo que él era un engañador infiel. Sé que hubiera llegado a odiarlo, y esto nos hubiera destruido tan cierto como que su pornografía nos estaba destruyendo. Ahora él se alegra de que le haya aventado la piedra. Me dijo que su primer pensamiento fue que Dios acababa de irrumpir en el cuarto, y lo asustó terriblemente. Dijo que era necesario ver cuánto me hacía enojar la pornografía para poder comprender lo malo que era en realidad. Ahora estamos reconstruyendo y sabemos que llevará tiempo. Yo siento que hemos pasado por una batalla terrible, y ambos estamos cansados, pero sentimos alivio de que ya haya terminado.

Sé que hay miles de mujeres que están en la misma situación que yo. Oren por nosotros. Oren por mi marido.

Shannon

Cuándo NO Obedecer—Cláusula de Limitación

La Biblia nos da un ejemplo de una circunstancia bajo la cual es incorrecto que una esposa obedezca a su marido.

Hechos 5:1-10

"1 Pero cierto hombre llamado Ananías, con Safira su mujer, vendió una heredad,

2 y sustrajo del precio, sabiéndolo también su mujer; y trayendo sólo una parte, la puso a los pies de los apóstoles.

3 Y dijo Pedro: Ananías, ¿por qué llenó Satanás tu corazón para que mintieses al Espíritu Santo, y sustrajeses del precio de la heredad?

4 Reteniéndola, ¿no se te quedaba a ti? y vendida, ¿no estaba en tu poder? ¿Por qué pusiste esto en tu corazón? No has mentido a los hombres, sino a Dios.

5 Al oír Ananías estas palabras, cayó y expiró. Y vino un gran temor sobre todos los que lo oyeron.

6 Y levantándose los jóvenes, lo envolvieron, y sacándolo, lo sepultaron.

7 Pasado un lapso como de tres horas, sucedió que entró su mujer, no sabiendo lo que había acontecido.

8 Entonces Pedro le dijo: Dime, ¿vendisteis en tanto la heredad? Y ella dijo: Sí, en tanto.

9 Y Pedro le dijo: ¿Por qué convinisteis en tentar al Espíritu del Señor? He aquí a la puerta los pies de los que han sepultado a tu marido, y te sacarán a ti.

10 Al instante ella cayó a los pies de él, y expiró; y cuando entraron los jóvenes, la hallaron muerta; y la sacaron, y la sepultaron junto a su marido."

Este libro no estaría completo si no habláramos del asunto de lo que debe hacer una mujer si sabe que su marido está violando la ley de Dios y de los hombres, o que su pecado pudiera llevarla a ella a la cárcel, o que sus actos pecaminosos pudieran ocasionar la muerte de ella o de los hijos—como en el caso de que él la contagiara con SIDA. En síntesis, ¿Existe algún caso en el que una mujer debe desobedecer a su marido? Como este es un asunto doctrinal, le he pedido a mi **marido** estudioso que me ayude a contestarlo. Él ha aportado a la sección sobre **Cuándo Hay que Desobedecer**.

Aportación de Michael Pearl:

Toda Autoridad Pertenece a Dios

Pablo enseñó que debemos someternos a las autoridades superiores. Sin embargo, hubo ocasiones en que él y los apóstoles obedecieron más bien a Dios. Sabemos que cuando el gobierno judío o romano ordenaron que la iglesia primitiva actuara en contra de la Escritura, Pedro dijo, "Es necesario obedecer a Dios antes que a los hombres" (Hechos 5:29). Éste y otros ejemplos establecen el hecho de que puede haber excepciones a la obediencia a la autoridad bajo la cual nos encontramos. Muchas mujeres desobedecen a sus maridos, alegando que están obedeciendo más bien a Dios. Se acostumbran a dudar siempre de sus juicios e interpretar sus decisiones a su manera. Le permiten "guiar" cuando ellas creen que él tiene la razón, invirtiendo, en efecto, los papeles de varón y mujer. ¿Cuándo es correcto que una esposa se niegue a obedecer a su marido? ¿Existe algún punto en el que ella ya no está bajo la autoridad de él? Sí, pero no tan pronto ni con tanta frecuencia como la mayoría de las mujeres suponen.

Esferas de Autoridad

Toda autoridad proviene de Dios y tiene que rendir cuentas a Él, pero Él ha delegado algo de autoridad a los ángeles, algo al gobierno, algo a la iglesia, algo a los maridos y algo a las esposas. Los ángeles tienen autoridad que no tienen los profetas, y los maridos tienen autoridad que no tienen los gobiernos. De igual modo, los gobiernos tienen autoridad que ni los ángeles ni los maridos tienen. Dios ha definido la jurisdicción de cada autoridad. Por ejemplo, ni los gobiernos ni los maridos tienen derecho de legislar en la esfera de las creencias ni de la moralidad. Dios se reserva ese derecho. La iglesia no tiene derecho de entrometerse en los asuntos de la familia, a menos que sea asunto de doctrina falsa o inmoralidad. Un marido no tiene derecho de violar las leyes justas de Dios ni de los hombres, ni tiene derecho de obligar a su esposa e hijos a hacerlo.

En aquellas áreas en las que Dios ha delegado autoridad a alguien, Él ha cedido cierta cantidad de control a esa autoridad—para bien o para mal. Dios no controla los detalles en todas las esferas de autoridad. Él da cierta tolerancia para que la autoridad se equivoque sin que pierda el cargo.

Toda nuestra vida está encerrada en una cadena de mando. Tenemos que rendir cuentas a otros, quienes a su vez, tienen que rendir cuentas a Dios.

Jesucristo Enseñó Esferas de Autoridad

Jesús confirmó enfáticamente que Dios ha establecido diferentes esferas de autoridad cuando dijo, "**Dad, pues, a César lo que es de César, y a Dios lo que es de Dios**" (Mateo 22:15-22). O sea que el gobierno tiene su jurisdicción, y Dios tiene la suya; no hay conflicto respecto de cada uno en su esfera de autoridad. Cuando Dios le concedió al gobierno el poder para gobernar en áreas carnales, les cedió el poder para cobrar los impuestos que ellos decidan. Dios no interviene para evitar que el gobierno cobre un impuesto injusto. Esa es una esfera de influencia que le pertenece exclusivamente al gobierno—aun cuando abusen del poder.

El principio es aplicable a toda autoridad delegada: policía, jueces, gobernadores, presidentes, reyes, maridos, iglesias y padres sobre sus hijos. Únicamente dentro del campo de autoridad que Dios ha concedido a cada entidad, les permite usar o abusar de esa autoridad sin que Él interfiera. Si cualquier autoridad abusa de su poder más allá de lo que Dios le ha permitido, está sujeta a un poder superior—como cuando un marido maltrata físicamente a su esposa y tiene que rendir cuentas al poder del estado.

Dios permite que el gobierno expida licencias a sus ciudadanos, actúe injustamente, y abuse de sus poder para reglamentar, y sus súbditos siguen bajo obligación de obedecer; pero si el gobierno intenta reglamentar la fe, por ejemplo, ordenando a los padres que no enseñen a sus hijos que la homosexualidad es pecado, entonces se ha salido de la esfera de autoridad que le pertenece al gobierno. **La clave es saber por las Escrituras, cuáles son los alcances de la jurisdicción que Dios ha delegado a cada autoridad.**

Esfera de Autoridad del Marido

La esposa no tiene que escoger entre Dios y su marido. **Dad, pues, a tu marido lo que es de tu marido, y a Dios lo que es de Dios.** La autoridad que Dios le dio a tu marido le pertenece exclusivamente a él, y Dios no va a interferir para recuperar ese poder para Sí mismo, aun cuando tu marido abuse de su poder dentro de ciertos límites permisibles. Ya hablaremos acerca de esas excepciones. Pero primero, hay que señalar que el marido tiene autoridad para decirle a su esposa qué debe vestir, adónde puede ir, con quién puede hablar, cómo usar su tiempo, cuándo debe hablar y cuándo debe callar, aun cuando sea irrazonable e insensible, pero no tiene autoridad para ordenarle que vea pornografía con él ni para exigirle que le ayude a cometer un delito.

De igual modo, la autoridad de los padres no incluye el derecho de ordenarle al niño que participe en inmoralidad, aborto, ni nada que pudiera contaminar la conciencia del niño delante de Dios o que lo haga violar las leyes justas del país. Sin embargo, el hijo tiene que seguir honrando el **cargo** de PADRE, aun cuando el padre sea inmaduro y lo maltrate verbalmente. Las esposas deben obedecer a un marido irrazonable y áspero, a menos que ordene a su esposa que le mienta al Espíritu Santo, como lo hizo Ananías. En tal caso, la esposa debe obedecer a Dios antes que a su marido. El marido tiene autoridad para practicar el sexo natural con su esposa, pero no tiene autoridad para obligarla a participar en sexo antinatural (anal). Igualmente, la esposa tiene autoridad para acceder al cuerpo de su marido para satisfacción sexual.

Este principio parece obvio y sencillo cuando se expresa en teoría. Esta moneda matrimonial tiene dos lados. Por un lado, la esposa debe obedecer a su marido en todo, reverenciándolo, sirviéndole como al Señor. Por otro lado, si se sale de su esfera de autoridad, e intenta ordenarle que haga algo ilegal o inmoral, ella debe obedecer a Dios o al gobierno, según el caso.

Ahora, si los maridos siempre gobernaran sus hogares en santidad y justicia, no habría necesidad de excepciones a la obediencia. Pero, por supuesto, no es ése el caso, ni ha sido el caso por siglos y siglos. **"Ciertamente no hay hombre justo en la tierra, que haga el bien y nunca peque"** (Eclesiastés 7:20). Sin embargo, Dios, mientras reconoce el hecho de la pecaminosidad del hombre, no obstante ordena a la esposa que respete y obedezca a su marido—en el Señor. La clave pues, es que la esposa tenga la sabiduría para saber qué es lo que se encuentra dentro de la esfera de autoridad de su marido, y la esfera de autoridad de Dios—tarea abrumadora para la mente carnal.

Si todas las esposas tendieran por naturaleza a sujetarse a la autoridad—sea Dios, gobierno, iglesia o marido—estoy seguro que todo saldría armoniosamente. Las esposas obedecerían alegremente a sus maridos día tras día, y sólo en aquellas raras excepciones, cuando un marido ordenara a su esposa que hiciera el mal, se vería ella obligada a dar el paso de negarse a obedecerle en la violación de las leyes de Dios y de los hombres. Pero desgraciadamente, las esposas también son caídas descendientes de Adán, sin tendencia a ser equilibradas ni sabias.

La mayoría de los divorcios "cristianos" son religiosos. Las convicciones religiosas e insistencia de mentalidad cerrada de parte de ella lo conducen a él a abandonarla. Como divorciada, ella cultiva la imagen de víctima perseguida y maltratada, pero en muchos de los casos, fueron las "normas" de ella las que crearon el distanciamiento que condujo al divorcio. **El diablo ríe, los hijos lloran y el** grupo de solteros en la iglesia, crece. ¿No es irónico que las enseñanzas de Cristo sean culpadas de que una mujer desobedezca y deshonre a su marido? Dios no pasa sobre la autoridad del marido cuando éste la usa de manera injusta.

¿Dónde Está el Límite?

Dios no interviene para despojar al padre de su autoridad cuando deja ver que es iracundo y que descuida a sus hijos, o cuando se excede en su castigo corporal, <u>mientras</u> no rebase los límites que violarían la leyes justas del país o llegue a la categoría de lo que constituye violencia contra otro ser humano. Sigue siendo deber de los niños obedecer a un padre irrazonable y áspero. De igual manera, la esposa debe obedecer a un marido irrazonable y hosco, porque conservan su posición de cabeza mientras no crucen la línea roja brillante hacia los actos criminales o impongan a la familia una conducta inmoral, desencadenando la intervención de Dios o del gobierno. Esto es bíblico en todos los sentidos. Considera el siguiente pasaje sobre este principio de la autoridad.

Padeciendo Molestias Injustamente

El pasaje de I Pedro finalmente pasará a comentar la obediencia de las esposas a sus maridos, pero comienza, como lo hicimos en nuestro estudio del tema, abordando el concepto general de esferas de autoridad.

I Pedro 2:13-23

13 Por causa del Señor someteos a toda institución humana, ya sea al <u>rey,</u> como a superior,

14 ya a los gobernadores, como por él enviados para castigo de los

malhechores y <u>alabanza de los que hacen bien</u>.

15 Porque esta es la voluntad de Dios: que haciendo bien, hagáis callar la ignorancia de los hombres insensatos;

16 <u>como libres</u>, pero no como los que tienen la libertad como pretexto para hacer lo malo, sino como <u>siervos de Dios</u>.

17 Honrad a todos. Amad a los hermanos. Temed a Dios. Honrad al rey.

La Biblia es tan clara. Se nos ordena que nos sujetemos a toda institución humana que existe sobre nosotros—incluso a hombres ignorantes y necios. El versículo 16 señala que en realidad somos libres de las leyes humanas, porque estamos bajo la ley más alta de Dios. Gozamos de una libertad, pero se nos advierte que no usemos nuestra libertad para ocultar malicia. Es decir, no hemos de disfrazar nuestra malicia en la vestimenta de nuestra libertad en Cristo. En otras palabras, no te rebeles por razones egoístas, al mismo tiempo que afirmas estar sirviendo a una ley más elevada y más justa—el pretexto de todo rebelde.

> La mayoría de los divorcios "cristianos" son religiosos. Las normas y orgullo de una mujer cristiana destruirá tu matrimonio.

El pasaje continúa desarrollando el mismo principio, pero ahora refiriéndose al siervo bajo la autoridad de su amo, o en términos modernos, patrones y empleados.

18 Criados, estad <u>sujetos con todo respeto a vuestros amos</u>; no solamente a los <u>buenos y afables</u>, <u>sino también a los difíciles de soportar</u>.

19 Porque esto merece aprobación, si alguno a causa de la conciencia delante de Dios, <u>sufre molestias padeciendo injustamente</u>.

20 Pues ¿qué <u>gloria es</u>, si pecando sois abofeteados, y lo soportáis? Mas si haciendo lo bueno sufrís, y lo soportáis, esto ciertamente es aprobado delante de Dios.

Aquí es donde se resuelve el problema. El siervo debe estar sujeto a su amo, ya sea **bueno y afable**, o **difícil de soportar** (chueco, perverso, impío, injusto, áspero). Aun cuando una persona en autoridad le ocasione a su subalterno **molestias y padecimientos**, Dios manda al siervo que lo **soporte** y lo tome **con paciencia**. El siervo no tiene la opción de decidir que el amo no está actuando dentro de la voluntad de Dios y por lo tanto no merece obediencia. Es **aprobado delante de Dios** (la voluntad de Dios) que el subalterno **padezca injustamente y lo soporte con paciencia**.

Seguramente te preguntarás, "¿Por qué será la voluntad de Dios que un subalterno sufra por manos de una autoridad injusta y perversa?" Dos razones son obvias, una de las cuales ya hemos mencionado. Primero, la cadena de autoridad debe permanecer intacta, aun cuando eso signifique tolerar algo de abuso. La otra razón se introduce en el versículo 20—**gloria**.

Fuimos creados por Dios y colocados en esta tierra para expresar su gloria (Salmo 8:5; Isaías 43:7; Romanos 2:7; Hebreos 2:7). Jesucristo no vivió su vida con comodidades para su propio placer. Vivió y sufrió por las glorias que vendrían después (I Pedro 1:11). Mujer, tú fuiste creada para dar gloria a Dios. Cuando Dios te coloca en sujeción a un hombre, aun sabiendo que te va a ocasionar sufrimiento, es con el entendido de que estás obedeciendo a Dios al soportar el sufrimiento injusto. Y cuando sufres injustamente, como para el Señor, traes gran gloria a Dios en el cielo.

Las palabras del versículo 21 indican que fuiste llamada por Dios precisamente con el propósito de sufrir para Él, así como Él sufrió por ti.

21 Pues <u>para esto fuisteis llamados</u>; porque también Cristo padeció por nosotros, dejándonos ejemplo, para que sigáis sus pisadas;
22 el cual no hizo pecado, ni se halló engaño en su boca;
23 quien cuando le maldecían, no respondía con maldición; cuando padecía, no amenazaba, sino encomendaba la causa al que juzga justamente;

¿Tu marido te ha vituperado o amenazado? Se te exhorta a responder como respondió Jesús. Cuando Él fue vituperado y amenazado, lo soportó encomendándose a un juez superior que es justo. Tú debes encomendarte al que te colocó bajo el mando de tu marido. Tu esposo dará cuentas a Dios, y tú tendrás que rendir cuentas a Dios por tu manera de responder a tu esposo, aun cuando él te ocasione sufrimiento.

Mi interpretación no está fuera de contexto ni es fantasiosa, porque el texto de I Pedro continúa desarrollando este principio de autoridad y sujeción, comentándolo en relación con la obediencia de la esposa a su marido. La primera palabra del capítulo 3 es, "**Asimismo,**" ligando este capítulo con lo tratado anteriormente en el capítulo 2—los versículos que acabamos de ver.

I Pedro 3:1-6
1 <u>Asimismo</u> vosotras, mujeres, estad <u>sujetas a vuestros maridos</u>; para que también los que no creen a la palabra, sean ganados sin palabra por la conducta de sus esposas,
2 considerando vuestra conducta casta y respetuosa.
3 Vuestro atavío no sea el externo de peinados ostentosos, de adornos de oro o de vestidos lujosos,
4 sino el interno, el del corazón, en el incorruptible ornato de un espíritu afable y apacible, que es de grande estima delante de Dios.
5 Porque así también se ataviaban en otro tiempo aquellas santas mujeres que esperaban en Dios, estando sujetas a sus maridos;
6 como Sara obedecía a Abraham, llamándole señor; de la cual vosotras habéis venido a ser hijas, si hacéis el bien, <u>sin temer ninguna amenaza</u>.

El pasaje es muy claro para todo el que tenga ojos para ver. Así como hemos de obedecer cada orden del gobierno, y los siervos deben obedecer a sus amos, aun los que son abusivos y ásperos, "Asimismo vosotras, mujeres, **estad** sujetas a vuestros maridos…", aun los que no obedecen la Palabra—que no tienen ningún respeto por Dios. El pasaje incluso llega a sugerir que la esposa debe tener el mismo respeto por un marido inconverso, como para llamarle "señor" como lo hacía Sara. Puedes libremente llamar a tu marido "señor" cuando sabes que te diriges con quien lo puso al frente y te pidió que sufrieras por mano de tu marido así como Cristo sufrió por manos de autoridades injustas. ¿Jesucristo rechazó la voluntad de Dios para huir a un lugar seguro, sólo porque era necesario sufrir? Jesús dijo, "**Porque he descendido del cielo, no para hacer mi voluntad, sino la voluntad del que me envió"** (Juan 6:38). Las mujeres que hacen su propia voluntad pudieran huir de un matrimonio que no es nada divertido, pero las mujeres que hacen la voluntad de Dios llegan a ser partícipes de un nivel de bendición conocido únicamente por los obedientes.

Sé que esta ha de ser una doctrina sorprendente para muchas de ustedes. No obstante, no es menos radical que Jesús mismo, y es así como Dios manda. El pasaje dice que **no temamos ninguna amenaza** (3:6). Las enseñanzas de Jesús son tan contrarias a la naturaleza humana que en ocasiones te causarán temor y asombro. Esto no se le ocurriría jamás a nadie del departamento de psicología. Esto nunca se lo escucharás a la Dra. Corazón ni a la mayoría de los predicadores modernos, pero es el camino a la gloria, el camino hacia el milagro que pudiera transformar a tu marido después de que finalmente te haya cambiado a ti.

Dios busca que le glorifiques. **La gloria radica en hacer lo extraordinario, lo valiente, lo maravilloso en comparación con lo que habitualmente se hace.** Cuando una esposa cristiana hace lo que una mujer del mundo jamás haría— obedecer gustosamente a un hombre indigno sólo porque Dios lo ordena—Dios en el cielo recibe la gloria. Los hijos deben obedecer a sus padres "como para el Señor" y las esposas han de obedecer a sus maridos como si estuvieran obedeciendo a Dios. Lee lo que sigue en el pasaje, y asómbrate ante tu llamamiento, no te espantes.

I Pedro 3:9-17

9 no devolviendo <u>mal por mal, ni maldición por maldición</u>, sino por el contrario, bendiciendo, sabiendo que <u>fuisteis llamados</u> para que heredaseis bendición.

Cuando soportas maldad y maldición sin devolverla, recibes una bendición, no como mártir, sino como uno que adora a Dios.

10 Porque: El que quiere amar la vida y ver días buenos, refrene su lengua de mal, y sus labios no hablen engaño;
11 Apártese del mal, y haga el bien; Busque la paz, y sígala.

12 Porque los ojos del Señor están sobre los justos, y sus oídos atentos a sus oraciones; pero el rostro del Señor está contra aquellos que hacen el mal.

13 ¿Y quién es aquel que os podrá hacer daño, si vosotros seguís el bien?

Si amas la vida y quieres llegar a la vejez con paz y contentamiento, entonces abstente de devolver palabras malas. Porque los ojos del Señor observan todo lo que ocurre. Sus oídos están abiertos a tus oraciones cuando le obedeces a Él y a tu marido. Luego viene la promesa: Si estás siguiendo a Dios, no te vendrá ningún daño por hacer lo que es bueno.

14 Mas también si alguna cosa padecéis por causa de la justicia, bienaventurados sois. Por tanto, no os amedrentéis por temor de ellos, ni os conturbéis,

Recibirás una bendición cuando sufras por causa de la justicia, es decir, cuando obedeces a Dios mediante la obediencia a tu marido, no devolviendo mal por mal. Serás feliz, así que no tengas temor ni te inquietes por lo que tengas que soportar.

15 sino santificad a Dios el Señor en vuestros corazones, y estad siempre preparados para presentar defensa con mansedumbre y reverencia ante todo el que os demande razón de la esperanza que hay en vosotros;

16 teniendo buena conciencia, para que en lo que murmuran de vosotros como de malhechores, sean avergonzados los que calumnian vuestra buena conducta en Cristo.

17 Porque mejor es que padezcáis haciendo el bien, si la voluntad de Dios así lo quiere, que haciendo el mal.

Si no por tu marido, por lo menos por Dios, debes estar dispuesta a sufrir por hacer el bien.

Si no tienes por lo menos un dominio moderado de las Escrituras y de la voluntad y los caminos de Dios, esta doctrina de sufrir silenciosamente injusticias **para la gloria de Dios, te asombrará**. Es una lástima que en la actualidad tantas personas ignoran los caminos de Dios. Esto que estamos recomendando es la vida cristiana normal. El camino de Dios es el camino de gozo y paz en abundancia. Sufrir por Él produce **gozo inefable y glorioso** (I Pedro 1:8). Por otra parte, no estamos sugiriendo que adoptes una actitud de cara larga que expresa "pobre de mí, miren cuánto sufro", que tantas parecen manifestar. Jamás ganarás a un marido perdido si él piensa que estás aceptando la desgracia como parte de tu fe, y yo no lo culparía. Si tu respuesta a él te causa desdicha, puedes estar segura de que no tienes el sentir de Dios al respecto. Debes ser adoradora de Dios y disfrutar de su presencia si vas a sufrir por su causa y ver que conduzca a gran gloria.

- Michael Pearl

Ejemplos Prácticos

Quizá todavía estés confundida respecto a cuándo obedecer y cuándo no. Enumeraremos algunos de los problemas y dudas que hemos recibido en el correo, para comentarlos uno por uno.

Predador Sodomita (E-mail que fue contestado inmediatamente)

Estimados Sres. Pearl,

Está ocurriendo algo terrible, y no tenemos amistades a quienes yo pueda recurrir. ¡Me URGE RECIBIR AYUDA HOY! POR FAVOR, lean y contesten esta carta HOY. Hace como una semana mi hijo cumplió 13 años. Por ese mismo tiempo, mi marido empezó a querer que saliera con él por las tardes para fomentar una relación de hombre a hombre. Me dio gusto. Después de la primera salida, mi hijo (de una relación anterior a mi matrimonio con Daniel) me suplicó en privado que no lo obligara a ir. Mi esposo se enoja mucho si los niños o yo hablamos contra él, pero es amable si hacemos lo que él dice. Le gusta presumir nuestra obediencia. Le dije a mi hijo que él debe obedecer a Daniel. Hoy mi hijo me dijo que Daniel lo lleva a las áreas de descanso en la carretera, donde se juntan homosexuales para tener relaciones y buscar a otros muchachos que usan los sanitarios. Mi hijo dijo que mi esposo lo obliga a participar con él y con otros hombres. Sabía demasiado como para que estuviera inventando y además estaba llorando y suplicándome y amenazando con irse de la casa si yo no hacía algo. Tengo miedo. Yo había sospechado fuertemente que Daniel estaba viendo pornografía desde hace mucho tiempo, pero yo trataba de ocuparme de lo mío. Ahora está ocurriendo esta experiencia tan terrible. Estoy orando: POR FAVOR, Dios, estoy rogando, haz que me contesten hoy mismo. Le dije a mi hijo que fingiera estar enfermo esta tarde, mientras yo decido qué debo hacer.

Jean, madre de 7

Este es un ejemplo de un padre y marido que se ha excedido de los límites de su jurisdicción. Ni la esposa ni el hijo estaban obligados a obedecerle en este asunto. Le dijimos que avisara a las autoridades, para que ellos pudieran detener a los sodomitas en el área de descanso, incluyendo a su marido. Lo hizo. Su marido está en el bote por algunos años, y los hijos están creciendo

> En la actualidad el SIDA es un factor que hay que tomar en cuenta, tanto para tu propia salud como para la de los niños.

sin un perverso como padre. En ocasiones sería un grave pecado NO enfrentar a tu marido.

Travestismo

Estimados Sres. Pearl,

Mi marido ha empezado a ponerse camisones de mujer por la noche y quiere que yo haga de cuenta que él es mujer cuando practicamos el sexo. Él me recuerda que lo que suceda en nuestra recámara está bien, porque el lecho es sin mancilla. Él es maestro en la iglesia y es muy respetado. Sé que es cabeza del hogar, así que lo he complacido un par de veces, pero me da asco. ¿Qué es lo correcto en este caso?

Ana

Dios no delegó al hombre la autoridad para inducir a su esposa a participar en lesbianismo mental. Si ella le obedeciera, estaría cometiendo sodomía en su corazón—una violación clara de la ley moral de Dios. El marido—o lo que haya sido—se estaba adjudicando una esfera de autoridad que le pertenece exclusivamente a Dios (Deuteronomio 22:5). **Le indicamos a la esposa que se negara a participar en su perversión y que expresara su repugnancia por su travestismo.** Si ella tratara su pecado con una preferencia, ella normalizaría la conducta de él. Ella tiene que dar a conocer que es un hombre inconverso, que va rumbo al infierno, y que ella no va a deshonrar a su Señor.

Robo

Estimada Sra. Pearl,

Me he esforzado mucho por obedecer a Dios y a mi marido, pero tengo temor de terminar en la cárcel si le sigo ayudando. Él me obliga a ponerme de "guardia" en las paradas de camiones de carga, mientras él se mete a los tractores a robar. ¿Cómo puedo honrarlo y al mismo tiempo negarme a participar en lo que él espera de mí?

Betty

Le dijimos que reportara los delitos a la ley y que les ayudara a sorprenderlo en el acto de robar. Ella lo hizo y él está en la cárcel. Ella va a visitarlo y le trae antojitos y habla acerca del día en que pueda regresar con la familia. Él sabe que hizo mal. No necesitaba un diccionario para que lo definiera. Si tu marido te ordena que violes las leyes de Dios y de los hombres, y sabes que tú irás a la cárcel u otros sufrirán consecuencias, puedes negarte respetuosamente a obedecer, porque Dios no le ha concedido al marido un poder ilimitado.

Falsas Declaraciones de Impuestos

> **Dios no pone a la esposa para que sea conciencia de su marido.**

Tenemos muchas cartas de esposas que nos dicen que su marido hace declaraciones de impuestos fraudulentas, y ellas se niegan a firmarlas con él, poniéndolo furioso. La esposa se aferra a su postura y adopta una actitud de superioridad. Cuando la interrogamos y obtenemos los detalles, en la mayoría de los casos, la esposa está molesta porque su marido dejó de reportar un poco de efectivo que percibió por cortar el pasto o arreglar varios autos para vecinos o amigos. Jamás hemos recibido una carta de una mujer cuyo marido esté cometiendo fraude importante. Han sido cosas pequeñas que a ella se le atoran en el buche. Ella pone atención meticulosa a cada detalle y le recuerda las pocas cosas que él cómodamente olvidó mencionar al declarar su ingreso anual. Esto representa una gran presión para el matrimonio. El marido percibe que se trata de algo más que las "convicciones religiosas" de ella. **Él siente que está usando esta oportunidad para rechazarlo a él, para tomar las riendas en sus propias manos, y eso le molesta a él mucho más que cualquier pérdida de recursos.**

En la mayoría de los casos, se trata de un hombre que jamás robaría. Cuando él lee la Biblia, el pasaje sobre impuestos que le llama la atención es la afirmación de Jesús cuando el cobrador vino buscándolo a Él y a sus discípulos. Jesús dijo respecto a los impuestos: **"Luego los hijos están exentos"** (Mateo 17:26). Es decir, están exentos de pagar impuestos a un gobierno que no es representativo. Sin embargo, por causa del testimonio, Él pagó los impuestos. Muchos hombres no sienten ninguna obligación moral de estimular su memoria cuando se trata de contribuir "voluntariamente" a un sistema fiscal que es un robo ilegal. No sienten ningún deber delante de Dios de aportar dinero para financiar abortos, el programa de fomento de homosexualidad en las escuelas públicas, programas de planeación familiar, distribución de condones entre niños, agujas para drogadictos, apoyo de las llamadas artes, y radio oficial con su programa socialista. No estamos defendiendo esta postura ni justificando ninguna deshonestidad, pero le ayuda a la esposa cuando entiende la perspectiva de un hombre.

Dios no pone a la esposa para que sea conciencia de su marido. La esposa no tiene ningún derecho de hacer juicios respecto a la manera en que él interpreta su obligación. Sin embargo, sí tiene un deber ante su propia conciencia. Si ella tiene que firmar un documento que declara: "Esto fue lo que percibimos de ingresos, ni un centavo más," entonces ella tiene el deber ante Dios y sí misma, de decir la verdad según la conoce. Además, cuando se firma una declaración de impuestos, se hace bajo protesta de decir verdad. Sin embargo, habiendo leído miles de cartas sobre este asunto, hemos llegado a la conclusión de que el tema de los impuestos parece ser una forma conveniente de que la esposa se convierta en conciencia de su marido sin perder la sensación de ser una mujer virtuosa. Ya comparecerá ella ante el tribunal del JUEZ SUPREMO, quien juzgará las verdaderas intenciones del corazón.

Como cristiana tienes el deseo y el deber de ser honesta en todo, pero tienes que honrar a tu marido al mismo tiempo. Así que, si no puedes poner tu firma en un documento que te convertiría en mentirosa, debes negarte con mucha gracia y humildad. Pudieran existir otras maneras de solucionar el problema. Quizá podrían declarar por separado, para que tú no tuvieras que firmar las declaraciones de él, y así no te verías implicada en su manera de manejar sus negocios.

Mi Marido Me Prohíbe Ir a la Iglesia

Estimada Debi,

Mi marido me dice que ya no puedo ir a la iglesia por la noche. Yo siento que si no disfruto de este tiempo de dulce comunión, no podré seguir caminando fielmente delante de Dios. La Palabra de Dios dice que no nos olvidemos de congregarnos, así que sería una violación directa de la Palabra de Dios si no asisto. Mi marido me dijo que escribiera para preguntarte.

Carla

Estimada Carla,

Es común que los maridos inconversos o desalentados les prohíban a sus esposas que asistan a la iglesia. En casi todos los casos, las objeciones de los maridos no se basan en un deseo de evitar que ella adore a Dios. Más bien, él ve la relación de ella con la iglesia como un segundo amor, quizá el amor preferido por ella, y se ve a sí mismo como un marido desplazado. Está celoso. Él no se siente realizado como esposo y cree que la iglesia de alguna manera es objeto de tu primer amor. Ahora, una esposa sin sabiduría alguna pudiera encontrar alguna satisfacción en los celos de él, pensando que ella pone a Dios en primer lugar, pero la verdadera adoración de Dios nunca es causa de descuido de relaciones. El amor por Dios y servicio a Él debe hacerte una esposa más atenta, y una mejor amante de tu marido.

El meollo del asunto es que, si tu marido no quiere que vayas a la iglesia, entonces quédate en casa y pinta las paredes con él. Salgan de pesca o de compras, lo que él quiera hacer, y asegúrate de pasarla bien. Obedecerle con desilusión y a regañadientes no es obediencia; es venganza. - Debi

El Meollo del Asunto

Si una esposa tiene una actitud de rebeldía, será capaz de encontrar mil excepciones a la obediencia. Pero si una mujer realmente está buscando a Dios y pidiendo sabiduría de lo alto, podrá discernir la **diferencia entre su propio espíritu controlador y aquellas raras instancias en las que el marido pudiera ordenar algo fuera de su esfera de autoridad—requiriendo intervención legal.** Las mujeres que amenazan con "denunciarlo ante la ley", o mujeres que se niegan a contestar el teléfono excepto para decir, "Él está aquí, pero se niega a hablar", son rebeldes. Jamás llegarán a ingresar al salón de la fama de Hebreos 11, donde está incluida Sara, ni tampoco llegarán a tener un matrimonio divino aquí en la tierra. Irán a sus tumbas sin ser amadas ni queridas, un total fracaso como la mujer que Dios quiso que fuera. La sabiduría nos otorga la capacidad para usar nuestra mente y espíritu para manejar pequeños problemas con gracia y honor.

Para ustedes que están soportando maltrato verbal y físico, estamos conscientes de que, estadísticamente, es probable que permanezcas con tu marido. Por tanto, es importante que entiendas cómo hablar y conducirte de una manera que conserve tu seguridad física y emocional, y que en última instancia gane a tu marido.

La Biblia nos relata varios ejemplos de esposas que se encontraban en circunstancias terribles y que concibieron diversas ideas para mostrar honor sin desobedecer. Por ejemplo, Ester, quien fue entregada como esposa a un hombre impío y divorciado, evitó el desastre y la muerte mediante astucia ágil y gran valor cuando su marido publicó un decreto imprudente. (Lee la historia completa en el libro de Ester, y consulta el estudio de Ester en *www.nogreaterjoy.org*.)

La Historia de Abigail

> Obedecerle con desilusión y a regañadientes no es obediencia, es venganza.

La Escritura relata la historia de una "excepción", en la que una mujer se vio obligada por la ley de su país y la conservación de su pueblo a actuar en contra de la voluntad de su marido. Es la famosa historia de amor de David y Abigail.

Cuando David, el rey ungido de Israel, vivía en el exilio, huyendo del rey Saúl, formó un ejército de hombres que entrenó como fuerza policíaca para proteger a la gente de la tierra en la que vivían. Esta milicia dependía de los campesinos y agricultores para proveerles de alimentos—remuneración por la protección que les brindaban. En esta ocasión David envió un mensaje a uno de los agricultores de la localidad, llamado Nabal, pidiendo que se le enviaran los alimentos que requería con sus mensajeros. Nabal se negó rotundamente a darles alimento. David, airado, preparó la venganza por la afrenta de este hombre impío contra la misericordia y la justicia de Dios (David era el "brazo" de la misericordia de Dios, su ungido), destruyendo a Nabal y a toda su gente inocente.

I Samuel 25:13-38

13 Entonces David dijo a sus hombres: Cíñase cada uno su espada. Y se ciñó cada uno su espada y también David se ciñó su espada; y subieron tras David como cuatrocientos hombres, y dejaron doscientos con el bagaje.

14 Pero uno de los criados dio aviso a Abigail mujer de Nabal, diciendo: He aquí David envió mensajeros del desierto que saludasen a nuestro amo, y él los ha zaherido.

15 Y aquellos hombres han sido muy buenos con nosotros, y nunca nos

trataron mal, ni nos faltó nada en todo el tiempo que anduvimos con ellos, cuando estábamos en el campo. [Los hombres eran los soldados de David protegiendo a los labradores de manos de los ladrones]

16 Muro fueron para nosotros de día y de noche, todos los días que hemos estado con ellos apacentando las ovejas.

17 Ahora, pues, reflexiona y ve lo que has de hacer, porque el mal está ya resuelto contra nuestro amo y contra toda su casa; pues él es un hombre tan perverso, que no hay quien pueda hablarle.

Los siervos de este hombre le llamaban "hijo de Belial", que significa *hijo de Satanás*. Los trabajadores que se quedaron atrás para cuidar la casa temían que todos morirían por causa de su amo egoísta y malvado, así que apelaron a Abigail para que les salvara la vida. Abigail aceptó el consejo de los hombres que su marido había dejado encargados de administrar su casa.

18 Entonces Abigail tomó luego doscientos panes, dos cueros de vino, cinco ovejas guisadas, cinco medidas de grano tostado, cien racimos de uvas pasas, y doscientos panes de higos secos, y lo cargó todo en asnos.

19 Y dijo a sus criados: Id delante de mí, y yo os seguiré luego; y nada declaró a su marido Nabal.

Entonces Abigail se montó en el asno y fue al encuentro de David antes de que él tuviera oportunidad de subir a matar a sus siervos y a la gente que vivía y trabajaba en su enorme rancho. Era su única esperanza de salvar a la gente que estaba bajo el cuidado de ella.

23 Y cuando Abigail vio a David, se bajó prontamente del asno, y postrándose sobre su rostro delante de David, se inclinó a tierra;

24 y se echó a sus pies, y dijo: Señor mío, sobre mí sea el pecado; mas te ruego que permitas que tu sierva hable a tus oídos, y escucha las palabras de tu sierva.

Abigail estaba dispuesta a sufrir por los pecados de su marido, con tal de salvar a la gente que estaba bajo su cargo. Observa que no encubre los pecados de su marido ni trata de aparentar que él sea un hombre de carácter maravilloso ni que ha habido algún malentendido. Él es conocido como un hombre diabólico, así que ella dice las cosas como son. Fue el egoísmo de su marido lo que ocasionó el problema, y ella es franca en su apelación a David.

25 No haga caso ahora mi señor de ese hombre perverso, de Nabal; porque conforme a su nombre, así es. El se llama Nabal, y la insensatez está con él; mas yo tu sierva no vi a los jóvenes que tú enviaste.

26 Ahora pues, señor mío, vive Jehová, y vive tu alma, que Jehová te ha impedido el venir a derramar sangre y vengarte por tu propia mano. Sean, pues, como Nabal tus enemigos, y todos los que procuran mal contra mi señor.

Fue evidente la gratitud de David por el valor que tuvo Abigail y su disposición para arriesgar su vida con tal de evitar que él matara a personas inocentes, lo cual le hubiera ocasionado mucho pesar cuando descubriera su error.

32 Y dijo David a Abigail: Bendito sea Jehová Dios de Israel, que te envió para que hoy me encontrases.

33 Y bendito sea tu razonamiento, y bendita tú, que me has estorbado hoy de ir a derramar sangre, y a vengarme por mi propia mano.

Después de que Abigail tuvo que enfrentar a David en una situación de vida o muerte, se dio media vuelta y regresó para enfrentar la ira de su malvado esposo. Ella sabía que su marido la podía mandar matar sin ningún temor a represalias, sin embargo regresó a él. Cuando llegó adonde él estaba, él se encontraba ebrio en una fiesta, así que ella esperó a que él durmiera y saliera de su ebriedad, para hablar con él. Al día siguiente le platicó lo que había hecho cuando dio de comer a David y a sus hombres. Mira lo que hizo Dios después de eso.

36 Y Abigail volvió a Nabal, y he aquí que él tenía banquete en su casa como banquete de rey; y el corazón de Nabal estaba alegre, y estaba completamente ebrio, por lo cual ella no le declaró cosa alguna hasta el día siguiente.

37 Pero por la mañana, cuando ya a Nabal se le habían pasado los efectos del vino, le refirió su mujer estas cosas; y <u>desmayó su corazón en él</u>, y se quedó como una piedra.

38 Y diez días después, Jehová hirió a Nabal, y murió.

Qué cosa tan misericordiosa hizo Dios, dándole a ese hombre tan cruel un infarto o una embolia. Cuando David se entera de que el hombre impío ha muerto, manda a sus hombres para que traigan a Abigail para ser su esposa. Ella primeramente les lava los pies a los siervos de David, luego se apresura a ir con ellos a encontrarse con David. **Abigail sí que era una mujer fuerte de verdad.**

REFLEXIONES SOBRE

 Obedecer o No Obedecer

Rasgos de Una Buena Ayuda Idónea

- Una esposa obediente es accesible, dispuesta y deseosa de acatar instrucciones o deseos, y se abstiene de lo que está prohibido.
- Busca maneras de obedecer y reverenciar a su marido.
- Canaliza su mente hacia maneras positivas de decir "sí."
- Nunca se considera una excepción a la regla de ser ayuda idónea.

Trata con Dios en Serio

Revisa en tu Biblia todos los pasajes que vimos sobre el tema de la *autoridad*. Pide a Dios que te dé un corazón dispuesto a hacer su voluntad con alegría, sin importar los beneficios inmediatos.

Verificación de la Realidad

"Mas el fruto del Espíritu es amor, gozo, paz, paciencia, benignidad, bondad, fidelidad, mansedumbre, dominio propio; contra tales cosas no hay ley" (Gálatas 5:22-23).

Si el Espíritu de Dios mora en ti, manifestarás fruto, primeramente en el hogar, en tu relación con tu marido y tus hijos, luego también en el contexto social fuera del hogar. Tu verdadero "yo" se manifiesta en el hogar y es conocido por los que mejor te conocen.

Capítulo 24

Coherederas de la Gracia de la Vida

Sara la Hermosa

Si yo hubiera sido la que autorizara las excepciones, yo hubiera liberado a Sara de la obligación de obedecer a su marido por lo menos en dos ocasiones, pero yo hubiera estado equivocada. Sara decidió obedecer a Abraham aun cuando él mintió y le ordenó a ella que mintiera porque tenía temor de lo que pudiera suceder si el rey se enteraba de que ella era su esposa. Hebreos 11 presenta a Sara y a Abraham como ejemplos de fe. **En I Pedro 3, ella es honrada como la mujer que llamó a su marido** *señor*.

Abraham era hombre de Dios. Dios le llamó para ser padre de una gran nación. No obstante, Abraham, por temor de perder su propia vida, pidió a su esposa que mintiera, una mentira que la exponía al peligro de las propuestas sexuales de otro hombre. ¿Recuerdas cómo respondió Sara a estas situaciones? Ocurrió dos veces. Una fue cuando ella era joven y bella, y otra cuando era bastante avanzada de edad, pero todavía una mujer deseable y atractiva.

Un día Abraham entró y le anunció a su esposa que Dios le había ordenado que se fueran a un lugar muy lejano de las familias de ambos, en una tierra distante. Al preguntarle qué tierra, Abraham no podía contestar, porque no sabía. Abraham pasó gran parte de su vida viajando de un lugar a otro, buscando una ciudad cuyo arquitecto y constructor era Dios. Jamás encontró esa ciudad, y hubo muchas pruebas y dificultades por el camino. ¿Cómo te gustaría esa clase de vida? ¿Hubieras apoyado a tu marido como hombre de Dios a pesar de tanta falta de evidencias?

Génesis 12:10-17

"10 Hubo entonces hambre en la tierra, y descendió Abram a Egipto para morar allá; porque era grande el hambre en la tierra."

Cuando se aproximaban a la ciudad en Egipto, Abraham miró hacia atrás sobre su hombro para ver a su hermosa y sonriente esposa, y su corazón se sobrecogió de temor—una respuesta carnal ante un Dios que le había prometido bendición y protección.

> Me emociona ver que Dios libra a una mujer de la necedad de su marido mediante sueños, plagas, accidentes, enfermedad y hasta muerte.

11 Y aconteció que cuando estaba para entrar en Egipto, dijo a Sarai su mujer: He aquí, ahora conozco que eres mujer de hermoso aspecto;

12 y cuando te vean los egipcios, dirán: Su mujer es; y me matarán a mí, y a ti te reservarán la vida.

13 Ahora, pues, di que eres mi hermana, para que me vaya bien por causa tuya, y viva mi alma por causa de ti.

¡Qué terrible carga le impuso a su mujer! Hacerle sentir que tenía que mentir para salvarle la vida a su marido. Ella también ha de haber estado consciente de que estaría en peligro de ser tomada por otro hombre. Por supuesto, Abraham tenía razón en cuanto a los egipcios, quienes, al ver a Sara, se quedaron muy impresionados con su belleza.

"16 E hizo bien a Abram por causa de ella; y él tuvo ovejas, vacas, asnos, siervos, criadas, asnas y camellos."

Sara fue llevada a un recinto especial reservado para las "novias en espera." ¡Cuál sería la condición mental de Sara durante ese tiempo! Se suponía que su marido debía amar, cuidar y protegerla. ¿Dónde estaba él ahora? Abraham andaba recibiendo regalos a cambio de su hermosa esposa. Pero Sara obedeció. Si hubiera venido a pedirme consejo a mí, me hubiera resultado muy difícil decirle que obedeciera a su marido y callara, pero Dios honró la obediencia de Sara.

"17 Mas Jehová hirió a Faraón y a su casa con grandes plagas, por causa de Sarai mujer de Abram."

Como Abraham tenía miedo, Dios tuvo que rescatar a Sara de una manera sobrenatural. ¿Tú permites que Dios sea Dios en tu vida? Habrá ocasiones en que tu marido estará absolutamente equivocado, como lo estaba Abraham, y tú tendrás que obedecer a tu marido y encomendar a Dios tu camino.

Si esta hubiera sido la única ocasión en que Abraham reaccionó de esta manera, podríamos decir, "Bueno, pero aprendió su lección." Pero no, volvió a hacer lo mismo otra vez. Génesis 20 nos presenta a una Sara ya anciana, pero debe haber sido todavía una mujer deseable. La Biblia nos dice que Abraham viajó hacia la tierra del sur. El rey de Gerar vio a Sara y le preguntó a Abraham por ella. El buen Abraham, muy macho, contestó, **"Ella es mi hermana."** Así que este rey tomó a Sara en preparación para hacerla su mujer. De nuevo Sara accedió y obedeció a su marido. Si hubiera sido yo, me hubieras visto dándole a Abraham un poco de capacitación "espiritual"—algo así como, "Abraham, ¿por qué no puedes simplemente confiar en que Dios nos cuidará? Por favor no me coloques en esta situación de nuevo." La Biblia sólo nos informa que Sara hizo conforme a lo que se le ordenó.

¿Tú te afliges por las situaciones en las que te coloca tu esposo? Dime, ¿cómo reaccionarías si te hiciera esta? ¿Te negarías a obedecer? ¿Tomarías la autoridad en tus propias manos "más espirituales"? En esta ocasión la Biblia nos dice que Dios le envió al rey un sueño, diciendo, **"He aquí, muerto eres, a causa de la mujer que has tomado, la cual es casada con marido"** (Génesis 20:3). Dios tenía cuidado de Sara y la conservó pura.

A mí me emociona ver que Dios libra a una mujer de la necedad de su marido mediante sueños, plagas, accidentes, enfermedad y hasta muerte. ¿Cómo es posible que Abraham, un hombre de tanta fe, hiciera una cosa tan infiel? ¿Cómo es posible que Abraham, quien creyó a Dios en cosas grandes y poderosas, no cuidara mejor a su esposa? Sabemos que la amaba entrañablemente.

Abraham era precisamente eso—era un hombre.

Todos los hombres cometen errores. A la mujer le corresponde simplemente obedecer por su compromiso con Dios, no porque sea lo justo. Si esperas a estar convencida de que tu marido tiene la razón antes de obedecerle, serán raras las ocasiones en que le obedezcas, y nunca disfrutarás los milagros de Dios.

Dios Escogió a una Mujer

Mientras Abraham estaba aprendiendo a obedecer a Dios, **Sara estaba aprendiendo a obedecer a su marido,** y Dios estaba ocupado haciendo milagros para ambos. Dios escogió a Sara tan ciertamente como escogió a Abraham. **Se necesitó una mujer obediente para ser madre de una gran nación**. Sara no fue la única esposa que tuvo Abraham; ni era Isaac el único hijo de Abraham. Agar, la sierva de Sara, que dio a luz al hijo de Abraham, Ismael, fue tratada con muy poca estima por Abraham. Cuando Sara, celosamente airada, exigió que Abraham expulsara a Agar y a su hijo al desierto solos, Dios le dijo a Abraham que hiciera como ella le pedía, grabando así en el corazón de Abraham que únicamente por medio de la simiente de Isaac vendrían todas las bendiciones que Dios había prometido. Abraham se casó de nuevo después de la muerte de Sara, sin embargo, nunca se oye mencionar a esta esposa. Los seis hijos que tuvo Abraham con Cetura ocupan un sólo versículo en la Biblia, donde se registra el hecho de que tuvo más hijos.

Yo sé que para que Abraham fuera el hombre que fue, Sara tuvo que haber sido una poderosa *alentadora*. Ha de haber habido ocasiones en las que Abraham se sentía desalentado. "Busco y busco una ciudad cuyo arquitecto y constructor es Dios, ¡y aún no hay ninguna ciudad!" "Bueno, Abraham," le pudiera haber dicho Sara, riendo, "La búsqueda ha enriquecido inmensamente nuestra vida, y no tenemos otra cosa mejor qué hacer, así que intentaremos otra vez mañana."

> ❤ Si Dios estuviera creando a la mujer perfecta para él, ¿hubiera sido yo? ❤

¿Quién y qué sería mi marido si se hubiera casado con otra mujer? ¿He hecho posible que sea un hombre de Dios, fuerte, confiado y agresivo?

¿He permitido que <u>Dios</u> dirija su vida y su obra? ¿He tenido en alta estima su vocación y sus intereses? ¿He sido ayuda idónea para mi marido? ¿Es él un hombre más fuerte, mejor, más capaz como resultado de tenerme a mí como esposa? **Si Dios estuviera creando a la mujer perfecta para él, ¿hubiera sido yo?**

Con el paso de los años, he visto en demasiadas ocasiones, lo que parecía ser una buena mujer casada con un hombre que aparentaba ser un inútil pelafustán sin futuro. Finalmente, después de años de maltrato, la "buena" esposa se divorcia de su marido borracho, y todos coinciden en que era lo único que podía hacer. En menos de un año el borracho inútil se ha casado de nuevo. Pocos meses después de su matrimonio, deja de beber—sin la ayuda de un programa de doce pasos—y luego pasa el resto de su vida trabajando duro, disfrutando a su nueva familia, amando a su nueva esposa, sin jamás volver a tocar una gota de alcohol. Tengo la cordura suficiente para saber que algunos hombres son adictos al alcohol, la pornografía y la pereza, sin importar cómo sean sus esposas. Pero he visto la situación anterior en demasiadas ocasiones como para considerarlo insignificante. De ninguna manera significa esto que estoy recomendando el divorcio y nuevo matrimonio. Más bien, demuestra que si algunos hombres "inútiles" tuvieran esposas que fueran más _____ (tú llena el espacio), no serían tan inútiles.

Dios escogió a este hombre especial y a esta mujer especial para que fueran padre y madre de una gran nación. Sara no fue elogiada por ser una gran madre. Pasó la mayor parte de su vida sin hijos, y era una anciana antes de que naciera su único hijo. Luego murió antes de que Isaac fuera adulto. **Fue elogiada porque creyó a Dios y le llamó** *señor* **a su marido.** Ella era la clase de esposa que Dios necesitaba para hacer *la clase de hombre* que Dios eligió para producir una gran nación.

Dios dice acerca de Abraham, **"Porque yo sé que mandará a sus hijos y a su casa después de sí, que guarden el camino de Jehová, haciendo justicia y juicio…"** (Génesis 18:19). ¿Tus hijos son rebeldes? ¿Tu casa es un desastre, y no consigues que tu esposo te ayude? Quizá el problema radica en tu manera de responder a tu marido. **"Como Sara obedecía a Abraham, llamándole señor; de la cual vosotras habéis venido a ser hijas, si hacéis el bien, sin temer ninguna amenaza"** (I Pedro 3:6).

Cuando Dos Llegan a Ser Uno

Estimados Amigos en Cristo,

Yo soy ministro. Recientemente escuché la grabación de un mensaje que dio un pastor, acerca de la necesidad de que la mujer aprenda a honrar y respetar a su marido. Era un mensaje dirigido a mujeres, pero yo consideraba que debía aprender a ayudar mejor a los matrimonios, así que escuché con atención.

Me sentí extrañamente conmovido por el mensaje. Tengo una gran esposa e hijos que me aman y me respetan. Sin embargo, comprendí que anhelo ser respetado y honrado por ellos en formas que no se están dando. Aunque fue difícil, (no soy muy dado al emocionalismo, pero no podía negar la intensidad de mis anhelos y sentimientos), compartí con mi esposa mi necesidad de ser respetado por ella y por nuestros hijos. También compartí mi deseo de tener con ella el compañerismo que la grabación describía como algo que los maridos necesitan mucho de

Yo anhelaba recibir honra

sus esposas. Sé que nunca hubiera podido decirle eso antes de escuchar la grabación. Mi esposa fue sensible a esto y dijo que ella no había comprendido lo importante que era esto para mí. A ella le agradó y le bendijo saber lo importante que era para mí su participación en "mi" ministerio.

Fue interesante que compartí la grabación con otros dos hombres, y ellos sintieron lo mismo y obtuvieron respuestas similares de sus esposas. Nuevamente, el hecho de saber que este hombre con quien ella se había casado, se sentía incompleto sin la participación y respeto de ella, les impartió a estas esposas un nuevo sentido de propósito.

Ahora comprendo cuánto la necesito. ¡De verdad la necesito! No sólo para preparar mis alimentos y calentar mi cama, sino para ser la alentadora de mi alma. Si ella no estuviera allí, siempre presente conmigo, sé que me sentiría vacío. Ahora ambos estamos conscientes de lo precioso que es para nosotros entender finalmene lo que se siente ser uno.

Pastor Benjamín

"**La mujer sabia** busca ser parte de la vida de su marido. Los intereses de él se convierten en los intereses de ella. Ella busca maneras de ayudarle en todas sus empresas. Cuando él necesita una mano que ayude, la de ella es la primera en llegar."

Coherederas de la Gracia de la Vida

El pastor Benjamín estaba hambriento de que su esposa fuera coheredera con él. **Su necesidad insatisfecha de ser rey de su reino**, y el hecho de que no recibía la deferencia y reverencia que acompañan a ese cargo, le hacían sentirse solo. Él tenía necesidad de que su reina lo apoyara. **Indudablemente ella estaba tan ocupada siendo una BUENA esposa y madre que olvidó el propósito más importante de su existencia.**

"Vosotros, maridos, igualmente, vivid con ellas sabiamente, dando honor a la mujer como a vaso más frágil, y como a coherederas de la gracia de la vida, para que vuestras oraciones no tengan estorbo" (I Pedro 3:7).

En nuestra cultura moderna, las mujeres nos esforzamos por lograr muchas cosas fuera del hogar. La mayoría de estas cosas no son de Dios. Son simplemente búsquedas de vanidad para saturar nuestras mentes y nublar nuestros espíritus y hacernos olvidar que fuimos creadas para el hombre con quien estamos casadas. Necesitamos dejar a un lado las actividades fuera del hogar que nos llevan a nosotras y a los hijos hasta el borde del agotamiento y la confusión. La educación en el hogar no es el problema. Son las metas ambiciosas que estableces. La voluntad de Dios para todos los matrimonios es que recorran el camino de la vida tomados de la mano. Muchos maridos y esposas corren como locos uno alrededor del otro, pero pocas veces se encuentran. Estamos tan ocupadas llevando a los hijos a esta clase o a aquel evento que perdemos de vista que somos coherederas. Hasta las actividades de la iglesia nos roban los planes que Dios tiene para nosotros como pareja.

Cuelga el teléfono, deja tus novelas románticas, apaga la televisión, evita Internet, disminuye las visitas o las reuniones de mujeres, y concéntrate en invertir tu tiempo en lo que está haciendo tu marido o lo que necesitan tus hijos. Así es como puedes satisfacer mejor sus necesidades, y **es el comienzo del aprendizaje para ser coheredera con él de la gracia de la vida.**

El alma del pastor Benjamín apetecía una verdadera *compañera del alma*. Él no quería que su esposa fuera la estrella de la iglesia, ni la coordinadora del comité de educadores en el hogar, ni que ganara el premio de mejor ama de casa; quería una mujer que le dijera que él era maravilloso. Necesitaba una mujer que lo recibiera en la puerta con una sonrisa. Él anhelaba ser la actividad más importante en la vida de ella. La necesitaba con él. "…y la mujer respete a su marido" (Efesios 5:33). Él necesitaba ser rey de ELLA.

Muchas parejas viven toda su vida juntos y nunca llegan realmente a vincularse. Son simplemente dos personas que comparten la misma casa y se reparten las responsabilidades. Viven juntos, nunca discuten ni pelean, crían a sus hijos, pero nunca funcionan como equipo. Él hace lo suyo, y ella lo de ella. Ella realmente no conoce el negocio de él, ni le interesa. A él le aburren las "muchas" rutinas diarias de ella. Hay muy poco en sus vidas que no se pudiera hacer igualmente bien por separado. Cuando él va a la tienda, jamás se le ocurre invitarla a ella para que lo acompañe. Cuando ella sale por unos minutos, le parece que sería una lata tener que decirle a él a dónde va y a qué hora regresa. Están casados, duermen juntos, crían hijos, comparten tareas y quehaceres, pero son dos personas independientes viviendo sus vidas. La esposa se ocupa de sus hijos y de la iglesia, y hace vínculos con su mejor amiga en la iglesia. Comparte más emocionalmente con otras mujeres que con su propio marido. ¿Mujeres haciendo vínculos con otras mujeres? En lugar del cuadro perfecto de Cristo y la iglesia, hoy tenemos una expresión pervertida de satisfacción entre mujeres. ¡Qué desorden tan repugnante!

El marido trabaja y encuentra realización en su éxito, sin embargo, en su corazón está igual que Adán antes de que fuera creada Eva—incompleto—y, **como Adán, está solo, y "no es bueno."** La vida lo pasa de largo, dejándolo insatisfecho. Los hijos crecen, y alrededor de los 40 ó 50 años de edad, cuando el marido ha construido su imperio personal, revive aquella antigua necesidad del marido, de una *verdadera* **compañera del alma.** Súbitamente sus metas y logros no parecen tan importantes. Ese hombre, que ha resistido sexualmente a otras mujeres toda la vida, de pronto es vulnerable frente a mujeres que muestran un interés en él como ser humano y como hombre. Ahora puede disfrutar de la compañía "extraña" de alguna dama que muestra deferencia hacia él por medio de su interés en sus sueños, anhelos y deleites.

Tu marido necesita que tú seas su ayuda idónea, su amante, su mejor amiga. Tú necesitas dejar a un lado tu propia agenda y convertirte en su Reina.

Estoy Maravillada

Estimada Debi,

¡He encontrado su página web! Qué bendición. He aprendido tanto con los comentarios en relación con la esposa sumisa. Estoy aprendiendo lo que significa ser esposa sumisa, y es asombroso ver cómo mi marido florece frente a mis ojos. Tenemos 15 años de casados, pero este es el primer año que freno mi lengua. Cualquier petición que tengo, se la hago a Dios y Él la suple por medio de mi marido. ¡Es tan padre! Las cosas han cambiado tan rápidamente. Si tan sólo supieran cómo era la vida antes. No les daré detalles, pero digamos simplemente que ahora tengo gloria en lugar de ceniza. Y absolutamente todo es obra de Dios. Yo sé que yo no tuve nada que ver con esto, y me alegro de eso. Dios cela a mi marido, y Él no me permitirá cambiarlo. En ocasiones casi puedo oír que Dios me dice: "Mira, hija: por fin me lo has entregado a mí, y ahora yo lo estoy arreglando ¡mejor de lo que tú te hubieras podido imaginar! Él es mi hijo, y yo me complazco de trabajar con él. Sigue teniendo esa fe de que Yo obraré en la vida de tu marido, porque aún no he terminado con él; y tampoco he terminado contigo. Levanta tu cabeza, y alábame con gozo mientras termino esta obra. Este es tu tarea, hija; alábale siempre

con gozo por la obra que yo estoy haciendo en él."

Cuando las cosas se ponen difíciles, alabo a Dios y le entrego las circunstancias a Él. He aprendido que nuestras oraciones no tendrán respuesta si albergamos amargura. Debi, mi casa está cambiando de semana en semana. Puedo ver la obra que se realiza ante mis ojos, y estoy maravillada. Entre más perdono en mi corazón, más maravillosos son los cambios que se producen. Por favor comuniquen a sus lectores que el perdón realmente es la clave, y sí, perdón continuo, para que las oraciones tengan respuesta. 1 Pedro 3:7, "Vosotros, maridos, igualmente, vivid con ellas sabiamente, dando honor a la mujer como a vaso más frágil, y como a coherederas de la gracia de la vida, para que vuestras oraciones no tengan estorbo." Cuando dejé de dictarle las respuestas a Dios, entonces algunas de las preguntas fueron respondidas, mejor de lo que yo siquiera hubiera imaginado. Si tan sólo supieras donde me encontraba hace algunos años. Dios es tan bueno. Bendiciones.

Jill

Raíces Tempranas

Las semillas de la vinculación se siembran tempranamente en el matrimonio. Cuando la esposa joven se aburre y se siente sóla en casa todo el día, se pasa sus días preparándose para el regreso de su marido cada noche, y anhela ansiosamente los fines de semana juntos. Se pasa las horas solitarias planeando para él, cocinando para él, limpiando para él, y deseándolo ansiosamente. El espíritu de él prospera y su amor por ella crece <u>al observar</u> la necesidad que ella tiene de él. Este proceso es el que hace que dos personas dependan una de la otra.

> ❤ Vinculación, llegar a ser coherederos, comienza con la esposa. ❤

Cuando una esposa joven se pone al teléfono con sus amigas o se apoya fuertemente en su madre, nunca desarrolla la necesidad de depender emocionalmente de su marido. Su esposo se ha pasado su juventud sin ella, así que tiende a seguir funcionando como hombre independiente. No percibe instintivamente las necesidades de ella, y ella aún no sabe que es a él a quien necesita. Con demasiada frecuencia terminan por ser dos personas viviendo en la misma casa, criando hijos, siendo líderes en la iglesia, y son lo que el mundo considera la familia perfecta. Sin embargo, ambos saben que algo falta.

Vinculación, llegar a ser coherederos, comienza con la esposa, porque ella es el vaso más frágil y tiene la más grande necesidad. Es la necesidad "visible" que ella tiene de él lo que lo despierta a él. **Si ella invierte su vida en agradar a su marido y servirle, él desarrollará un instinto protector, cuidadoso hacia ella.** A medida que él adquiere confianza de que su corazón está en buenas manos con ella, y que ella pone en primer término el bienestar de él, empezará a confiarle su ser más íntimo. La mujer de Proverbios 31 tenía éxito notable en muchas áreas de su vida, pero en la colocación del fundamento de su éxito, el pasaje nos dice que **"El corazón de su marido está en ella confiado, y no carecerá de ganancias. Le da ella bien y no mal todos los días de su vida"** (Proverbios 31:11-12). Sin este fundamento, un hombre nunca establece vínculos de enlace. ¿Recuerdas a mi amiga reina, que era corona de su marido? Aun en su condición de inconverso, él sabía que cuando él trajera a casa a esos hombres, su esposa no lo avergonzaría con una actitud malhumorada o molesta.

Cuando una mujer se vincula con su marido, adquiere su fuerza y estabilidad. Como pareja podrán lograr mucho más de lo que podrían lograr si estuvieran solos. Él le confiere a ella fuerza emocional para enfrentar los problemas de la vida. Cuando él puede confiar en los juicios de ella, le ayudará a ser más sabio y más en sintonía con las necesidades de otros.

Un hombre no tiene que ser un tipo amable y dulce que jamás olvida ninguna ocasión especial. Ni siquiera tiene que ser salvo, pero si confía en que su esposa hará lo correcto con él, se vinculará con ella. Si ella se abre ante él, él suplirá su necesidad. No es necesario que la esposa sea simpática, trabajadora ni lista, pero *si honra y ama a su marido, contará con la fuerza de él, ayudándola a llegar a ser más de lo que jamás hubiera podido llegar a ser sin él.* **Él sólo necesita que su mujer vierta su vida en la de él, para que él a su vez derrame su alma en la de ella.** Pero si ella se pone aparte y se queja porque él es iracundo, perezoso, un mal padre, o trabaja demasiado, él jamás verterá su alma en esa clase de mujer. Si ella se pasa sus días corriendo de un evento a otro o de persona en persona, y si ella encuentra consuelo emocional en sus hijas, su madre o amigas, él no verterá su fuerza en ella. Algún día sus hijas se casarán y ya no necesitarán de una madre. Con el tiempo, su madre faltará, sus amigas se mudarán, y ella descubrirá que él ha encontrado a otra persona que pueda ser su compañera del alma, su ayuda idónea, porque no la encontró en ella.

Sin embargo, cuando una mujer llana, sencilla, de personalidad aburrida, sin muchas destrezas, se vierte a sí misma, su tiempo, su gozo, gratitud y hasta sus elogios, temores e incertidumbres en un hombre sencillo y ordinario, ambos se convierten en seres humanos más fuertes, más capaces y más sabios. La gente acudirá a ellos en busca de ayuda y aliento.

Es tan fácil pasarte la vida lamentando: "Ah, si tan sólo mi marido fuera salvo, o más espiritual o menos iracundo." No importa quién o qué sea tu marido, *tu tarea es ser su ayuda idónea*. Cuando te acerques a él con luz en tus ojos, esa luz se volverá a reflejar hacia ti.

Llegar a ser coherederos de la gracia de la vida es el más alto plan de Dios para el marido y la esposa. Es el gran misterio, el patrón de Cristo y de la Iglesia. La herencia es gran pasión, estabilidad, sabiduría, gozo, amor y equilibrio. Las bendiciones de Dios son mucho más grandes de lo que puede llegar a contar cualquier lengua o escritor.

Dios es un experto en confeccionar matrimonios divinos

Carta de una Ayuda Idónea Agradecida

Estimados Sres. Pearl,

Pensé que les pudiera interesar saber de la muerte de mi marido, y la gran bendición que ha sido estar casada con un marido que vivía lo que ustedes enseñan. Salió a trabajar en el jardín la tarde del 24 de septiembre, y al salir volteó y me dijo: "Ha sido una vida maravillosa contigo." Esas fueron las últimas palabras que le oí decir. Entró a la casa unos minutos más tarde, se metió a una recámara, y cayó muerto de un infarto. Constantemente me estaba diciendo cuánto me amaba, y siempre me daba las gracias por las comidas y todas las cosas que yo hacía por él. Era un marido maravilloso y piadoso, y es tan hermoso poder recordar esas palabras.

Estuvimos casados 56 años.

Sigan recordando a la gente que el matrimonio es la relación más preciosa que tenemos sobre esta tierra, y es ÚNICAMENTE PARA ESTA TIERRA, así que deben aprovecharla al máximo y no perder el tiempo. El Señor es suficiente para todo, y estoy recibiendo de Él todo lo que necesito; pero, ah, ¡cuánto extraño la mitad de mí que se ha ido!

En el amor de nuestro Salvador,

Mariana

> El matrimonio es la relación más preciosa que tenemos sobre la tierra.

Reflexiones Sobre
Las Cosas Que
Hemos Aprendido

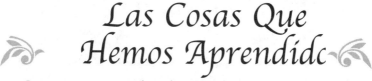

Cosas que pueden herir el espíritu de un hombre y lisiar un matrimonio:

- Una esposa espiritualmente crítica.
- Una esposa descontenta.
- Una esposa que no está cumpliendo con las ocho prioridades enumeradas para una esposa en Tito 2.

Ocho cosas que una mujer debe _ser_ o _hacer_ para evitar _blasfemar la Palabra Escrita de Dios_.

Tito 2:3-5

[1] prudente, [2] amar a su marido, [3] amar a sus hijos, [4] ser discreta, [5] ser casta, [6] cuidadosa de su casa, [7] buena, [8] sujeta a su marido

Herramientas de nuestra gloriosa batalla matrimonial son:

- Gozo
- Gratitud
- Contentamiento
- Reverencia
- Sujeción
- Oración
- Creer la Palabra de Dios

"Y dijo Jehová Dios: No es bueno que el hombre esté solo; le haré ayuda idónea para él…Jehová Dios…la trajo al hombre" (Génesis 2:18,22).

"El que halla esposa halla el bien, y alcanza la benevolencia de Jehová" (Proverbios 18:22).

¿Cómo Te Ha Cambiado Dios?

Regresa a la lista de diez cosas que anotaste al comenzar este libro. Mientras en un tiempo ignorabas el plan de Dios, ahora cuentas con la verdad respecto a tu papel como ayuda idónea. Nada volverá a ser igual jamás. Teme a Dios.

Yo Soy Su Agua

por Debi Pearl

Yo soy su agua;
Él me contempla a mi paso sobre la rocas,
Con el sol reflejándose en mil lugares sobre mi superficie.
Bailo y juego,
Deleitándolo día tras día;
¡Tan hermosa! Lo oigo decir;
Yo soy su agua, hermosa y risueña.

Él tiene sed de mí
Como un hombre en el ardiente desierto,
La arena caliente arde en su garganta,
El sol candente golpea su cabeza.
Me busca.
Yo soy su pozo profundo,
llena de agua abundante, fresca y limpia;
Siempre presente, esperando apagar su sed;
Yo soy su agua, fresca, limpia y abundante.

Él busca paz;
Se turba su alma.
Abundan los rumores, él lucha;
Viene a mí;
Se recuesta en la alfombra suave y verde de mis riberas;
Yo soy el agua, profunda y quieta.
Aunque él no me toca, le doy descanso.
Solaz.
Yo soy su agua, profunda, quieta; yo le traigo paz.

Él ha olvidado quién es;
Busca realidad, para recuperar su
personalidad.

Tropieza y cae de rodillas a mi lado;
Contempla mis profundidades, buscando la verdad.
Yo permanezco quieta y reflejo al hombre que es él, bueno fuerte,
veraz;
Él ve y se siente reconfortado.
Yo soy su agua, reflejando, reconfortando,
Recordándole qué y quién es él.

Él ha aprendido a confiar en mí;
Me he ganado su confianza.
He bailado y reído para él.
En la brillante luz del sol me considera bella.
Yo he sido agua limpia, fresca y abundante;
He anhelado siempre apagar su sed;
Aguas, abundantes aguas.

He sido quieta y profunda;
He calmado su alma atribulada;
Él ha encontrado reposo a mi lado.
Cuando él se asomó a mi profundidad, buscando,
Yo le reflejé fuerza y honor.
Él no sentía ningún temor conmigo;
Él estaba seguro viviendo para lo que fue creado como hombre.
Ahora se sumerge en mis aguas frescas y profundas;
Lo oigo reír al salir a la superficie; siento que se
relajan sus músculos;
Veo que encuentra gloria y honor—
Otros hombres se asombran.
Yo soy...su agua.

Dios es maravilloso y terrible en sus juicios. También está lleno de misericordia y de gracia.

Su fuerte deseo es bendecir a su pueblo, pero con demasiada frecuencia lo obligamos a juzgar por nuestra "negligencia." Yo pienso que Él se cansa de juzgar.

Él está buscando, observando, llamando a quienes estén dispuestos a oírle. Él te llama por tu nombre, así como llamó en las horas de la noche al muchacho Samuel hace tanto tiempo. Así como vino a su sierva, María, Él pronuncia dulcemente tu nombre. ¿Le escucharás?

Dios está buscando *ayudas idóneas*, damas que honren lo que Él dijo en su "carta instructiva", para que Él las pueda usar como vasos de bendición. ¡Bendiciones! Él tiene tantas bendiciones y tan pocos vasos dispuestos.

Casi puedo verlo allí parado, inclinado sobre los portales del cielo, observando, esperando y escuchando en espera de ese hermoso sonido musical de risa gozosa que se eleva por los cielos. "Sí, oigo a una que responde al llamado. Tráiganme la copa." Un ángel le pasa la copa de castigo y juicio, y Dios contesta, "No, ésa no; la copa grande, llena de bendiciones es la que necesita esta chica." Y el ángel sonríe al colocar la gran Copa de Bendiciones en las manos ansiosas de Dios. Dios, sonriente, empieza a derramar las bendiciones, desbordando bendiciones más rápidamente de lo que se pueden recibir. El ángel se inclina para ver, y entonces él también, escucha el sonido hermoso de gratitud que se eleva continuamente como grato aroma para Dios. Él es un asombroso Dios de bendiciones y deleites. Él está siempre dispuesto y preparado para bendecir a los que le honran a Él.

¿Lo oyes? Él te llama suave y tiernamente por tu nombre, "Sé la *ayuda idónea* que yo quise que fueras al crearte. Créeme, confía en mí, obedéceme y luego observa lo que yo haré."

¡Lluvias de bendiciones!

Oh, que empiecen a caer hoy.

Lista de Pasajes Bíblicos

Esta lista de pasajes se incluye como herramienta de consulta para ustedes que deseen estudiar por sí mismas el papel de la mujer y de la esposa en la Palabra de Dios. Esta lista no es exhaustiva, pero contiene todos los pasajes importantes en relación con los temas abordados en este libro.

REFERENCIA TEXTO

Referencia	Texto
Gn. 1:27-28	...varón y hembra los creó
Gn. 2:15	...lo puso en el huerto de Edén
Gn. 2:18	le haré ayuda idónea para él
Gn. 2:20	...para Adán no se halló
Gn. 2:22-23	...hizo una mujer
Gn. 3:1-24	Pero la serpiente era astuta...
Gn. 12:10-20	Abraham permite que lleven a Sara
Gn. 18:12	...he envejecido, ¿tendré deleite?
Gn. 18:19	Yo sé que mandará a sus hijos
Gn. 19:26	Esposa desobediente
Gn. 20	Abraham permite que lleven a Sara
Gn. 20:18	Matriz cerrada
Gn. 24	Búsqueda de esposa
Gn. 29:31	Matriz abierta
Gn. 41:33,34	...un varón prudente y sabio...
Ex. 2:1-22	Madres de Moisés
Ex. 34:14	...Jehová, cuyo nombre es Celoso...
Lv. 18	Perversión sexual
Dt. 22:5	Vestimenta masculina
Dt. 24:1-4	Su primer marido, que la despidió...
Dt. 28:28	Jehová te herirá con locura
Dt. 28:47-48	Por cuanto no serviste a Jehová...
Jueces 13	Nacimiento milagroso (Sansón)
Rut	Historia de Rut
I Sam. 1	Nacimiento milagroso (Samuel)
I Sam. 25	Historia de Abigail
II Sam. 11-12	Lee la Historia de David y Betsabé
I y II Reyes	Historia de Jezabel y su rebelión
I Reyes 17:9-24	Historia de una viuda
Neh. 8:10	...el gozo de Jehová es vuestra fuerza
Ester	Historia de Ester
Job 5:12	...al necio lo mata la ira...
Sal. 33:18	He aquí, el ojo de Jehová...
Sal. 37:3-8	Encomienda a Jehová tu camino...
Sal. 51	Salmo de David, arrepentimiento
Sal. 90:12	Enséñanos a contar nuestros días...
Sal. 100	Cantad alegres a Dios...
Sal. 107:22	Ofrezcan sacrificios de alabanza...
Sal. 111:10	...el temor de Jehová
Sal. 139:13-16	Los prenatos
Pr. 1:3	Para recibir el consejo de prudencia...
Pr. 1:7	El principio de la sabiduría...
Pr. 2:2	...atento tu oído a la sabiduría...
Pr. 2:10-11	Cuando la sabiduría entrare...
Pr. 4:7	Sabiduría ante todo...
Pr. 5:15-19	Fidelidad marital
Pr. 6:21	Átalos siempre en tu corazón...
Pr. 6:24-35	Mujeres adúlteras
Pr. 7:1-27	Mujeres infieles
Pr. 9:10	El temor de Jehová es el principio...
Pr. 9:13	Mujer insensata es alborotadora...
Pr. 11:16	Mujer agraciada tendrá honra...
Pr. 11:22	mujer hermosa y apartada de razón
Pr. 12:4	La mujer virtuosa es corona de su...
Pr. 13:24	El que detiene el castigo, aborrece...
Pr. 14:1	La mujer sabia edifica su casa...
Pr. 14:18	...los prudentes se coronarán...
Pr. 15:13,15	El corazón alegre hermosea el rostro
Pr. 16:3	...tus pensamientos serán afirmados
Pr. 16:21	El sabio de corazón es llamado...
Pr. 17:22	El corazón alegre constituye buen...
Pr. 18:9	El que es negligente en su trabajo...
Pr. 18:15	El corazón del entendido...
Pr. 18:22	El que halla esposa, halla el bien...
Pr. 19:13	...las contiendas de la mujer...

Pr. 19:14	...mas de Jehová la mujer prudente	Lc.16:18	Divorcio
Pr. 20:5	El consejo en el corazón del hombre	Lc. 17:2	Mejor le fuera que se le atase al cuello una piedra...
Pr. 21:9	...con mujer rencillosa en casa...	Jn. 3:16	Porque de tal manera amó Dios al mundo...
Pr. 21:19	...mujer rencillosa e iracunda...	Jn. 4:6-18	porque cinco maridos has tenido...
Pr. 22:8	...la vara de su insolencia se quebrará	Jn. 5:18	Jesús acusado de blasfemia
Pr. 22:15	Necedad ligada en el corazón...	Hch. 5:1-10	Ananías y Safira
Pr. 23:7	Cual es su pensamiento en su corazón	Hch. 5:29	Es necesario obedecer a Dios antes que a los hombres
Pr. 27:15	...mujer rencillosa...son semejantes...	Hch. 26:20	...haciendo obras dignas de arrepentimiento.
Pr. 29:15	La vara y la corrección dan sabiduría	Ro. 1:26-28	Dios los entregó a pasiones vergonzosas
Pr. 30:18-19	...el rastro del hombre en la doncella	Ro. 1:27	...y recibiendo en sí mismos la retribución debida
Pr. 30:21-23	Por la mujer odiada cuando se casa		
Pr. 31:10-31	Mujer virtuosa, ¿quién la hallará?	Ro. 2:4	...su benignidad te guía al arrepentimiento?
Ec. 7:20	No hay hombre justo en la tierra	Ro. 4:18-22	Esperanza imposible
Ec. 10:13	...el fin de su charla, nocivo desvarío	Ro. 5:20	...mas cuando el pecado abundó...
Ec. 11:5	El vientre	Ro. 7:2-3	Adúltera o viuda
Cantares 2:4	...su bandera sobre mí fue amor	Ro. 8:9	...si es que el Espíritu de Dios mora en vosotros
Cantares 3:4	...hallé luego al que ama mi alma...		
Cantares 8:6	...duros como el Seol, los celos...	Ro. 8:14	Porque todos los que son guiados por el Espíritu...
Is. 3:16-17	Adorno	Ro. 12:1-2	Hermanos, os ruego, por las misericordias de Dios
Is. 14:12-20	Tú que decías en tu corazón...		
Is. 32:9-11	...oíd mi voz; hijas confiadas...	Ro. 15:4	...las cosas que se escribieron antes...
Is. 33:6	Y reinarán...la sabiduría y la ciencia	I Co. 6:16	¿O no sabéis que el que se une con una ramera...
Is. 51:3	...se hallará en ella alegría y gozo		
Is. 55:8	Mis pensamientos no son vuestros pensamientos	I Co. 7:2-5	y asimismo la mujer con el marido...
		I Co. 7:10-17	Divorcio
Os. 4:6	Mi pueblo fue destruido por falta de conocimiento	I Co. 7:14	Porque el marido incrédulo es santificado...
		I Co. 7:15	Pero si el incrédulo se separa, sepárese...
Jonás 2:9	...con voz de alabanza...	I Co. 7:20	Cada uno en el estado en que fue llamado...
Mt. 5:27-32	Divorcio y nuevo matrimonio	I Co. 7:27	¿Estás ligado a mujer? No procures...
Mt. 5:28-29	...mira a una mujer para codiciarla...	I Co. 7:34	...de cómo agradar a su marido.
Mt. 13:33	...la levadura que tomó una mujer, y escondió...	I Co. 10:6,11	Mas estas cosas sucedieron como ejemplos...
		I Co. 10:24	Ninguno busque su propio bien...
Mt. 15:19	porque del corazón salen los malos pensamientos	I Co. 11:3	y el varón es la cabeza de la mujer...
		I Co. 11:7-9	...pero la mujer es gloria del varón...
Mt. 19:9	...cualquiera que repudia a su mujer...	I Co. 11:2-16	Encabezamiento/cadena de mando
Mt. 22:15-22	Dad, pues, al César...	I Co. 13:4-7	El amor es sufrido, es benigno...
Mc. 3:29	...blasfeme contra el Espíritu Santo...	I Co. 14	Ministerios de la iglesia
Mc. 10:2-12	Divorcio	I Co. 14:34-36	...vuestras mujeres callen en las congregaciones...
Lc. 1:39-44	Los no nacidos		
Lc. 6:45	El hombre bueno, del buen tesoro...	I Co. 15:9	que no soy digno de ser llamado apóstol
Lc. 6:49	Mas el que oyó y no hizo...	I Co. 16:4	Y si fuere propio que yo también vaya...
Lc. 7:36-50	Pecadora unge los pies de Jesús	II Co. 10:5	y llevando cautivo todo pensamiento...
Lc. 10:39-42	María y Marta		

Creada para Ser Su Ayuda Idónea

- ¡Más de 330,000 ejemplares en circulación! -

En alguna parte, con el paso de los años y la cultura cambiante, la mujer ha perdido su camino. Este libro has ido escrito para guiarla de nuevo a casa. Como quiera que hayas iniciado tu matrimonio, por oscuro y solitario que haya sido el camino que te ha conducido hasta donde estás ahora, quiero que sepas que es posible hoy mismo, tener un matrimonio tan bueno y pleno, que no se pueda explicar mas que como un milagro.

¡Lo que Dios está haciendo a través de este libro es asombroso! Constantemente recibimos testimonios de mujeres cuyos matrimonios han sido renovados o restaurados como resultado de la lectura de este libro. **Libro de 300 páginas.**

Para Entrenar a Un Niño

- ¡Más de 625,000 ejemplares en circulación! -

Aprende de padres exitosos, cómo entrenar a tus hijos en lugar de disciplinarlos. Con un gran sentido del humor y ejemplos tomados de la vida real, este libro te muestra cómo entrenar a tus hijos antes de que se presente la necesidad de disciplinarlos. Elimina la disciplina correctiva; conviértelos en tus aliados en lugar de tus adversarios. Se acabará el estrés y tus hijos obedientes te alabarán. **Libro de 102 páginas.**

Para Entrenar a Un Niño CDs

Este es un juego de 5 CDs del libro "Para Entrenar a un Niño" leído en español. Los CDs vienen en un álbum. **5 CDs de Audio.**

El Bien Y El Mal

Dios escogió introducirse a Sí mismo a la humanidad, no por medio de principios, conceptos o doctrinas, sino por medio de historias de profecía, guerra, misericordia, juicio, milagros, muerte, vida y perdón. Este es el plan redentor de Dios narrado cronológicamente desde Génesis hasta Apocalipsis.

El Bien y el Mal ha encontrado gran aceptación entre misioneros (está siendo traducido a 47 idiomas). Esta siendo utilizado en escuelas en el hogar, en el devocional familiar, en iglesias y como una herramienta evangelística. Será un magnifico regalo que todos disfrutarán. Escrito por Michael Pearl y con un espectacular trabajo gráfico por el ex-dibujante de tiras cómicas Marvel, el artista Danny Bulanadi. Más de 300 páginas ilustradas en formato de revista de tiras cómicas donde se presentan las historias de la Biblia en orden cronológico. Magnífico para cualquier niño, adolescente o como material para escuela dominical. Disponible en español o inglés. **Libro de 330 páginas.**

- El Bien Y El Mal (B/N) 312 páginas
- El Bien Y El Mal (color) 330 páginas
- El Principio, 28 páginas
- Abraham, 28 páginas
- Moisés, 36 páginas
- Éxodo, 36 páginas
- El Réino, 24 páginas

Abandonando El Barco

Hay una tendencia perturbadora surgiendo entre algunas familias cuyos hijos están descontentos y rebeldes, los cuales abandonan el barco tan pronto y piensan que pueden sobrevivir sin el apoyo económico de la familia; algunos de apenas dieciséis años de edad. Michael Pearl abordó este tema en una serie de artículos en el 2006 pero ahora los ha recopilado en un libro, agregando nuevo material y capítulos suplementarios que cubren cuestiones adicionales. **Libro de 107 páginas.**

Sexo Santo

Dios creó a sus hijos como opuestos sexuales y diseñó el matrimonio dentro de un contexto de placer erótico. Mientras la iglesia en su mayor parte ha guardado silencio con respecto al sexo, el mundo y el diablo han tratado de hacerlo su dominio. La iglesia justamente ha proclamado las prohibiciones bíblicas respecto al mal uso del sexo, pero ha fallado en declarar la santidad del placer erótico en el contexto del matrimonio. De los 66 libros que componen la Biblia, un libro entero está dedicado a promover el placer erótico: El Cantar de Cantares de Salomón. Michael Pearl lleva a sus lectores a través de una refrescante jornada de textos bíblicos. Esta perspectiva santificadora de la pasión más poderosa que Dios creó liberará al lector de culpas e inhibiciones falsas. Michael Pearl dice: "Es tiempo de que las parejas cristianas retomen esta tierra santa y disfruten del don santo y divino del placer sexual." **Libro de 85 páginas.**

La Pornografía: Camino el Infierno

Mientras la mayoría de los ministros evitan este tema, Michael Pearl enfrenta el flagelo mortal de la pornografía de frente. Él muestra como el arrepentimiento delante de Dios y el poder del evangelio de Jesucristo pueden romper las ataduras de esclavitud a esta perversión malvada por medio de la abundante misericordia y gracia de un Dios amoroso. Hay esperanza para el hombre atrapado en la pornografía, y hay esperanza para la esposa disgustada e indefensa quien encuentra difícil honrar a un hombre así. **Folleto de 13 páginas.**

Sólo Hombres

¡Este gran sermón para hombres se encuentra ahora disponible en español! Michael Pearl habla directa y francamente a los hombres acerca de sus responsabilidades como maridos. Las esposas no deben escuchar este CD. No queremos que se aprovechen de su hombre. **1 CD de Audio.**

El pecado, pues, está en aquel que sabe hacer lo bueno, y no lo hace.
(Santiago 4:17)